新・教育の社会学

〈常識〉の問い方，見直し方

苅谷剛彦・濱名陽子・木村涼子・酒井　朗［著］

Prologue

本書は2000年に刊行された『教育の社会学』の第3版にあたり，初版ならびに「新版」と名づけた第2版と同様に，すべて同じ著者たちによるものである。これまでに初版は15刷，第2版にあたる「新版」(2010年）は14刷に達し，教育社会学の代表的なテキストの1つとして長年にわたり多くの読者に読み継がれてきた。

教育社会学とは，教育に関わるさまざまな事象を社会学の視点から分析・考察し，それを基にして対象となる社会の特質や人々の関係性の特徴・変容を理解しようとする学問である。今回は，2010年に刊行された「新版」を大幅に改訂して『新・教育の社会学』と名づけて刊行した。

初版が刊行されてから約四半世紀の間に，社会の在り方や人々の教育に対する意識はさまざまに変容し，教育の社会学が扱うべきテーマは大幅に拡大あるいは変化した。たとえば，2000年の初版が出た時，今ではカリキュラム編成上の中心概念となっているキー・コンピテンシーという用語はまだ登場していなかった。グローバル化や情報化は，初版刊行後の21世紀に入ってからの進展がめざましい。ChatGPTなどの生成AIの登場は，2010年に「新版」が出た時にもまったく予期しえなかったことである。

また，そうした技術革新が見られる一方で，2008年のリーマンショック，2011年の東日本大震災，2020年初頭から始まった新型コロナウイルス感染症の流行は，人々の生活や学校教育に甚大な影響を及ぼした。ただし，これらのさまざまな出来事や社会の変化が見られる一方で，時間を経てもなお一貫して日本社会に見られる特徴や傾向も存在する。

本書は長年にわたり教育社会学に携わってきた４人の研究者がそれぞれの観点から，こうした時間の流れと社会の変化を踏まえて，現代日本における教育の営みやその営みに関わる人々の意識や人間関係の特質を解明しようと試みたものである。こうした意味で本書は，教育社会学のロングセラー・テキストでありながらも，非常にチャレンジングな，テキストらしからぬテキストになっている。それゆえ本書のタイトルは第３版とせず，「刷新」の意味をこめて「新・教育の社会学」と名づけた。

今日では初学者向けの教育社会学のテキストは他にもいくつか刊行されており，基礎的な知識を網羅的に学ぶことのできる，よりハンディなものも多い。これに対して本書は，教育という事象を社会学的に分析，考察するとはどういうことかという，研究的な思考のあり方や，社会事象に対する問題意識の持ち方を伝えることに重点を置いている。とはいえ，読みやすさを失うことなく，初学者にとっても理解できるような記述を，前２版と同様に心がけた。

この点は初版から一貫して本書の特徴としている点であり，それが副題の「〈常識〉の問い方，見直し方」に示されている。社会学は，日常生活において気づかないまま人々が共有している常識的な理解に光を当てて，その成り立ちやその常識により密かに生じている差別や偏見，不公正，不平等を暴き，社会の改革・改善をめざす学問である。

教育をめぐる諸問題，諸事象においても，さまざまな常識が存在する。本書は，そうした常識を問い直すとはどういうことなのかを，教育社会学を学ぼうとする人々に具体的なテーマに即して伝えようと努めてきた。このため本書は，扱うテーマを教育問題，家族と教育，ジェンダーと教育，教育機会の不平等の４つに絞り込み，それぞれのパートを１人の執筆者が担当することにより，各自の問題意識や分析や解釈の視点が読み取れるようになっている。

各パートの記述が刷新されたことは，「新版」とのタイトルの違いを見ただけでもわかる。下記のとおり，「新・教育の社会学」では，どのパートも，タイトルを一部または全面的に変更している。

	教育の社会学 新版（2010）	新・教育の社会学（2023）
Part I	学校に行かない子ども	ゆらぐ教育保障のあり方
Part II	家庭教育と幼児教育の変化	家族と幼児教育の社会学
Part III	ジェンダーと教育の歴史	ジェンダー・セクシュアリティと教育
Part IV	「学歴社会」の変貌と「格差」	「大衆教育社会」の変貌と教育の不平等

このうち，Part I を担当する酒井は，「新版」では不登校などの学校に行かない子どもの問題についての社会学的理解をどのように深めていくかを論じたが，「新・教育の社会学」（以下，「新」）では，学校に行かない子どもの急増を踏まえて，これからの日本は，子どもの教育をどのように保障していけばいいのかという新たな視点から論じている。

Part II を担当する濱名は，「新版」では家庭教育への関心の高まりと早期教育の隆盛や教育産業の興隆に焦点を当てたが，「新」では，家族そのものの変化や，非認知的な能力の育成と関連付けられた幼児教育への世界的な関心の高まり，その中での親の育児戦略への注目を論じている。

Part Ⅲを担当する木村は，「新版」では，ジェンダーの視点から学校の歴史を捉え直すことにより，〈女〉と〈男〉の対で構成されるジェンダー秩序の再生産に対して学校教育が果たしている機能を論じた。これに対し，「新」では，ジェンダー規範の流動化やセクシュアリティのゆらぎなどの今日的動向に触れながら，ジェンダー概念の意義についてあらためて論じている。

Part Ⅳを担当する苅谷は，「新版」では，「学歴社会」「格差」「不平等」をキーワードにして日本の教育と社会の変化について論じたが，「新」では「大衆教育社会」という著者自身が1995年に作り出した概念をもとに，その後「格差社会」と言われるようになった日本社会において，何がどう変容し，他方で何が変化していないのかを論じている。

さらに，「新」は，苅谷によるエピローグを新たに加えた。ここに書かれていることは，長年大学教育に携わってきたわれわれ著者全員からの，本書の読者に対するメッセージであり，ぜひ最後の１行まで熟読してほしい。

本書を通じて浮かび上がるのは，社会のさまざまな側面において，これまでの秩序や常識にさまざまなゆらぎが見えることである。ただし，その一方で今も人々の間で常識とされていることも多い。こうしたなかで何を常識として問い直し，社会の変革に向けてどのように取り組んでいけばいいのかを，本書を読みながら考えてみてほしい。

2023年11月

酒井　朗

著者紹介

（執筆順）

酒井　朗（さかい あきら）　プロローグ・Part I

1961年生まれ

1991年　東京大学大学院教育学研究科博士課程単位取得退学

現　在　上智大学総合人間科学部教育学科教授

主　著　『進学支援の教育臨床社会学』（編著）勁草書房，2007。『よくわかる教育社会学』（共編）ミネルヴァ書房，2012。『教育臨床社会学の可能性』勁草書房，2014。『現代社会と教育』（編著）ミネルヴァ書房，2021。

濱名　陽子（はまな ようこ）　Part II

1955年生まれ

1983年　東京大学大学院教育学研究科博士課程単位取得退学

現　在　関西国際大学教育学部教育福祉学科教授

主　著　『〈わたし〉を生きる：自分さがしの人間学』（共編著）世界思想社，1996。「子どもの生育環境とコミュニティ」苅谷剛彦・森田朗ほか編『創造的コミュニティのデザイン』有斐閣，2004。

木村　涼子（きむら りょうこ）　Part III

1961年生まれ

1990年　大阪大学大学院人間科学研究科博士課程単位取得退学

現　在　大阪大学大学院人間科学研究科教授，博士（人間科学）

主　著　『ジェンダーと教育：リーディングス日本の教育と社会16』（編著）日本図書センター，2009。『教育／家族をジェンダーで語れば』（共著）白澤社，2005。『学校文化とジェンダー』勁草書房，1999。

苅谷　剛彦（かりや たけひこ）　Part IV・エピローグ

1955年生まれ。

1988年　ノースウェスタン大学大学院博士課程修了（Ph.D. 社会学）

現　在　オックスフォード大学社会学科及び現代日本研究所教授

主　著　『大衆教育社会のゆくえ』中公新書，1995。『階層化日本と教育危機』有信堂高文社，2001。『教育と平等』中公新書，2009。『追いついた近代 消えた近代』岩波書店，2019。*Education, Equality, and Meritocracy in a Global Age*, Teachers College Press, 2020.

目　次　CONTENTS

Column 一覧

本書の使い方　INFORMATION

●**本書の構成**　現代日本の教育をめぐる問題の焦点を取り上げ，4つのPartとし，興味深い具体的な問題を通して教育の社会学を学ぶことができるようにしました。

●**Partの構成**　身近な出来事やありふれた社会事象を手がかりに問題提起をするIntroduction，見やすく工夫された図や表を織り込み，実態を示すデータを提示しながら問題を順序立てて解明していく*Stage*，これまで蓄積されてきた理論・実証研究を紹介する知識編，を柱に構成しました。問題へのアプローチの方法，実態についての知識，理解や考察を深めるための理論，という3つの面から，教育の社会学を学ぶことができます。

●**Think Yourself**　学習した内容の理解を深めたり，さらなる課題を見出すヒントを，各*Stage*の要所に配してあります。自分で考えたり，集団で討議をしてみてください。

●**キーワード，キーワード解説**　教育の社会学に関するキーワードについて，本文中ではゴチック文字にして★を付け，巻末に五十音順に並べて解説をのせました。

●***Column***　本文の関連箇所に，教育をめぐる16のトピックスを，囲み記事ふうにして紹介しています。

●**文献注，引用・参考文献**　本文で引用された文献，参照すべき文献は，［著者姓，発行年］というスタイルで表示し，文献全体の情報は，各Partの末尾に「引用・参考文献」として一括して掲載しています。掲載順は，著者名のアルファベット順で，日本人名もローマ字読みにして並べてあります。著者名の後に［　］で囲んだ数字が発行年です。翻訳書の場合，原著初版の発行年は最後に（　）に入れて表示しました。

●**図書紹介**　各Part末尾にはさらに学習を進めるうえで参考になる文献を何点か，コメント付きで紹介しています。

●**索　引**　巻末には，基本用語などを中心にした索引を付けました。

Part Ⅰ

ゆらぐ教育保障のあり方

Part I

Introduction

常識がゆらぐ中で常識を問い直す

就学の義務

Part I

私たちは社会の中に生まれ，育ち，生活し，老いてやがて死ぬ。こうした人間の生活は古来より続けられてきた営みであるが，その中で次世代を担う子どもに知識や技術を教えるという営みが体系的に整備されるようになったのはそれほど昔のことではない。

日本では江戸時代に全国各地に手習いを教える寺子屋がかなり普及したが，すべての子どもを教育することに国家が取り組むようになったのは明治時代になってからである。1872年，政府は学制を発布し，すべての子どもに教育を受けさせるために全国に学校を作ることを宣言した。学校に通うことを就学という。明治政府は子どもたちを就学させることで，教育を受けさせようとした。

ただし当初は，就学率はなかなか向上せず（とくに女子の就学率が伸びなかった），小学校の就学率が90%を超えたのは学制発布から30年後の1902年であり，1909年になってようやく98%に達した［文部省，1992］。

だが，今，この就学ということがゆらぎつつある。法律上は，義務教育相当の年齢の子どもを持つ保護者は，自分の子どもを学校に通わせなければならないという就学義務が課されている。しかし，実際は，学校を長期に休む子どもが急激に増えている。この中には，フリースクールやオルタナティブスクールといわれる学外の施設に通ったり，家庭でオンラインで勉強している子どもも多い。

こうした子どもを持つ保護者は就学義務を遵守していないといえるかもしれないが，本当にいけないことなのかと問われると，答えに窮してしまう人も多いのではないだろうか。実際，多くの国では，家庭で教育を受けるというホームスクーリング（ホームエデュケーションともいう）が認められており，学校に行くことは必ずしも自明なことではなくなっている。

2020年から拡大し始めた新型コロナウイルス感染症は，この就学ということをさらにゆらがせた。感染拡大を防ぐため，無理して登校することは避けられるようになった。また，児童生徒1人ひとりに端末を配付するというGIGAスクール構想が進められ，2021年3月にはほぼすべての小中学校で端末が整備され，64.3％の学校では非常時は在宅でオンライン学習ができる準備が整った[1]。このようにコロナ禍を経て，就学をめぐる常識はますますゆらぐとともに，学校に行かなくても教育を受けられる体制が技術的にも整備されてきたのである。

学校に行かない子どもに関する常識

Part I

社会学は人々が抱いている常識を問い，それを批判的に捉え直すことに関心を寄せる学問である。しかし，近年，「子どもは毎日学校に通って勉強するものだ」という社会の常識そのものがゆらいでいる。このほかにも，これまで学校の常識と思われてきたものが常識でなくなりつつある。たとえば，ひと昔前の学校では，厳しい校則にも意味があると考えられ，子どものために長時間働く教師は熱血教師だと褒めたたえられた。しかし，今日では，校則は社会の常識とずれているからと修正が求められ，教師の長時間労働も見直しが進められている。

本書の副題は「常識を問い直す」である。しかし，学校に関する人々の常識そのものがゆらぎつつある中では，この「問い直す」という課題はかなり入り組んだものとなっている。今求められているのは，教育をめぐる常識がゆらいでいる現代において，それでも常識とされていることは何かをあらためて確認し，そのうえでそれを問い直していくという作業である。

そうした作業により，ゆらぎつつある現代の教育にどういう問題が潜んでいるのか，それに対してわれわれはどのような対応を考えていく必要があるのかを検討することができる。

Part I では，こうした観点に立って不登校などの理由で学校に行かない子どもに注目する。こうした子どもの問題について，われわれが抱いている常識とは何だろうか。そしてそれを問い直すことにより，どのような新たな課題が見えてくるだろうか。

ここではこうした問いに向き合うことで，今日の社会において，教育に関する諸問題をどのような視点から分析することができるのか，分析していけばいいのかについて考える。

知識編では，いじめの問題と教師の多忙・長時間労働の問題に関する研究動向を概観したうえで，教育問題にアプローチする際の新たな研究視点として提唱されてきた臨床的な視点の意義について概説する。

Stage 1 「学校に行かない子ども」とは誰か

● recep-bg／iStock 提供

不登校と長期欠席

***Stage* 1** では，学校に行かない子どもの問題が，これまでどのように扱われてきたのかを見ていく。最初に問いたいのは，「学校に行かない子ども」とはいったいどういう子どもか，ということである。このように聞かれたら，多くの人は不登校の子どものことだと答えるだろう。これが今のわれわれの常識だといえる。

不登校とされる子どもの数は 2012 年以降増加傾向にある。2021 年度に不登校とされた小中学生は，過去最多の 24 万 4940

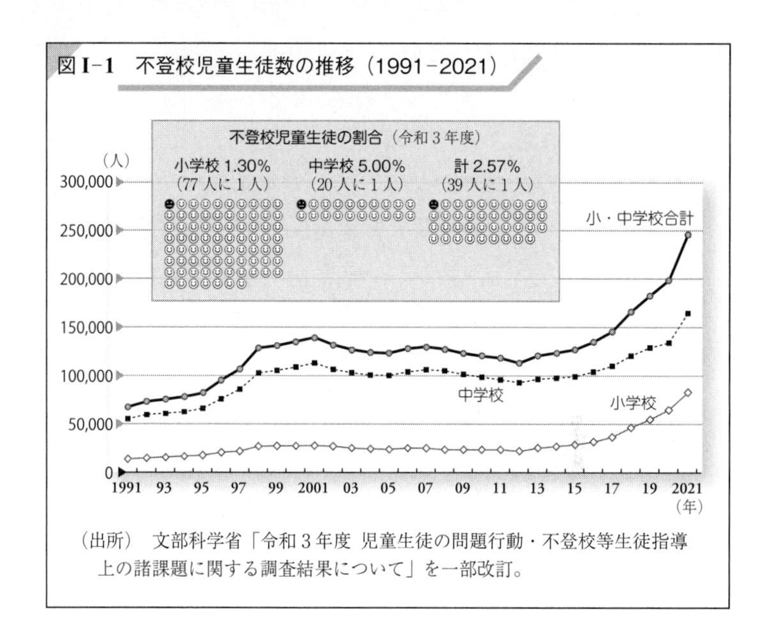

図 I-1　不登校児童生徒数の推移（1991-2021）

（出所）　文部科学省「令和３年度 児童生徒の問題行動・不登校等生徒指導上の諸課題に関する調査結果について」を一部改訂。

人だった。また，児童生徒の全数に占める割合は中学校で 5.0%，小学校で 1.3% であった。

まず，この「学校に行かない子ども＝不登校」という常識を問い直してみよう。こうした場合，最初に行うのは概念の定義の確認である。不登校は文部科学省によって以下のように定義されている。

> 何らかの心理的，情緒的，身体的あるいは社会的要因・背景により，登校しないあるいはしたくともできない状況にあるために年間 30 日以上欠席した 者のうち，病気や経済的な理由による者を除いたもの

不登校とは「年間 30 日以上欠席した者」のうち，「病気や経済的な理由による者を除いたもの」と書かれている。年間 30 日以

上学校を欠席したものは，長期欠席の児童生徒と呼ばれる。文部科学省は，長期欠席にはいくつかの理由があるとして，その1つに「不登校」をあげている。つまり，不登校とは，長期欠席の理由別類型の1つとして定義されているのである。

ちなみに，2021年度の長期欠席者の数を理由別に分類したのが**表I-1**である。なお，表の「小学校」には義務教育学校の前期課程，「中学校」には義務教育学校の後期課程および中等教育学校の前期課程が含まれている。概数でいうと，この年の長期欠席者は小中学校全体で約41万4000人，そのうち中学校は約23万3000人，小学校は約18万1000人であった。児童生徒数全体に占める割合は，中学校で7.1%，小学校で2.9%を占め，中学生の14人に1人，小学生の35人に1人が長期欠席となっていた。

不登校を理由にした長期欠席は全体の6割にすぎず，残り4割はそれ以外の理由で休んでいる。なお，「新型コロナウイルスの感染回避」という理由は，2020年度から新たに設けられた項目である。「その他」には，保護者の教育に関する考え方や介護や家事手伝いなどの家庭の事情から長期欠席している者などのほか，欠席理由が複数あり主たる理由が特定できない者も含まれる。2021年度は，これら2つの理由による長期欠席や，「病気」を理由にした長期欠席がいずれも5万件を超えた。

なお，「経済的理由」による長期欠席は小中学校合計で19人のみであった。経済的理由とは，「家計が苦しく教育費が出せない，児童生徒が働いて家計を助けなければならない等の理由で長期欠席した者」を指す。経済的理由による長期欠席がこれほど少ないのであれば，「その他」に含めるべきだと考えることもできる。しかし，長期欠席調査が始まった当初から，「経済的理由」は欠席理由の1つにあげられ，削除されずに残っている。

表 I−1　小・中学校における長期欠席の状況について（2021 年度）

（人）

理　由	小学校	中学校	合　計
病　気	22,307 （12.3％）	34,652 （14.9％）	56,959 （13.8％）
経済的理由	7 （0.0％）	12 （0.0％）	19 （0.0％）
不登校	81,498 （45.0％）	163,442 （70.2％）	244,940 （59.2％）
新型コロナウイルスの感染回避	42,963 （23.8％）	16,353 （7.0％）	59,316 （14.3％）
その他	34,100 （18.9％）	18,416 （7.9％）	52,516 （12.7％）
計	**180,875** （100.0％）	**232,875** （100.0％）	**413,750** （100.0％）

（出所）　文部科学省「令和３年度 児童生徒の問題行動・不登校等生徒指導上の諸課題に関する調査結果」より筆者作成。

就学免除・猶予された子ども

私たちは，学校に行かない子どもといえば不登校の子どものことを思い浮かべるが，**表 I−1** に示したように，不登校以外にも数多くの長期欠席の子どもがいる。

ただし，これらの長期欠席の他にも「学校に行かない子ども」がいる。その１つが，不就学の子どもである。その主なものは，就学義務を免除または猶予された**学齢**〔★〕の子どもである。

学校教育法第 18 条には，保護者が就学させなければならない子のうち，「病弱，発育不完全その他やむを得ない事由のため，就学困難と認められる者の保護者」には，市町村の教育委員会が就学義務を猶予又は免除することができると書かれている。不就学の子どもの大半は，こうした就学猶予・免除された子どもであ

表 I−2　不就学学齢児童生徒調査

（人）

区分	内訳	人数
就学免除者	病弱・発育不完全	8
	児童自立支援施設又は少年院にいるため	—
	重国籍のため	2662
	その他	181
	小　計	**2851**
就学猶予者	病弱・発育不完全	26
	児童自立支援施設又は少年院にいるため	6
	重国籍のため	912
	その他	163
	小　計	**1107**
1年以上居所不明者数		**87**
学齢児童生徒死亡者数（令和2年度間）		**425**
合　計		**4470**
（うち重国籍による就学免除・猶予と死亡者を除いた人数）		（471）

（出所）「学校基本調査」2021年度より。

る。このほか，1年以上の居所不明者や，その前年度に死亡した子どもも，統計上は不就学に含まれる。

表 I−2 は2021年度の学校基本調査における不就学学齢児童生徒調査の結果である。2021年度の不就学学齢児童生徒は合計4470名であった。5000人近い児童生徒が不就学だと聞くと，相当数の子どもが大きな困難を抱えているように見える。しかし，その大半は，日本とアメリカなどの2つの国籍を持つ重国籍の子どもである。重国籍の子どもは将来外国の国籍を選択する可能性が高く，他に教育を受ける機会が確保されている場合，日本の学校への就学は免除・猶予される。つまり，彼らは統計上は不就学であるが，実際はインターナショナルスクールなどに就学している可能性が高い。

これらの点を考慮して，**表 I-2** の合計から重国籍の子どもと前年度に死亡した子どもを除外すると，不就学のうち，何らかの問題を抱えている可能性の高い子どもは 2021 年度は 500 人足らずであることがわかる。ただし，人数が少なかったからといって問題にしなくていいわけではない。たとえば，1 年以上居所不明の子どもが 87 名いるが，彼らがどのような境遇に置かれているのかは，非常に憂慮される問題である。

外国籍の子どもの不就学

2000 年を過ぎたころから，新たな不就学問題が注目されるようになった。それは外国籍の子どもの不就学である［佐久間，2006；宮島，2014 など］。ただし，この問題は学校基本調査では調査の対象となっていない。なぜなら外国籍の子どもの保護者には，そもそも就学義務が課されていないため，法律上は不就学にも当たらないからである。日本国憲法，教育基本法，学校教育法などの関連法において，就学義務は日本国民のみに課されている。たとえば，最上位にある日本国憲法の第 26 条には以下のように記されている。

〔教育を受ける権利と受けさせる義務〕
第 26 条　すべて国民は，法律の定めるところにより，その能力に応じて，ひとしく教育を受ける権利を有する。
2　すべて国民は，法律の定めるところにより，その保護する子女に普通教育を受けさせる義務を負ふ。義務教育は，これを無償とする。

この条文の第 1 項では教育を受ける権利が謳われ，第 2 項で教育を受けさせる義務が規定されているが，いずれも主語は「すべて国民は」となっている。憲法の下位にある学校教育法では，「保護者」の義務として就学義務が記されているが，そこでいう

「保護者」も，日本国民だけを指すと解釈されている[2)]。

このように日本では法律上，外国籍の保護者と子どもは，就学義務の対象外とされている。それにもかかわらず，学校に行っていない外国籍の子どものことを，彼らを支援する団体や研究者やマスコミは不就学だと問題にしているわけである。彼らがそのように現状を非難するのは，外国籍の子どもであっても，教育を受けられずにいるのであれば社会正義や人権の観点から見て重大問題だからである。そのように考えると，「外国籍の子どもの不就学」とは，この問題に強い関心を抱く関係者が日本社会の現状を告発するためのタームであるといえる。

ただし，法律上は外国籍の子どもは学校に通っていなくても問題ではないため，行政は彼らの不就学の実態をこれまでほとんど解明してこなかった。**表I-2**に示したように，日本国籍の子どもの不就学は毎年詳細に調べられているのとは非常に対照的である。このように現行の法制度と行政の姿勢が外国籍の子どもの問題を見えづらくさせている。

しかし，支援団体や研究者やマスコミがこの問題の重大さを訴え続けてきたこともあって，文部科学省は2019年に初めて全国規模で「外国人の子供の就学状況等調査」を実施した。2021年に実施された第2回目の調査結果によれば，学齢相当の外国人の子どものうち，649人が「不就学」，3194人が「転居・出国(予定を含む)」，8597人が「就学状況把握できず」であった。また，不明者が800人いた。この調査では，これらの子どもをすべて合算した1万46人の外国人の子どもは不就学の可能性があると考えられると報告された。学校基本調査の不就学調査でとくに問題とされる子どもは500人に満たなかったのと比べると，その20倍近い外国籍の子どもの不就学が憂慮されているわけである[3)]。

(*Column* ❾)。

高校非進学・中途退学

高校段階でも，学校に行かない子どもがいる。高等学校等進学率は2021年度には98.9％に達しており，その他高等専修学校に進学する者もいる。それでも，中卒で雇用された者や，その他の進路の者などが8000名を超えている[4]。高校は義務教育ではないものの，現代社会で生活するうえでは高卒資格はほとんど必要要件となっている［酒井，2015］。このような状況をふまえれば，高校に進学しない非進学の者や，高校の課程を修了できず中途で退学した生徒も，「学校に行かない子ども」の範疇に含める必要があるだろう。

しかし，中途退学（中退）の実態も正確な把握が難しい問題である［酒井，2017a］。文部科学省は毎年中途退学者数を把握しているが，同省の調査では，たとえば，2010年の高校入学者のうち無事に卒業できたのは何名か，何名は卒業できずに辞めていったのかはわからない。また，中退率の計算の仕方も低く見積もられがちな方法が採られている［青砥，2009］。

東京都教育庁は，国の中退調査のこうした問題点を反省し，「未卒業率」を計算している（**表I−3**）。未卒業率とは，ある年に入学した生徒のうち，修学年限（全日制の場合は3年，定時制の場合は4年または3年）の間に中途退学した者の占める割合を指す。これによると2012年度入学生の未卒業率は全日制3.1％，定時制33.6％であった。文部科学省の調査では2012年度の東京都の高校中退率は全日制で1.3％，定時制で12.9％だったのと比べると，それぞれ2.4倍，2.6倍高くなっている［東京都教育庁，2016］。藤江ら［2021］は，卒業予定年度までに「中途退学」に至る生徒の割合は約6％にのぼると推察しており，文部科学省が公表している「中途退学率」とは4倍以上の開きがあると指摘している。

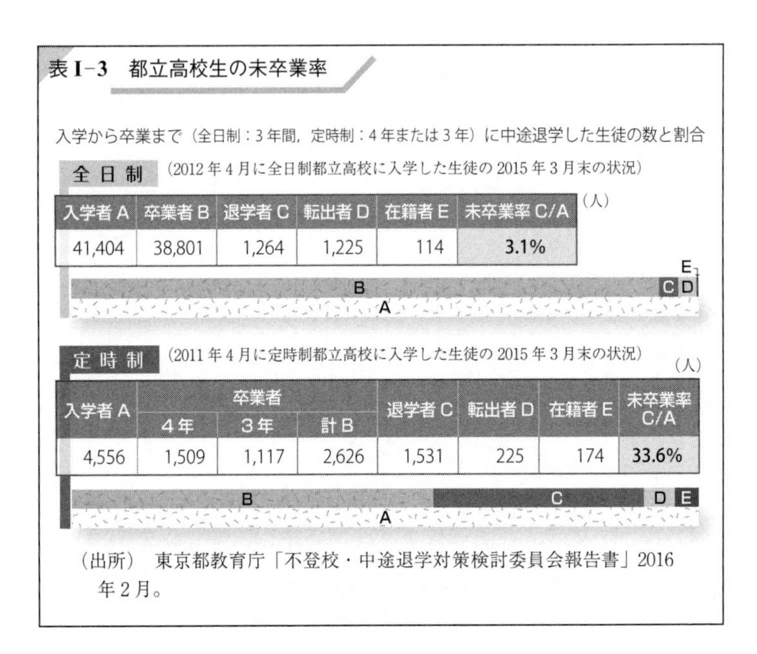
表 I−3　都立高校生の未卒業率

入学から卒業まで（全日制：3年間，定時制：4年または3年）に中途退学した生徒の数と割合

全日制　（2012年4月に全日制都立高校に入学した生徒の2015年3月末の状況）

（人）

入学者 A	卒業者 B	退学者 C	転出者 D	在籍者 E	未卒業率 C/A
41,404	38,801	1,264	1,225	114	3.1%

定時制　（2011年4月に定時制都立高校に入学した生徒の2015年3月末の状況）

（人）

入学者 A	卒業者			退学者 C	転出者 D	在籍者 E	未卒業率 C/A
	4年	3年	計 B				
4,556	1,509	1,117	2,626	1,531	225	174	33.6%

（出所）　東京都教育庁「不登校・中途退学対策検討委員会報告書」2016年2月。

見過ごされた子ども

以上のように，学校に行かない子どもには，さまざまな様態の子どもが含まれている。これを図に示したのが**図 I−2** である。私たちはともすればこの図のまん中にある不登校の子どもだけを問題にするが，そのほかの理由で長期欠席になっている子どもがかなり多くいる。また，外国籍の子どもの不就学のように，つい最近まで実態がほとんど把握されてこなかったものもある。

学校に行かない子どもをめぐるもう1つの課題は，この問題をどのような視点から理解しようとするかである。文部科学省の統計では，不登校と高校中退は，ある時点までは「児童生徒の問題行動等生徒指導上の諸問題に関する調査」の一環として調べられてきた。つまり，これらの問題は，**生徒指導**〔★〕上重大な問題だ

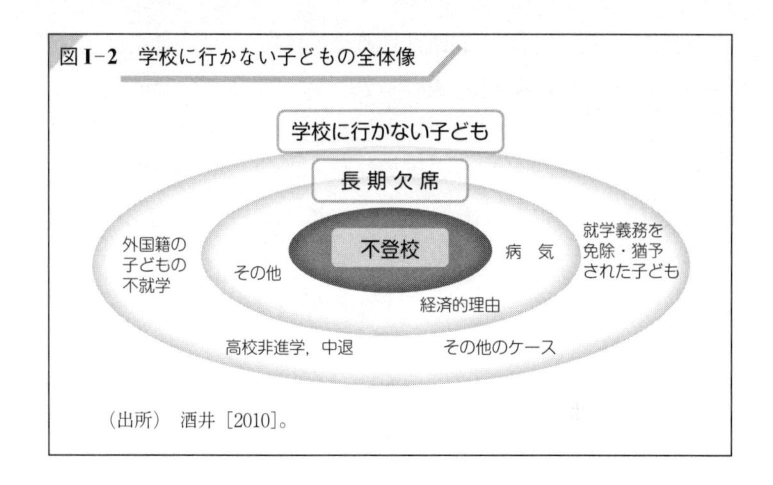

図 I-2　学校に行かない子どもの全体像

（出所）酒井［2010］。

とみなされたために，関心を集め，統計が取られてきたのである。

マスコミも，こうして作成された文部科学省の不登校統計に依拠して長期欠席する子どもの問題を報じてきた。ただし，文部科学省が不登校問題を生徒指導上の問題として取り扱ってきたのに対し，マスコミは不登校を学校そのものが抱える問題の表れ，学校批判のための題材として取り上げることも多かった。

しかし，就学義務がゆらぎを示し始め，休むことの意義が指摘されるようになると，不登校については，それを問題行動に含めることに批判の声があがるようになった。このため，2016 年の問題行動調査から，問題行動と不登校を分け，調査名も「児童生徒の問題行動・不登校等生徒指導上の諸課題に関する調査」と改められた。ただし，高校の中途退学は，2022 年現在でも問題行動とみなされて調査されている。

社会学的に見れば，教育問題に関する国の対応や，マスコミによる報道のなされ方自体が 1 つの社会事象である。日本では不登校だけを議論の俎上に載せる傾向が強く，他のさまざまな学校に行かないでいる子どもの問題は見過ごされることが多かった。

自明性を問い直すことの難しさ

見過ごされてきた問題に気づくためには，日常生活において自明なものとしている自分自身の常識的な理解を見直さなければならない。われわれは往々にして，自分たちが暮らしている社会や時代において「問題だ」とされている事がらを，無批判に「問題だ」とみなして分析し，対応策を検討しようとする。しかし，そうした自明な理解が，別のある事がらを見過ごさせてしまう。われわれに求められているのは，こうした自明性を反省的に問い直すことであり，これを批判的な思考，あるいはクリティカルな思考と呼ぶ。

ただし，今の時代，自明性の問い直しには，いくつか難問が付きまとっている。その1つは，Introduction で述べたように，現代社会では，これまで自明だとされてきたことそのものがゆらぎを見せていることである。それゆえ，今，われわれが自明性を問い直すためには，自明だとされてきた事がらのどの部分がゆらいでいるのか，そしてその中にあってもなお自明なこととされていることはどのようなことなのかを見極めなければならない。

もう1つの難問は，社会学の学問のあり方をめぐる批判的な議論に関連している。「自明性の問い直し」は，フーコーやデリダなどの思想家に代表される1970年代以降の思想的潮流を背景に，社会学において主流となったものである。社会学者の盛山［2011］は，それを外的視点に立つという言い方で表現している。盛山によれば，これまで社会学者は外的視点をとることで，科学としての客観性をなんとか確立しようとしてきた。しかし，盛山はそうしたあり方に対して，「そこには，社会学者，社会学もまた社会的世界の内部に生きているのではないか，外に立った視点というものを確保できるのかという難問が生じる」と指摘している。教育問題の分析においても，この難問が立ちはだかる。子どもをめぐるさまざまな問題に関する自明性を捉え直した先に，われわれは何をどのような視点から検討していけばいいのだろうか。

この点について，盛山［2008］は以下のように記している。

> 1970年代以降の現代社会学の動向においても，社会学といえば社会の諸問題へ鋭く切り込む学問という印象が強いように思われる。ジェンダー，格差，少子高齢化，エスニシティ，障害者福祉など比較的固有ともいえる領域のほか，環境・リスク，生命倫理，あるいはグローバリズムといった文明的な問題に対しても，社会学が積極的に取り組んできたことは誰もが知るところである。ただ，こうした取り組みにおいて社会学が見せてきた基本姿勢は，これらの問題が規範的なものだということは十分に承知していたけれども，そこに当然のこととして期待される規範的な解答の試みを提示するという役割については，どちらかといえば意識的に回避するというものであった。1970年代以降の社会学のいわば正統的な自己認知は，社会学者自身がしばしば述べているように，「視点をずらして社会を見ること」というものであった。それは明らかに，「規範的な問題の所在を新しく提起する」という意味を持っていたものの，「その問題はどのように解決されるべきか」という問いへの取り組みは自分たちの仕事ではないというポーズを表してもいた。［盛山，2008：76］

盛山は，社会学者として「規範的な問題」，つまり「その問題はどのように解決されるべきか」という問いを避けてはいられないと指摘した。

教育保障の視点

学校に行かない子どもに関して，近年重視されている「規範的な問題」は，彼らの教育をどのようにして保障するのかという問題である。広井

[2006] や宮本 [2012] が指摘しているように，すべての人々を社会に包摂していくためには十分な教育が保障されることが求められている。彼らは年少者への教育は人生前半の社会保障として捉える必要があると指摘した。ここではこのことを，教育保障の視点と名付ける。この視点から見ると，学校に行かない子どもについての最も重要な規範的問題は，彼らが十分な教育を受けるためにはどうすればいいのかという問題であり，その視点からの分析が求められる。

教育保障の視点に立ってあらためて現代の子どもが置かれている状況を振り返ってみると，多くの子どもが社会から見過ごされ，さまざまなリスクを抱えていることがわかる。「不登校」以外の学校に行かない子ども，たとえば病気で長い間欠席している子どもにも十分な配慮や支援が必要であり，正確な分析と考察が求められる。また，この視点に立てば，外国籍の子どもの不就学問題はきわめて重大であることがあらためて認識できる。

さらに学校に行かない高校生の問題も，教育保障の視点から再検討する必要がある。高校で学校を欠席しがちな生徒は，中退したり，他校に転出していく者が多い。その理由は，高校では，ある科目の授業で欠席が重なると単位を落としてしまうが，多くの高校は学年制を敷いているため，1科目でも落第すると原級留置（留年）になってしまいかねないからである。それを恐れて通信制高校に転出していく生徒も多い。また，高校非進学は1%程度とわずかなように見えるが，これも実際の人数で考えれば1万人を超える規模である。もちろん，その中には高等専修学校などで大学入学資格を取る生徒もいるが，高校非進学者が中学校卒業後，どのような状況に置かれているかについては不明な点が多い。すべての子どもに対する教育保障という視点に立つと，教育から排

Column ❶ 無戸籍の子ども

学校に行かない子どもの問題として，数は少ないながらも重要な問題が無戸籍の子どもの問題である。無戸籍とは，何らかの理由で出生届が出されなかったため戸籍がないままになっている状態を指す。1988年に発覚した「巣鴨子供置き去り事件」により，この問題が社会的に注目されるようになった。また，この事件をモチーフとして，映画「誰も知らない」（是枝裕和監督）が制作されてさらに関心が高まった。戸籍がなく住民票に子どもの記載がない場合，教育委員会はその子どもの存在を把握できず，就学通知が送られてこないこととなる。

無戸籍になってしまう一番の理由は，改正前の民法772条の「嫡出推定規定」により，離婚後300日以内に生まれた子は前夫の子と推定され，出生届を提出すると前夫の戸籍に入れられてしまうことにあった。この規定があるため，実際には新しい夫との間にできた子どもであっても前夫が父親とされることとなり，母親がこれを嫌って出生届を出さず，無戸籍となる場合があった（日本弁護士連合会作成のパンフレット「無戸籍でお困りの方へ」を参照)。文部科学省が2021年12月に公表した無戸籍の学齢児童生徒の就学状況に関する調査結果によれば，2021年5月に法務省が把握した無戸籍の学齢児童生徒190名のうち，就学が確認できていなかった53名については，すべての児童生徒の就学が確認できた。

なお，離婚後300日問題を解決するために，再婚後に生まれた場合の父は「現夫」とする改正民法が2022年12月に参議院本会議で成立した。2024年4月に施行される。

除されるリスクの高いこうした子どもたちの存在が浮かび上がってくる。

このように現代社会において，社会学は，社会の成員に共有された自明性を問い直しつつ，同時に規範的な問題に取り組んでいくことが求められている。教育の社会学には，こうした2面作戦での対象へのアプローチが，今求められている。

Think yourself

1. 外国籍の子どもの教育問題についてさらに調べてみよう。多くの子どもは日本の学校に通っているが，それ以外の子どもたちはどこでどのように学んでいるだろうか。また，外国人が多く住む自治体ではどのような支援が行われているかについても調べてみよう。

2. 長期欠席調査における「経済的理由」に着目してみよう。現在，経済的理由による長期欠席はほとんどいないのに，なぜこの理由別カテゴリーは残っているのだろうか。また，**子どもの貧困**〔★〕という問題が指摘されているのにもかかわらず，なぜ「経済的理由」による長期欠席はほとんどいないということになっているのだろうか。

Stage 2 長期欠席・不登校問題の変容

● urbancow／iStock 提供

社会問題に対する構築主義

***Stage* 1** で見てきたように，学校に行かない子どもに関するわれわれの理解はかなり曖昧であり，不登校以外にもさまざまな理由で子どもが学校に行かないでいる。しかし，われわれは学校に行かない子どもと聞けば，不登校のことだと考えてしまう。その理由の1つは，われわれが普段生活する中では，「不登校」という言葉が一番身近に感じられるからである。われわれは「不登校」という言葉になじみがあるから，学校に通っていない

子どものことを聞くと，すぐにこの言葉が頭に浮かぶ。*Stage* **2** では，社会問題に対するわれわれのこうした認識のあり方をめぐる諸課題について考える。

このことを考えるうえで参考になるのは，社会問題の構築主義という理論的立場である。代表的な研究者であるキツセとスペクター［1990］は，社会問題とはさまざまな主体が言語を用いてそれを問題だと定義することで，はじめて成立するものだと指摘した。彼らは，社会問題とは「なんらかの想定された状態について苦情を述べ，クレイムを申し立てる個人やグループの活動」（119頁）だと説明した。クレイム（claim）とは，要求とか主張という意味である。

構築主義者からすれば，たとえば，子ども同士のある種の攻撃的なかかわりが「いじめという問題」であるのは，その事象を「いじめ」と名付けて，その問題に対応する必要があるとクレイムを申し立てるからである。したがって，彼らからすれば，「いじめ」問題をアプリオリに重大な問題だとして，その発生要因を解明しなければならないと宣言して研究を進めることは，「いじめ」問題の最も重要な部分を捉えそこなっているように見える（詳しくは**知識編**参照）。

「問題」はつくられたもの（構築されたもの）であって，時代や社会が異なれば同じ事象も違って見えるはずなのに，多くの研究はあたかもその「問題」を客観的な実体であるかのように捉えている。構築主義者はこのように批判し，素朴に問題を実体として捉える立場を客観主義あるいは本質主義と呼んだ。

客観主義・本質主義からの反批判

なお，構築主義についても，*Stage* **1** の盛山の批判と同様の批判をすることができる。つまり，構築主義者がある問題について，それはある社会のある時代に構築されたものだと指摘することに対し，「確かにわれわれの認識とはそういうものかもしれないが，『＊＊という問題が生じているから何とかしなければならない』と申し立てなければ，問題の解決に向けた議論は進まないではないか」と反批判することができる。

このように，社会問題はどの理論的立場に立つかによって，分析のあり方が大きく異なってくる。この点を考えるうえで参考になるのはベストの指摘である。ベスト［2020］は構築主義の立場に立ち，「貧困」問題を例にして，この問題も社会的に構築された事象である，すなわち，「『貧困』という用語は，人が世界を理解するためにつくった，もう１つのカテゴリーである」（25-26頁）と指摘した。

ただし，ベストはそのように指摘する一方で，以下のようにも述べている。

> ただし貧困が社会的構築であるという言明は，貧困が存在しないことや現実世界で貧困が起きないことを意味するわけではない。ある人が別の人よりもお金を多く持っていないことは明らかである。しかし，これらの人々を描写するために（途中省略：筆者）選ぶ言葉，あるいは，いかにそれらの状態を説明し，何をすべきかを提示するのは，人々がつくり出し，使いこなす〈意味〉である。（28頁）

ベストのこの論述からわかるのは，社会問題の構築主義と客観主義は，それぞれ異なる事象を分析対象に取り上げていることである。構築主義が分析対象とするのは「貧困という問題」である。これに対し，客観主義と呼ばれる研究が分析しようとするのは，ある人々がその他の人々よりも収入が著しく少なく，生活に支障をきたしている状態である。

構築主義から見れば，そうした状態が観察されたとしても，それが「貧困」と呼ばれるのでなければ，社会問題として分析対象に据えられることはない。反対に客観主義の立場から見れば，当該の社会・時代においてその事象が「貧困」と呼ばれなくても，客観的に見て貧困の状態にあると判断できるのであれば，それを問題だとみなし，その実態分析と対応策の検討を行う必要があると考える[5)]。

以上の理論的な整理に基づいて，***Stage* 2** では長期欠席・不登校と呼ばれる事象のどの部分がどのような言葉で教育問題として語られてきたのかを構築主義の立場から時系列的に見ていく。そして，*Column* では，すべての子どもへの教育保障という問題意識に立って，どのような子どもがどの程度学校教育に包摂されていたのか，またどのような子どもがそこから排除されていたのかの実態を整理する。

戦後直後の長期欠席の社会問題化

最初に第2次世界大戦終戦直後の日本の状況を振り返ってみよう。1945年8月に戦争が終結し，その約1年半後の1947年3月に教育基本法，学校教育法が制定され，翌4月から新制の小学校と中学校が発足した。当時の最大の課題は新制中学校の設置であった。文部省の「学制百二十年史」には当時の様子が以下のように記されている。

> 小学校と中学校の（昭和：筆者注）二十二年四月からの新発足は総司令部からの強い要請のために，是非とも実施されなければならなかった。とりわけ義務制の中学校は，戦争の結果としての荒廃と窮乏のただ中での創設という史上ほとんど前例のない困難な大事業となった。このために設置者である市町村当局は最大の苦境に立たされ，全国で一七〇にも上る市町村長の引責辞職やリ

コール事件が生じたほどであった。

こうして非常な苦労を伴い新制中学校は設置された。そして，この時期に，学校を頻繁に休む子どもが「長期欠席」として問題化された。たとえば，1949（昭和24）年10月30日の朝日新聞には，以下の記事が掲載されている。

> 「長期欠席が二倍に　都内の学童　大半は父の失業」
>
> 都内新制中，小学校の不就学児童調査が二十九日都教育廳（庁の旧字：筆者注）で集計された。これによると三ケ月以上の長期欠席児童は昨年にくらべ約二倍に増加，欠席の理由は最近の家計の困難というのが最も多く，こんごも欠席児童は増加する傾向にあり，当局では近く対策に乗出すことになつた。
>
> 新制中学では昨年は二千百七十八人であつたのが，四千四百人と二倍に増加，その大部分が父親の失業，営業不振などから家計を助けるため働きに出ている，また不良化して登校するといつて盛り場で遊んでいたものも相当あつた。

長期欠席の社会問題化をふまえ，文部省は1951年度から1958年度まで「公立小学校・中学校長期欠席児童生徒調査」（長期欠席調査）を実施した［小林，2015］。この時期，「長期欠席」が教育関係者にとって重大な問題だったのは，戦後の教育改革により9年制の義務教育制度が始まったばかりで，長期欠席の多さは新しい学校教育制度のあり方自体の正当性をゆるがすものと見られたからだった。とくに中学生の長期欠席が多かったことから，中学校を2年間に短縮して6・2制にすべきだという主張も出ていた［小林，2015］。こうした事情から，文部省はなんとかして欠席を減らし，学校教育を安定的に運営できるように，調査を通じて出席率の向上を促そうとした。

Column ❷ 第1回長期欠席調査

1951年度の第1回長期欠席調査により，どのような実態が浮かび上がってきたのだろうか。このときの調査は，1951年4月から10月までの6カ月間で50日以上欠席した者を長期欠席として実施された。その結果，小学校で9万2275人，中学校で15万6563人，計24万8838人が長期欠席だと報告された。なお，現在の長期欠席調査では年間30日以上の欠席を長期欠席としている。これに対して，1951年度の調査では，半年間で50日以上と，欠席頻度が非常に高い生徒だけが対象とされた。

表I-4は，この当時の子どもの長期欠席の理由を示したものである。1951年度の調査では，長期欠席の理由は「本人によるもの」と「家庭によるもの」に大別され，本人による理由では「本人の疾病」「勉強ぎらい」「その他」があげられた★。当時は，このうち疾病が最も多く，具体的な病名を多い順に並べると，「肺結核」「その他疾病と異常」「精神異常薄弱」「外科的疾患」と続いた。結核は戦後になっても昭和20年代までは「国民病」「亡国病」と恐れられていた病であり，そのために長期に学校を休んでいた子どもがかなりいたことがうかがえる。

また，「家庭によるもの」に分類された理由には，「家庭の無理解」「教育費が出せない」「家計の全部又は一部を負担させなければならぬ」「その他」の4つが挙げられていた★。このうち，「教育費が出せない」，「家計の全部又は一部を負担させなければならぬ」は，現在の調査でいう「経済的理由」に相当する。中学校ではこれら2つの理由があげられたケースの割合は合計で28.3％となり，「家庭の無理解」と同じくらい大きな割合を占めていた。

Stage **1**で述べたように，経済的理由による長期欠席は今ではほとんどない。しかし，長期欠席調査が始まったときは，

表 I-4　長期欠席の内訳（1951 年度）

		小学校	中学校
本人によるもの	本人の疾病	40.3%	15.2%
	勉強ぎらい	9.1%	14.1%
	その他	5.1%	3.5%
家庭によるもの	家庭の無理解	25.2%	28.1%
	教育費が出せない	6.6%	8.2%
	家計の全部又は一部を負担させなければならぬ	5.6%	20.1%
	その他	8.1%	10.8%
	合計	**100.0%**	**100.0%**
	（人数）	（92,275 人）	（156,563 人）

（出所）『わが国の教育の現状』（1953 年度）第 24 図より筆者作成。

それが主要な欠席理由の 1 つであった。また，疾病の内訳からは当時の衛生状況がうかがえる。これらの点について，加藤［2012］は，「敗戦後の社会混乱のなかで長期欠席者の把握は同時に，親の就労状態の把握，衛生管理の装置としても機能していた」（90 頁）と指摘している。

★ 1953 年度『わが国の教育の現状』第 3 章義務教育，第 1 節就学状況の 3「長期欠席の状況」の項を参照。「その他疾病と異常」の中身は，資料には「トラホーム，寄生虫，耳疾，鼻疾」と書かれている。（https://warp.da.ndl.go.jp/info:ndljp/pid/11293659/www.mext.go.jp/b_menu/hakusho/html/hpad195301/index.html）

また，結核に関しては，公益財団法人結核予防会ウェブサイト参照。（https://www.jatahq.org/about_tb/）

学校恐怖症という問題理解

長期欠席児童生徒調査が始まると，その数は急速に減少していった。これは，戦後の経済復興や生活困窮層に対する教育費の援助制度の整備，学校や個々の教員による家庭への働きかけなどが効を奏したといわれている［加藤，2012］。やがて1960年代後半から1970年代前半にかけて，元号でいえば昭和40年代になると，長期欠席は人数も割合も戦後最も少なくなった。ちなみに，1970年の長期欠席率は，中学校で1%以下，小学校では0.5%以下であった［保坂・重・土屋，2017］。

図I–3は1952年から1997年までの中学生の長期欠席者数の推移を図示したものである。これを見ると，1975（昭和50）年あたりが最も少なく，その後，再び増加したことがわかる。

ただし，長期欠席が非常に少なかったこの時期にも，一部の子どもは欠席しがちであった。当時，こうした子どもの問題の理解に重要な役割を果たしたのが児童精神医学である。保坂・重［2018］によれば，日本において，初めて児童精神医学の見地から「神経症的登校拒否」という名称で研究報告を行ったのは佐藤［1959］であり，続いて鷲見ら［1960］が「学校恐怖症」という名称で研究報告をした。また，高木ら［1959］の長期欠席の精神医学的調査報告でも「学校恐怖症」に一致するものが記載されている。この時期，ごく少数の学校を欠席していた生徒は，こうした理解のされ方をしていた。

長期欠席問題から学校ぎらい・登校拒否問題へ

1975年あたりを境目にして，長期欠席は再び増加し始めた。そして，この時期を転換点として長期欠席の問題構築のされ方も変わっていった。すでに述べた通り1950年代は，長期にわたって学校を頻繁に休む子ども全体が問題とされた。1951年

図 I-3　年間 50 日以上の長期欠席者数と出現率の推移（中学生）

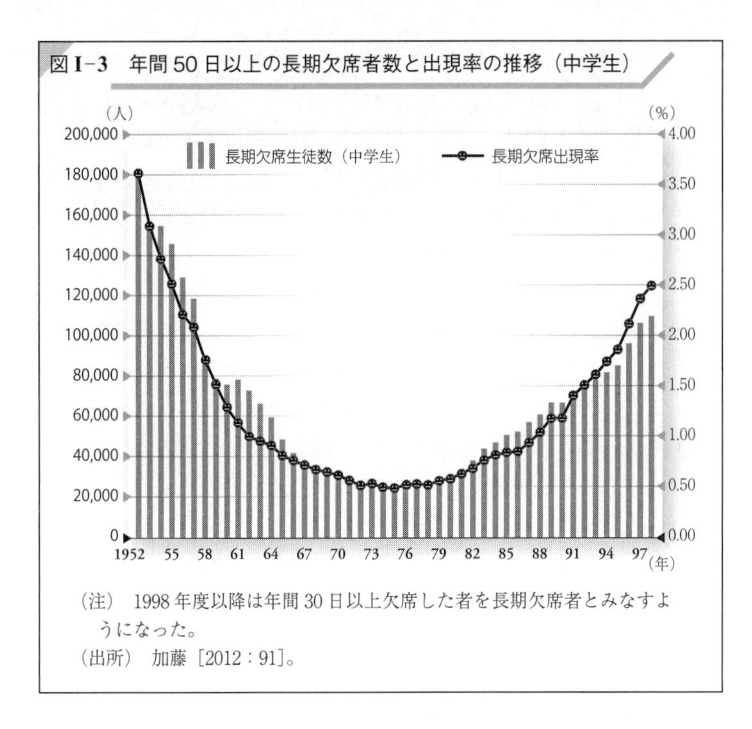

（注）　1998 年度以降は年間 30 日以上欠席した者を長期欠席者とみなすようになった。
（出所）　加藤［2012：91］。

度から開始された長期欠席調査は 1960 年度から学校基本調査に取り入れられ，欠席理由は「病気」「経済的理由」「学校ぎらい」「その他」の 4 つに分けられた。

これに対し，1970 年代後半から長期欠席が再び増え始めたとき，上記の 4 つの理由のうち，もっぱら「学校ぎらい」を理由とする長期欠席が教育問題として注目されるようになり，「登校拒否」とも呼ばれた。彼らは，学校に対して何らかの嫌悪感や恐怖心を持ち，適応できないでいるとされ，こうした子どもへの対応のあり方について議論がなされた。なお，「学校ぎらい」の教育問題化には，1960 年代に学校恐怖症として問題を見出した児童精神科医が果たした役割も大きかった。

Column ❸ 大量の不就学

昭和 40 年代には相当数の不就学の子どもがいた。不就学というのは，就学義務があるにもかかわらず何らかの理由で就学していない，つまり学校に籍がなく通ったことがない状態を指す。図 **I-4** に示したとおり，戦後かなり長期にわたって，不就学の子どもが存在し，1970 年代末になってようやくゼロに近づいた。それまでの時期，不就学が多かったのは，障害のある子どもの多くが就学免除ないし就学猶予を受けていたからである。戦後，9 年間の義務教育制度が施行されたものの，障害を持つ子どものための特殊教育（現在は特別支援教育という）は整備が遅れた。学校教育法は，特殊教育を行う学校として，盲学校，聾学校，養護学校の 3 種類を設けたが，戦後すぐに就学義務が施行されたのは視覚，聴覚に障害のある子どもが通う盲学校，聾学校だけであり，知的障害や肢体不自由の子ども等が通う養護学校の義務化は見送られた。

このため，施設が十分整備されていないなどの理由で，障害のある子どもの就学義務は猶予ないし免除されることが多かった。先に紹介した 1953 年度『わが国の教育の現状』にも，「特殊教育の施設が不充分なため，これらの施設が手近にあれば就学可能なものでありながら，就学免除者として不就学のまま放置されている場合も少く（ママ）ない」という指摘が見られる。1970 年度においても，就学免除・猶予の児童生徒は 2 万人を超えていた。

ちなみに 1970 年は大阪で万国博覧会があった年であり，戦後日本の高度経済成長のピークであった。大企業では年功序列と終身雇用に基づく日本的経営が採られ，労働者は長時間労働に従事していた。経済成長を支えるための高度な人材を育成するために，学校教育には「教育内容の現代化」が求められ，1968 年から 1970 年にかけて各学校段階の学習指導要領が改訂され，授業時間数は戦後最も多くなった。また，こ

図 I-4　就学猶予・免除学齢児童生徒数の推移（1948-1997）

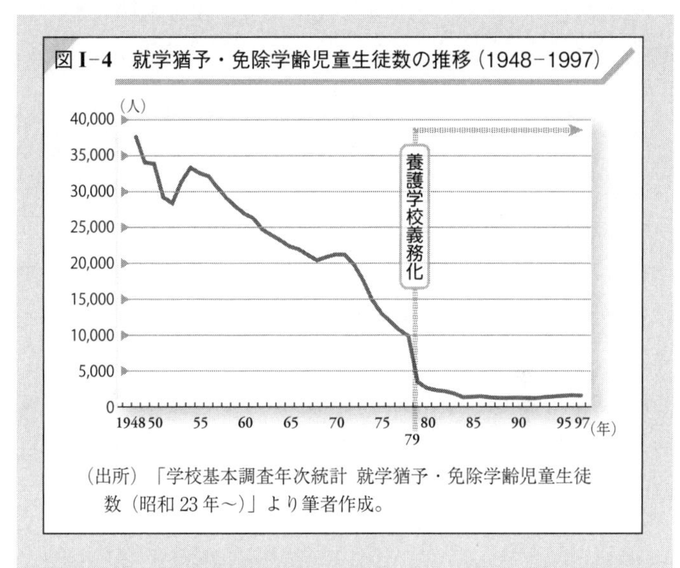

（出所）「学校基本調査年次統計 就学猶予・免除学齢児童生徒数（昭和 23 年〜）」より筆者作成。

の時期は，戦争直後の復員兵の帰還によって多数の子どもが生まれた世代，いわゆるベビーブーマーが 18 歳を迎えた頃でもある。高度経済成長に伴い，若者の進学欲求が高まり大学入試に向かった結果，受験競争が苛烈になり，大量の浪人が出るなど，教育全体に非常に競争的な雰囲気が漂っていた。

こうした当時の社会状況をふまえて，1970 年前後の学校教育をあらためて振り返ってみると，当時は，経済成長を支える人材となりうる子どもは，ほとんどすべて学校に通っていたのに対し，そうした人材要求には必ずしも合致しない，障害を持つ子どもの就学は後回しにされていたといえる。就学免除・猶予者は，1979 年に養護学校の義務化がなされたことにより，一気に減少した（図 **I-4**）。こうして 1980 年代になると，より多様な子どもが学校教育に在籍するようになったものの，そこから排除される子どもが年々増えていくという状況となった。

登校拒否問題をめぐる2つの語り

1970年代後半に登校拒否問題が社会問題化していく際，その語り方には2つの種類が見られた。

その1つは，教育行政や学校教育の関係者が生徒指導の観点から問題を学校不適応問題として捉え，児童生徒の学校適応を促すための手立てを講じようとする語りである。もう1つの語りは，学校教育に批判的な立場から，登校拒否は管理主義や点数競争がはびこる学校教育のあり方に対する子どもたちの反応であるとする語りである。

2つの語りのうち，学校批判の語りは，児童精神科医やオルタナティブな学びの場の設置を主張した運動家等の中に多く見られた。たとえば，児童精神科医の渡辺位は，1983年刊行の『登校拒否・学校に行かないで生きる』において，登校拒否はゆがんだ学校教育や社会の状況への告発であると指摘し，子どもが登校拒否になった場合には，無理に学校に行かせるような刺激を加えないこと，学校へのこだわりを捨てること，「不登校」をプラスに評価して尊重することを原則とすべきだと提案した。また，フリースクール「東京シューレ」を開設した奥地圭子は，「登校拒否になった子ども個人を治療するという発想は，さかさまなのです。つまりあえていえば，治療されるべきは学校ではないかと私は思います」[奥地，1989：8-9] と述べた。マスコミも，学歴主義や学校批判と関連づけて登校拒否を問題にし，登校拒否は学校教育制度が抱える問題の象徴だとみなされた。

見過ごされた問題

最後にもう1つ指摘しておきたいのは，ある時期にある形で問題が語られるようになると，その語りには含まれない，あるいはその語りのトーンにはそぐわないことがらは，しばしば見過ごされてしまうということである。

たとえば，*Column*❸にあるように，戦後直後，長期欠席が問題化された時期は就学免除・猶予者もかなり多かった。しかし，当時の文部省は長期欠席を減らすことに躍起になっており，就学猶予・免除者（その多くは障害を持つ子どもだった）の問題は見過ごされた。

1970年代後半以降に学校ぎらい・登校拒否が問題化されたとき，しばしば見られたのは，登校拒否が近年増えているという指摘であった。たしかに，その10年前と比べれば増加しているということになる。しかし，そのような指摘がなされるとき，戦後から1950年代の半ば頃までは非常に多くの長期欠席の子どもがいたことはほとんど見過ごされていた。また，1970年代後半以降に学校ぎらいが増加した時期は，長期欠席全体も増えたのだが，このこともほとんど触れられることはなかった。

このように，その時々における問題の構築のされ方により，ある事象がしばしば見過ごされるのである。構築主義から見れば，それらの事象は見過ごされたわけだから「問題」ではない。しかし，すべての子どもの教育保障という視点に立てば，こうした「見過ごされた問題」は非常に重要である。立場を変えてみると，問題の捉え方はこのように違ってくる。

Think yourself

1 文部科学省のウェブサイトには，さまざまな統計情報や資料が掲載されている。このうち，教育，科学技術，学術，スポーツ，文化等の施策の動向について，同省がまとめたものが『教育白書』(1953～2000年度)，『文部科学白書』(2001年度以降）である（URL: https://www.mext.go.jp/b_menu/hakusho/html/monbu.htm)。

このうち，1953年度の『教育白書』である『わが国の教育の現状（昭和28年度)』の第3章第1節では，「就学状況」の当時の動向が報告されている。この資料は国立国会図書館のアーカイブに保存されているので，ぜひこれを読み，当時の政府の問題意識や，就学をめぐって当時どのような問題があったのかを調べてみよう。また，なぜそのことが問題となっていたのかについても考えてみよう。

2 構築主義の観点を意識すると，さまざまな問題が，ある時期から急に重大な社会問題・教育問題として注目されてきたことに気づかされる。たとえば，**児童虐待**〔★〕はその一例である。日本で児童虐待はいつごろからどのような経緯で問題として注目を集めるようになったのかについて調べてみよう。また，それ以外にどのような教育問題が，いつごろからどのような経緯で問題として注目されるようになったのか調べてみよう。

Stage 3 教育支援の社会学

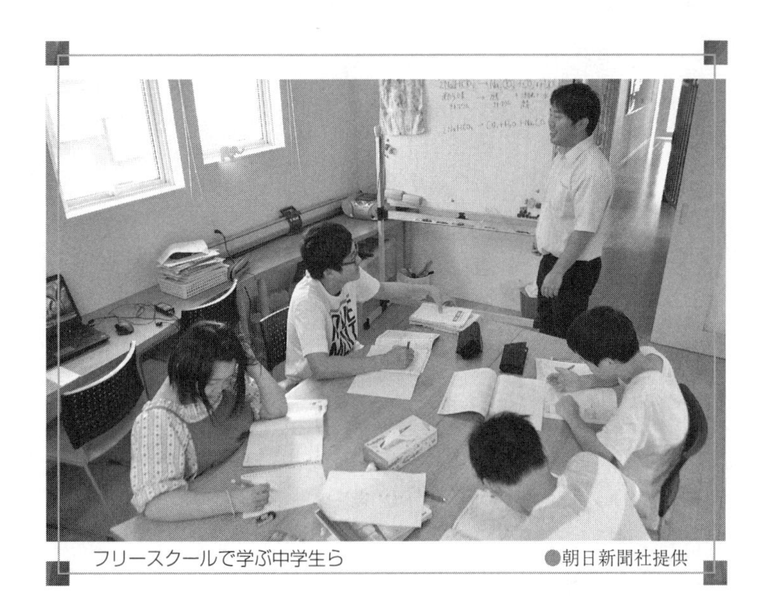
フリースクールで学ぶ中学生ら　●朝日新聞社提供

Stage 3 で取り上げるのは，学校に行かない子どもに対する指導や支援の取り組みである。これらの取り組みも１つの社会事象であり，社会学的な分析によりその特徴やその取り組みがもたらす効果や帰結を明らかにすることができる。ある問題を抱える子どもや若者に対してどのような指導や支援がなされるか，そのためにどのような制度が編成されるかは，それぞれの時代の社会状況と密接に関連している。つまり，教育支援のあり方そのものも，教育の社会学の対象なのである。

Stage **3** ではこうした視点から，1970年代後半に学校ぎらい・登校拒否が社会問題として注目されるようになった後に，そうした子どもにどのような指導や支援がなされてきたのかを見ていく。

生徒指導としての取り組み

Stage **2** に記したとおり，1980年代になると，学校ぎらい・登校拒否の子どもに対して，学校以外のオルタナティブな学びの場を提供しようとする動きが芽生えてきた。これに対し，文部省や教育委員会・学校は生徒指導の観点から，学校適応を促すための指導・支援の取り組みを充実させようとした。

生徒指導は，非行や校内暴力やいじめなどの問題行動の抑止をねらいの1つとしているが，それとともに，学校での集団生活や学習活動になじめない児童生徒の問題も指導の対象としている。1980年代になると，学校生活が児童生徒にとって充実したものとなるように，不適応傾向を示す者に対して適応促進を図ること，そしてそのために児童生徒の心理面への支援と学校環境の改善を図ることが大切だという考え方に基づき，支援策が講じられるようになった[6)]。

1989年になると，文部省はより抜本的な登校拒否対策を検討するための会議を設置した。会議の名称は，「学校不適応対策調査研究協力者会議」（傍点筆者）と名付けられたが，この名前に示されているように，当時の行政や学校は登校拒否問題を学校不適応問題として捉えていた。

1992年になるとこの会議体は，「登校拒否（不登校）問題について——児童生徒の『心の居場所』づくりを目指して」と題された最終報告書を提出した。ちなみにこのころから行政文書でも不登校という言葉が使われるようになり，2008年度の学校基本調査からは，長期欠席理由の「学校ぎらい」が「不登校」に改められた。

当時，この報告書は画期的なものとして社会に受け止められた。それはこの報告書の中に「登校拒否はどの子どもにも起こり得るものである」と記されたからだった。

1960年ごろから学校恐怖症として理解されるようになった登校拒否は，特定の子どもの問題として捉えられる傾向があった。これに対してこの報告書は，登校拒否の問題は学校，家庭，社会全体にかかわるものであり，誰にでも起こりうるものと考えるべきだと指摘した。そして，登校拒否問題を解決するには学校が児童生徒にとって心の居場所とならなければならないと提言し，そのためには，「真の児童生徒理解に立った指導」が必要であるとして，以下のように提言した。

> 学校では，児童生徒一人一人の個性を尊重し，児童生徒の立場に立って人間味のある温かい指導が行えるよう，指導の在り方や指導体制について絶えず検討を加え，きめ細かい指導を行うことが必要である。

このころは，学校が適切な指導を行い教師と生徒の間に良好な人間関係が築ければ，学校に行かない子どもも学校に適応し登校できるようになるという仮説に基づいて取り組みが提案された。1992年の報告書は，「登校拒否問題については，あくまで児童生徒の学校への復帰を目指して支援策が講じられる必要がある」と指摘し，児童生徒理解の充実を唱えた。そして，そうした提言に付言する形で，学校がいろいろ努力をしても復帰が困難な場合もあるから，そういう場合は，「当面学校での指導以外の他の適切な指導の方法も検討される必要がある」と指摘したのだった。

指導の文化のもとでの支援

1992年の報告書を見ると，登校拒否（不登校）に対する当時の取り組みは，もっぱら学校を中心にして構想されていたことがわかる。それを支えたのが生徒指導の考え方であり，それは日本の学校教育における指導の文化につながったものである。

生徒指導は，生徒の人格のよりよき発達と，学校生活が生徒にとって有意義かつ充実したものになることを目指している。日本では，学習面だけではなく，情動や人間関係なども含めた総合的な「人格の完成」（教育基本法第1条）を教育の目的にしているが，このうち学習指導以外の指導が，おおむね生徒指導にあたる。

酒井［1997，1999］は，日本には，これらのさまざまな面での教育的営為を包括的に呼称する概念として「指導」という言葉が用いられていると指摘した。そして，この「指導」の概念により，学校内の子どもに対するさまざまな働きかけがすべて教育的に価値づけられているとして，これを「指導の文化」と名付けた。

指導の文化においては，学習指導だけではなく，子どもの生活態度，人間関係，情動のあり方のすべてに対して教師が働きかけることが期待される[7)]。こうした指導の文化に基づいて，望ましい教師生徒関係がイメージされ，それに照らして学校に適応できずにいる児童生徒へのかかわり方が検討された。登校拒否への対応は適切な生徒指導によること，すなわち学校復帰を目指して「人間味のある温かい指導」「きめ細かい指導」が重要だと記されたのである。

関係機関との支援のネットワーク

しかし，その後も不登校が増えていくと，学校中心の指導という方針は若干修正されて，関係機関と連携してネットワークにより支援することが強調されるようになった。その代表的な文書が，2002年に設置された「不登校問題に関する調査研究協力者会議」が翌2003年に提出した報告書である[8)]。

2003年の報告書は，不登校は学校に対する保護者や子ども自身の意識の変化などの社会全体の変化の影響力もあるため，「この課題を教育の課題としてのみとらえて対応することに限界があるのも事実である」と指摘した。不登校問題は学校だけでは解決できないという見解が示されたのである。そしてそれを補完するために，学校外の公的機関や，多様な学習の機会や体験の場を提供する民間施設・NPO等と積極的に連携して，相互に協力し合うことが重要だと唱えられた。もちろん学校教育が果たすことができる，あるいは果たすべき役割は大きいとして，児童生徒が不登校とならないための魅力ある学校づくりや，きめ細かく柔軟な個別・具体的な取り組みについても触れられた。

文部科学省は，この報告書をふまえて2003年度からスクーリング・サポート・ネットワーク整備事業（SSN）を開始した。この事業では，不登校児童生徒へのより一層のきめ細かな支援を行うために，学校・家庭・関係機関が連携した効果的なネットワークの構築や，ひきこもりがちな不登校児童生徒やその保護者に対応するための訪問指導員制度の導入が図られ，地域ぐるみのサポートシステムの整備が目指された。

ただし，実際には，SSN事業では教育委員会が設置した適応指導教室[9)]と学校との連携が図られることが多く，地域のネットワークに民間団体が含まれる例は少なかったといわれている［山田，2016］。

社会的自立の強調

2003年報告書のもう1つの特徴は，不登校支援において，学校復帰よりも社会的自立が強調された点である。同報告書の「不登校に対する基本的な考え方」の筆頭には，「将来の社会的自立に向けた支援の視点」という節が設けられ，以下のように記されている。

> 不登校の解決の目標は，児童生徒が将来的に精神的にも経済的にも自立し，豊かな人生を送れるよう，その社会的自立に向けて支援することである。その意味においても，学校に登校するという結果のみを最終目標にするのではなく，児童生徒が自らの進路を主体的にとらえ，社会的に自立することを目指すことが必要である。

「社会的自立」は，同じ年に内閣府青少年育成推進本部が発表した「青少年育成施策大綱」の重点課題の筆頭に掲げられたものである。同推進本部は，2000 年代に入り若年者の雇用問題や少子化問題などへの関心が高まったのを受けて，青少年政策に関する省庁横断的な枠組みを作るために設置された。この 2003 年の「大綱」では，「若者の就労の不安定化や親への依存状態の長期化による若者の社会的自立の遅れという状況」が憂慮され，「人生設計や教育，職業訓練，生活保障といった，包括的な自立支援策のあり方」に関する施策の基本方針が示された。

宮本［2012］によれば，2000 年代を境にして，学校から社会への青年期の移行モデルは大きく変化した。戦後，高度経済成長から 1990 年代半ばまでは，教育水準の上昇と若者の完全雇用市場を背景にして，若者が学校からスムーズに雇用に移行する体制が整っていた。当時の若者は，この体制のもとで自立が図られたが，1990 年代のバブル経済の崩壊により，体制そのものが崩れたのである。高卒・大卒の労働市場が悪化して，不安定就業や不就業の状態にいる若者が増加した。宮本［2012］は，「それまで職場は，若者の職業的訓練の場であり，かつ社会人としての教育の場であったが，そこに帰属しないか不完全な帰属しかしていない

Column ❹ 障害がある子どもの支援

Stage **2** で述べたように，1979年に養護学校の義務化がなされ，1980年代になると就学免除・猶予者はほとんどいなくなり，重い障害を持つ子どもも何らかの形で学校教育を受けることとなった。

その後，障害を持つ子どもの教育において重要な転機となったのが，特殊教育から特別支援教育への転換がなされた2007年の学校教育法の改正である。このときの制度改正では，知的な遅れのない発達障害も含めて，特別な支援を必要とする幼児児童生徒を支援していくことが目指された[★1]。一方，2012年には，インクルーシブ教育の理念をふまえ，同じ場で共に学ぶことを追求するとともに，個々の子どもの教育的ニーズに最も的確に応える指導を提供できるように，通常の学級，通級による指導，特別支援学級，特別支援学校といった，「連続性のある多様な学びの場」を用意することが必要であると提言された[★2]。このように，政策としては，インクルーシブ教育が謳われ，共生社会の実現が目指されている。

しかし，実際には2000年ごろから特別支援学校，特別支援学級の在籍者数が増加している。2020年度は，義務教育段階での特別支援学校在籍者は小学部4万6273人，中学部3万649人，合計7万6922人であった。また，特別支援学級在籍者数は，小学校21万6738人，中学校8万3802人，義務教育学校1933人で，合計30万2473人（中等教育学校の特別支援学級はなし）だった。これは，同年の学齢児童生徒全体の3.9%にあたる[★3]。

こうした動向については，1人ひとりの教育的ニーズに応じて適切な指導と必要な支援を行うという，障害を持つ子どもへの指導の1つの考え方をふまえているものの，インクルーシブ教育や共生社会の実現という点で疑問視する向きもある。たとえば，2022年9月，国連の障害者権利委員会は，日本政府に対し，障害児を分離した特別支援教育の中止などを求める勧告を発表した。

★1　文部科学省初等中等教育局長銭谷眞美「特別支援教育の推進について（通知）」19文科初第125号，2007年4月1日。

★2「共生社会の形成に向けたインクルーシブ教育システム構築のための特別支援教育の推進（報告）」2012年7月23日。

★3　学齢児童生徒全体とは，小学校，中学校，義務教育学校，中等教育学校の前期課程，特別支援学校の児童生徒数を合計した人数。

若者が急増した」（35頁）と記している。青少年育成施策大綱は，こうした社会状況の変化を，若者の社会的自立の遅れの問題と捉え，その改善を図ろうとした。

不登校に関する2003年の報告書において，不登校支援のねらいが社会的自立にあるとされたのは，この問題が若者施策の動向と関連づけられ，不登校の子どもは将来無業者になる可能性が高く，そうならないように支援していくことが重要だという問題意識が広まったからだと考えられる。

これと対比させると，学校中心の指導の充実を目指した1992年の報告書は，高度経済成長期に成立した日本型の青年期の自立の過程が，まだかろうじて機能していた時期に構想されたものだったといえる。2003年報告書で「社会的自立」が強調されるようになったのは，バブル経済の崩壊により若者の自立がそれだけ困難になったことを示している。

多様な教育機会

2010年代の半ばになると，不登校支援の考え方やあり方はさらに変化した。その1つは2016年に制定された教育機会確保法（義務教育の段階における普通教育に相当する教育の機会の確保等に関する法律）によるものである。これは，全国各地のフリースクールのネットワークの運動や，これに賛同した国会議員連盟の働きかけなどの後押しによりできた法律で，文部科学省が進めてきたそれまでの支援の取り組みとは性格を異にしている。

教育機会確保法には，不登校児童生徒には休養が必要であること，不登校児童生徒が学校以外の場で行う多様な学びが重要であること，それぞれの状況に応じた学習活動を進めることが大切であることが記された。もちろん就学義務を前提にして制定されているため，第３条では，「全ての児童生徒が豊かな学校生活を送り，安心して教育を受けられるよう」という学校の取り組みの充実も求められている。

教育機会確保法においては，不登校の児童生徒の抱える問題は学校に適応できないことだとは捉えられていない。問題は，学校に行かなかったことでこうした児童生徒が不利益を被っていることであり，その問題を解消するために，不登校の児童生徒に対し，多様で適切な教育機会を提供する必要があるという考え方で貫かれている。教育機会確保法の制定を受けて 2017 年に出された基本方針でも，「不登校というだけで問題行動であると受け取られないよう配慮し，児童生徒の最善の利益を最優先に支援を行うことが重要である」と記された。

教育機会確保法は，不登校を問題行動とみなし，学校を心の居場所にすることで彼らを学校に復帰させようと提案した 1992 年の報告書とは考え方を大きく異にしている。そのうえで，「教育委員会・学校と多様な教育機会を提供している民間の団体とが連携し，相互に協力・補完し合いながら不登校児童生徒に対する支援を行う取組を推進する」ことを提唱した[10)]。

なお，同法が提案した「多様な教育機会」とは，具体的には，不登校児童生徒のために特別の教育課程を編成して教育を実施する不登校特例校，**教育支援センター（適応指導教室）**〔★〕，および民間団体であった。このほかに，家庭にいる不登校児童生徒に対する支援についても触れられた。

2003年の報告書で連携・ネットワークの構築が提唱された際，その連携先に民間団体が含まれるケースは少なかったが，教育機会確保法の制定時には，民間団体が有力な連携先として浮上した。ちなみに文部科学省が2015年に調査したところでも，不登校支援の民間団体が2000年以降にしだいに増加していったことが明らかにされている[11)]。なお，この調査によれば，調査に回答した民間団体のうち，約9割の団体は個別学習を実施していたが，授業形式による学習を行っている団体は約4割にすぎなかった。また，学習カリキュラムを決めている団体は半数であった。

オンライン教育の展開

2010年代後半から見られるもう1つの変化は，インターネットの発達に伴い，家庭にいる不登校児童生徒への支援でオンライン教育の導入が進んだことである。文部科学省は2005年の通知において，不登校の児童生徒が，自宅においてICT（情報通信技術）等を活用した学習活動を行った場合に指導要録上出席扱いとするとともに，その成果を評価に反映することができるとした。先の2015年の文部科学省調査によれば，いくつかのフリースクールが家庭にいる子どもに対してオンラインによる教育を提供していた。

しかし，その後のオンライン教育の進展は，不登校の子どもに対する支援を超えたものとなっており，むしろその中に不登校の子ども等への支援が含まれるようになったと見たほうがよい。

オンライン教育は文部科学省の取り組みの範囲を超えて，経済界からの要望を反映して広範囲に展開している。その1つの取り組みが2018年から経済産業省が開始した「未来の教室」である。この事業は，1人1台配付される端末とさまざまなEdTech（エドテック：EducationとTechnologyを組み合わせた造語）を活用した新しい学び方を実証するというねらいで開始された[12)]。この事業は，学校側に資金提供するのではなく，改革を提案する事業者側を支援するものである。

こうしてオンライン教育は経済産業省の後押しもあり，さまざまな事業者が参入して展開している。そして，その中の1つとして不登校支援がある。たとえば，未来の教室の事業として，2020年に採択された事業の1つに，小中学生向けにオンライン授業を提供する「クラスジャパン学園」が，全国17の自治体と提携して，200人余りの不登校の子どもにオンラインで教育を提供するという企画がある。このように経済産業省の試験的事業の1つとして民間主導で不登校支援が実施されるようになっている。

文部科学省も2019年12月に児童生徒に1人1台の端末を配付することを目指してGIGAスクール構想を開始した。この事業はその直後から始まった新型コロナウイルス感染症の感染拡大により前倒しされ，2021年7月末には全国のほぼすべての小学校，中学校で利活用が開始されることとなった[13)]。

また高等学校では，戦後，新制高等学校が設置された当初から勤労青年に対する教育振興のために通信制課程が設置されており，この制度を利用して，小中学校よりも早くオンライン教育の導入が進んでいった。すでに2000年代後半から私立の通信制高校が急拡大し，中学校時代に不登校であった生徒の進学先，全日制や定時制の高校に進学したものの適応できない生徒の転編入先として注目を集めるようになった［内田・濱沖，2016］。2021年度の高等学校通信制課程に在籍する生徒は全生徒数の6.8%を占めるまでに拡大している。

「公正に個別最適化された学び」と不登校支援

さらに，元号が令和に変わる2019年頃から，不登校支援の考え方にもう1つ変化が生じた。政府の規制緩和が推進されるとともに，「公正に個別最適化された学び」の実現という教育スローガンが示されて，教育方法の1つとしてオンライン教育がより積極的に評価されるようになってきたのである[14)]。

たとえば，2019年5月には，政府の規制改革推進会議のワーキンググループにおいて，義務教育段階における通信制の導入が提案された。ただし，当時の柴山文部科学大臣は，義務教育段階では多様な子どもたちがともに学んでおり，教師や児童生徒による対話的で協働的な学びを実現することも大事だとして，懸念を表明した[15)]。また，2022年9月に文部科学省の有識者会議において，数学や語学などの特定分野で突出した才能を持つ児童生徒への支援に関し，オンライン教育の活用が提案された[16)]。

さらに，中央教育審議会の個別最適な学びと協働的な学びに関する特別部会のもとに，2022年10月，「義務教育の在り方ワーキンググループ」が設置された。この会議体は，Society5.0時代に向けた社会変化の加速度的な進展のもとで，「学校を中心とする学びの在り方の基本的な考え方を整理」し，「一人一台端末等の活用を含めた多様で柔軟な学びの具体的な姿を明確化すること」などが検討されることとなっている。そして，その検討課題の1つに「学校教育になじめないでいる子供に対する学びの保障について」があげられている。不登校対策はこうした会議体でも検討されるようになった。

不登校支援の3つのフェーズ

以上のように，登校拒否・不登校への指導・支援は，それぞれの時代の社会状況と密接に関連している。**図Ⅰ-5**は，1970年代後半以降のこうした子どもへの指導や支援の考え方の変化をまとめたものである。

これを見ると，不登校の支援は大きく3つのフェーズに分かれることがわかる。第1フェーズは1980年代末から90年代にかけてであり，学校中心の支援の取り組みが進展した時期である。心の居場所としての学校を作るためにスクールカウンセラーも配置されるようになった。第2フェーズは，1990年代のバブル経済崩壊による若者の雇用の悪化と関連づけて不登校問題が捉えられるようになり，将来の社会的自立に向けた支援が必要だという考え方が強調され始めた時期である。バブル経済の崩壊は，それまで安定的に作動していた家庭-学校-企業の三位一体の若者の自立システムを機能不全に陥らせるものでもあり，学校の機能の限界が露呈し始め，児童生徒の指導に対する学校の信頼がゆらいだ結果，関連機関との連携が求められるようになった。

ただし，それでもこの時期まではまだ児童生徒の指導・支援における学校の位置づけはかなり重要・不可欠であった。これに対し，2010年代半ば以降の第3フェーズでは，学校以外の場での指導や支援への期待の度合いが高まっていく。学校は子どもの指導・支援にあたる多様な機会の中の1つ――もちろん，最も主要なものではあるが――という位置づけになりつつある。

こうした変化を招いた要因の1つには，フリースクール等の民間団体に対し政治的支援が寄せられるようになった過程がある。2016年に成立した教育機会確保法の制定にあたっては，フリースクールを支援する各政党の議員団の後押しがあった。民間団体

図 I-5　登校拒否・不登校支援の展開

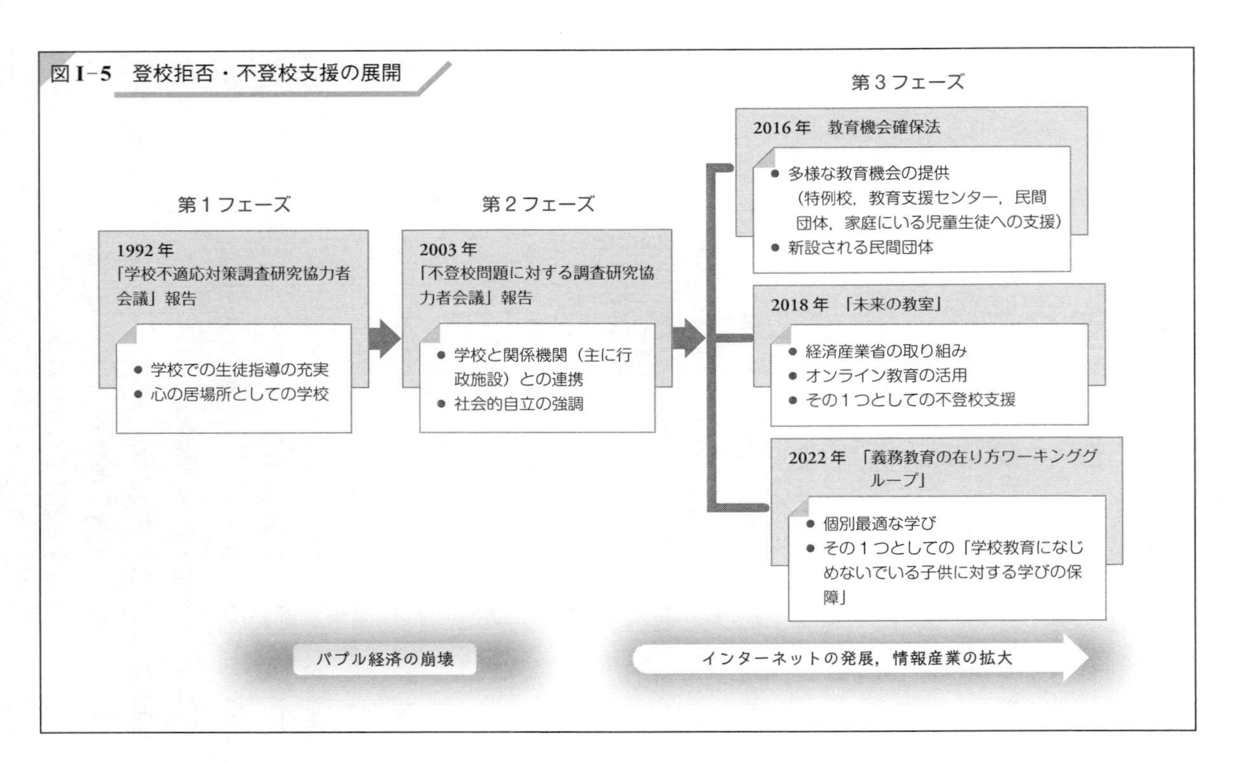

は，そうした政治力を活用して，年来の主張を一定程度政策に反映させることに成功したといえる。

また，それとともにインターネットの発展とそれを活用した情報産業の発展が果たした役割も大きかった。経済産業省の「未来の教室」事業は，そうした動向を後押しする取り組みであった。オンラインによる教育コンテンツの提供が可能になったこと，また時代の求めるデジタル人材の育成という点でも，オンライン教育の推進は経済的利害に合致した。さらに，学習指導要領で謳われた個別最適化の理念は，個別の指導・支援のより一層の進展を後押しした。

こうして2020年ごろには，多様な教育機会を用意して指導・支援の個別最適化を図る必要があるという教育の理念と，それを可能にするための情報技術という，理念と手立ての双方が示されたのである。学校に行かない子どもに対する教育保障が，理念の面でも技術の面でも整備されつつある。さらに新型コロナウィルス感染症の拡大が，教育機会確保法が示した休養の必要性という考え方をより広範囲に浸透させることとなった。

これからの教育のあり方

学校に行かない子どもの問題と，彼らに対する指導や支援の取り組みを追っていくと，私たちは，学校教育により教育機会を保障しようとしてきたこれまでの教育制度のあり方が大きく変化する転換点に立っていることがわかる。このような転換点にある今こそ，教育の社会学により，社会の大きな動向を把握し，これからの社会について見とおすとともに，そして，よりよい社会を生み出すために何ができるかを考えなければならない。

Introduction で指摘したように，日本は明治期に学制を発布し，全国津々浦々に学校を建てて，すべての子どもたちを就学させることで，教育を保障しようと考えた。学校に子どもを集めて一斉に教授させることが最も効率的な方法であったからである。さらに戦後は，各学校の施設や教員の数や質，教育内容をできるだけ標準化することで教育の機会均等を図ってきた。苅谷［2009］はこうした日本の平等化の政策を「面の平等」と呼んでいる。

しかし，現在，かなり多くの子どもが学校に行かないでいる。2022年には長期欠席者が小中学校全体で40万人を超え，中学生の14人に1人が長期欠席であり，欠席している生徒がいることがあたりまえになりつつある。

インターネットの普及により，空間や時間を飛び越えて情報の流通や双方向のコミュニケーションが可能となり，オンライン教育が高い効率性を備えるようになった今日，就学義務をどう考えるのかという教育の制度設計そのものが問い直されている。個別最適化，個別のニーズに応じた指導といった政府が掲げる教育方針は，多様な特性を持つ子どもの支援を学校外や一般教室の外に求める動きと親和的である。これまで支援の対象となってきた学校不適応の子どもとともに，最近では才能児（ギフティッド）と呼ばれる子どもへの支援にもオンライン教育の活用が提案されている。

また，こうした動きの多くが民間のさまざまな教育団体や企業に支えられている。教育行政はもっぱら文部科学省が司っているが，オンライン教育に経済産業省が事業提案をするようになったのは，こうした民間主導の教育改革を同省が後押ししていることを示している。2000年以降は民間の組織や団体が担う部分が増えており，支援の市場化が進んでいるともいえる。

こうした動きが最も加速しているのが高校教育である。通信制課程を持つ高校では，インターネットを活用した学習環境を導入しやすく，多くの私立通信制高校が設置された。なお，通信制高校の中には，通信教育とともに週5日のスクーリングのプログラムを用意している学校も多い。生徒の中には，通信制高校で課された課題レポートの作成・提出を支援するサポート校という学習機関に通っている者もいる。このように高校段階では，オンライン教育が急拡大するとともに，オンライン教育と学校（その他の教育施設）に通って学ぶこととの境界が曖昧な状況が見られるようになっている[17]。

すべての子どもに教育をどう保障するか

日本はこれまで，学校教育を画一的に標準化させることで機会均等を図ってきた。学校教育の設置基準を設けて，学習指導要領で教育課程の水準を担保し，「面の平等」を進めることですべての子どもに等しく教育を保障しようとしてきた。しかし，多様な場で教育がなされるようになっている現在，すべての子どもに対する教育保障をどのように進め，その成果をどのように検証していくのかという点が大きなテーマとして浮上している。機会を多様化することが尊重されているものの，それぞれの機会を通じて，個々の子どもの教育を，どのような質で保障するのかはあまり論じられていない。

また，一方で学校教育は民主主義や市民社会の担い手を育成するという社会全体の理念を実現する場としても期待されてきた。インクルーシブ教育の実施が叫ばれるのも，それが共生社会の実現という社会理念とつながっているからである。しかし，教育を各人に応じて個別に最適化していくことが重視されていったとき，学校を通じての望ましい社会の構築という教育の理念はどうなるのかを考えていく必要がある。文部科学省は，個別最適な学びと協働的な学びの一体的な充実を謳っているが，特別な才能のある子ども，学校になじめないでいる子どもの指導や支援が個別的になされる場合に，この点はどう考えればいいのだろうか。

このように，今，さまざまな特性を持つすべての子どもに教育を保障するために，また，求められる社会理念を達成するために，教育をどのように制度化していくべきかが厳しく問われている。社会学的な分析は，それらの大きな課題に答えるための視点や資料を提供し，社会の中での議論を活性化させていくことが求められている。

Think yourself

1 生徒指導という用語は不思議な用語である。学習指導は学習面の指導を指すが，生徒指導の「生徒」とは何を指すのだろうか。生徒指導を生活指導と呼ぶこともあるが，後者のほうが内容は理解しやすい。なぜ文部科学省は生徒指導という概念を使っているのだろうか。日本の生徒指導に相当する領域は海外の学校ではどう扱われているのだろうか。

2 現代の日本において，すべての子どもに対して十分な教育を平等に保障するために，どのような制度や仕組みを作り上げていけばいいのか，あらためて考えてみよう。

知識編

教育問題の社会学・入門

学校はさまざまな問題を抱えているといわれており，教育行政や学校の関係者，ならびに子ども支援のNPO団体などが問題の解決や対応に取り組んでいる。教育の社会学は，社会的に対応が求められているこれらの教育問題について社会学的な視点から分析を進めてきた。*Stage* 2 の冒頭で説明したとおり，教育問題を含め，社会問題に関する社会学的分析は客観主義と構築主義と呼ばれる2つの立場に大別することができる。同じ問題を扱っているように見えても，両者が扱う問題はそれぞれ異なっている。

この章では不登校とともに高い関心を集めているいじめの問題と教員の多忙問題を取り上げて，2つの立場からこれらの問題がどのように分析されてきたのかを整理する。最後にさまざまな教育問題を分析する際の研究姿勢をめぐる議論を振り返り，教育の社会学において臨床の概念が提起された経緯について概説する。

いじめ問題：客観主義の立場から

いじめの問題について客観主義の立場に立つ研究者は，いじめの実態を捉えようと努め，その問題の発生やその継続を促す環境要因や心理的要因に注目して分析を進めてきた。

いじめ問題が社会的に注目され始めた当初から，教育委員会や学校関係者に広く注目されたのが，森田洋司が提唱した「いじめの四層構造」論である［森田・清永，1986］。森田は，加害者（いじめっ子）の攻撃性などのパーソナリティ要因に関連づけて捉えようとする心理学的研究を批判して，いじめの発生を学級集団という小社会の構造に結びつけて捉えた。

森田が提唱した四層構造論とは，いじめはいじめの「被害者」と「加害者」の2者関係で捉えるのではなく，いじめをはやしたておもしろがって見ている「観衆」も，同じクラスにいていじめの存在に気づきながらも見て見ぬふりをしている「傍観者」も，被害者を同心円状に取り囲んでいじめに関与していると捉える説である（**図I-6**）。「傍観者」の中にいじめを止めに入る仲裁者が現れることもあるが，他の「傍観者」や「観衆」の支持を得られなければ，反対に自身がいじめの標的になりかねず，微妙な立場にある。このようにいじめの四層構造論は，教室のだれもが直接・間接にいじめに関与しているとするもので，学級全体への指導が肝要であることを示唆し，学校現場に広く受け入れられた。

これに対して，内藤［2001］は，学校という社会空間が持つ性

図 I-6　いじめの四層構造論

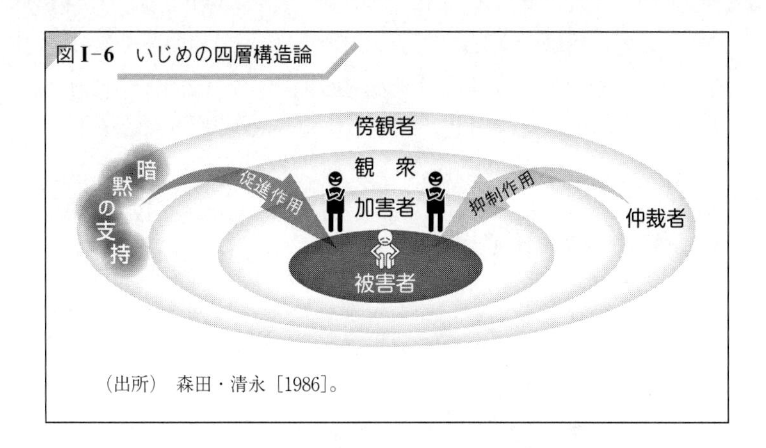

（出所）　森田・清永［1986］。

質と，その中での人々の心理メカニズム，およびそうした心理状態にあるメンバー間で生じるコミュニケーションの連鎖がつくり出す秩序が，いじめを生起させるという説を立てた。

内藤は，いじめを最も狭義には，「社会状況に構造的に埋め込まれたしかたで，かつ集合性の力を当事者が体験するようなしかたで，実効的に遂行された嗜虐的関与」［内藤，2001：28］と定義した。なお，この「嗜虐的関与」について，内藤［2009］は，他人を苦しめることを味わおうとする関与のあり方のことだと説明している。内藤によれば，学校という空間においては，市民社会の秩序が衰退して独特の「学校的な」秩序が蔓延し，その中で生徒も教員も「学校的な」現実を生きるようになっている。この中で，各人は生来有する自己肯定の感覚を衰退させ，不全感を生み出し，それが翻って全能を希求する欲求構造を生成させるように促される。内藤は，この体験構造に基づいたメンバーが，独特のコミュニケーションを連鎖・集積させることを通じて他者を苦しめることにより，その他者の運命を我がものとして味わおうとする欲望を持つようになると説明した。

そして，内藤はこうした考えに基づいて，いじめ問題を解決するために，短期的には学級制度の廃止と，学校の法化（学校内であっても暴力的ないじめは通常の市民社会と同じ基準で法に委ねること）を提唱した［内藤，2009］。

いじめ問題：構築主義の立場から

一方，構築主義の立場からは，生徒のある種の行為や生徒間の相互作用がいじめとして認識されるようになった過程や，子どもの自殺がいじめと結びつけられていじめ自殺として問題が構築されていく過程などが分析の対象とされてきた。

たとえば，児童生徒のいじめが教育問題として社会的な関心を集めるようになったのは，1980年代に入ったころからだといわれている。伊藤［1997］は，もともと日本語に「いじめる」という動詞はあったものの，その言葉が名詞形で使われることはほとんどなかったと述べたうえで，1980年代半ばに「校内いじめ」などの言葉が「　」つきで使われ始め，やがて「いじめ」が普通名詞として定着していったと指摘した。伊藤は，「いじめ」という新たな概念の誕生をもっていじめ問題が成立したとみなしている［伊藤，2007］。

これに対して北澤［2015］は，いじめという名詞は大正期の新聞にも見出せるが，そこでは「弱い者いぢめ」「教員いぢめ」「学童いぢめ」のように，「いじめられる対象カテゴリー」+「いじめ」という結びつきで使用されていたと指摘した。そのうえで北澤は，いじめ問題が問題として成立するのは，いじめが自殺の動機となりうるまでに概念として自立し，しかもいじめっ子といじめられっ子のみだけではなく，学校や学級集団全体が当該の問題の当事者であると理解されるようになるという2つの条件を満たしたときだと述べている。なお，北澤のいう動機とは，社会学者のミルズのいう「動機の語彙」に関する説明に則っている。すなわち，ここでいう動機とは，本人自身が自殺したときの思考のあり方なのではなく，自殺が起きた後に，その者がなぜ自殺したのかを遡及的に解釈する際の制度化された語彙を指す。

いじめ問題が社会問題化した大きなきっかけとして伊藤，北澤を含め多くが指摘しているのが，1986年2月に起きた，東京都の公立中学校に通う生徒の自殺事件である。自殺した中学生が残した遺書から，その生徒の自殺はいじめによるものだと解釈され，マスコミは大々的にこの事件を報道した。文部省もこのことを受けて，いじめの緊急調査として1985年4月から10月までの公立小中高のいじめ件数を調べ，約15万5000件であったと報告した。そして，その翌年度から，いじめ調査が毎年実施されるようになった。伊藤［2007］は，いじめ問題も不登校問題と同様に，「心の居場所」であるべき学校がそうなっていないと捉えられて問題化したと述べている。

また，北澤［2015］は，1986年の自殺事件やその後に起きたいくつかの児童生徒の自殺事件では，いじめが自殺の原因であると本人が遺書で表明していたのに対し，2012年に大津市でおきたいじめ自殺事件では，遺書はないものの，本人以外のメンバーが「いじめが自殺の原因である」と主張していた点に注目している。

北澤は，現代の日本社会には，自殺した本人の遺書があるかどうかにかかわりなく，子どもの自殺において「原因としてのいじめ」を連想させるという特殊な言説空間が成立していることに注目した。そして，「いじめ自殺」をなくすというのは，いじめを撲滅するということではなく，「いじめを動機とした自殺」という意味連関をなくすこと，すなわち，ある者が自殺したときに，その動機を「いじめ」という概念で遡及的に解釈しようとするこ

Column ⑤ いじめの統計

文部科学省が毎年実施しているいじめの認知（発生）件数の調査は，いじめによる自殺事件がマスコミで大きく報じられると，いじめの定義が修正され，そしてその修正の直後にいじめの件数が大きく増え，その後低減するという変動を繰り返してきた。

また，2015年に文部科学省が，いじめの認知件数の報告は実態を正確に反映しているとは考え難いと批判して，いじめを積極的に認知するようにいじめ調査の一部見直しを求める依頼を出すと，その後はいじめの件数が一気に増えていった。とくに増えたのが小学校のいじめ認知件数である。

2015年以前は中学生，とくに中学1年生に多かった。このことと不登校が中学に入って急増することを根拠として，小

図I-7　いじめの認知（発生）件数といじめ事件（1985–2007年）

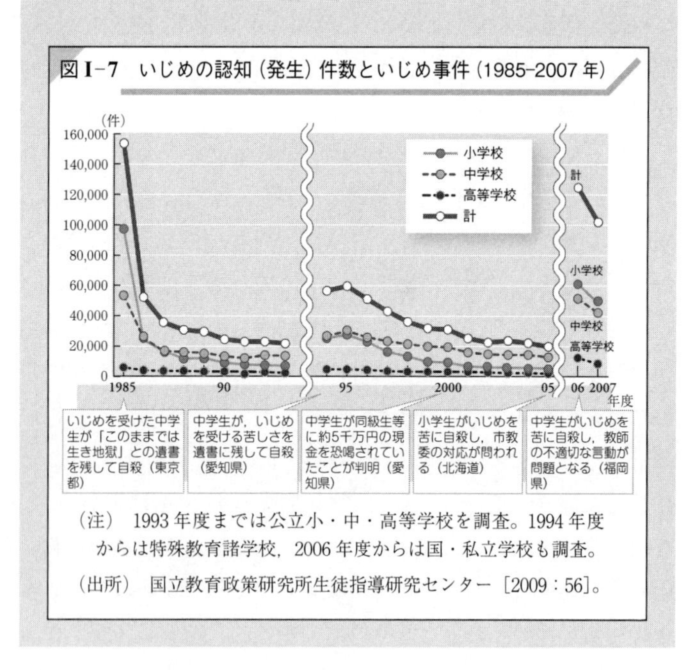

（注）1993年度までは公立小・中・高等学校を調査。1994年度からは特殊教育諸学校，2006年度からは国・私立学校も調査。

（出所）国立教育政策研究所生徒指導研究センター［2009：56］。

中の移行に何らかの困難があるとされ，中1ギャップの表れの1つであるといわれた［酒井，2000］。しかし，上記の依頼の発出後は，小学校低学年が多くなった。依頼発出前の2011年度と発出後の2016年度のいじめの認知件数の学年別グラフを比較したのが**図I-8**①と②である。

このように，マスコミのいじめ報道などに敏感に反応する形で，いじめの定義や調査の指針を変更しつつ，文部科学省

図I-8① 2011年度 学年別いじめの認知件数（国公私立）

図I-8② 2016年度 学年別いじめの認知件数（国公私立）

（出所） 2011年度「児童生徒の問題行動等生徒指導上の諸問題に関する調査結果」と2016年度「児童生徒の問題行動・不登校等生徒指導上の諸課題に関する調査結果」。

はいじめ調査を実施してきた。いじめ統計そのものが，いじめに対する社会の関心の反映であり，実態を分析するうえでは扱いが難しい数値となっている。

とを止めることだと提言した。

このようにいじめの問題をめぐっても多様な視点から研究が進められている。分析の対象も，そこから導き出される知見も，実践への示唆もきわめて多様であり，そのいくつかは見解が対立している。こうした中で文部科学省や教育委員会は問題への対応を講じている。その対策がどういう知見や仮説に基づいて立てられており，それがいかなる帰結をもたらしているのかについて今後さらに究明していく必要がある。

教員の長時間労働問題と給特法の施行

次に取り上げるのは，教員の多忙ないし多忙化と呼ばれる事象である。この問題は子どもの問題ではないものの，教育という事象にかかわる問題である。こうした問題がこの社会でどう扱われてきたかを見ていこう。

教員の多忙ないし多忙化という概念はかなり曖昧で，①長時間労働，②学校機能の拡大・肥大化に伴う教師役割の拡散・拡大，③学校組織内における分業と協業，すなわち役割分担，④多忙「化」という，時間軸による変化，⑤多忙「感」という教師の主観など，多様な意味合いを含んでいる［油布，2019］。

このうち近年問題とされているのは，所定の勤務時間を超えた教員の長時間労働である［内田・斉藤編，2018；朝比奈，2020］。文部科学省が2016年度に行った「教員勤務実態調査」によると，小学校教員の33.5％，中学校教員の57.7％が週60時間以上勤務していた。公立学校教員の所定の勤務時間が週38時間45分であることをふまえると，こうした教員は概ね月80時間以上超過勤務をしており過労死ラインを超えるとして，社会的な注目を浴びた。2017年になると，新しい時代の教育のために，教員の働き方改革が進められるようになり，その流れを受けて，2023年度以降，中学校の休日の部活動は地域のスポーツクラブや事業者などに担ってもらい，段階的に地域移行させる方針が示された。

教員の多忙問題は，以前にも社会問題化した時期があった。とくに1960年代後半は超過勤務手当の支給を求める訴訟が全国で提起されていた［青木・堀内，2014；川崎，2018］。文部省もこうした動向を受けて1966 年度に「教員勤務状況調査」を実施し，当時の小中学校の教員は，所定の勤務時間47時間45分を1週間で2時間弱超過して勤務していることを明らかにした［川崎，2018］。そして，その後さまざまな議論を経て，1972年に施行された給特法（「公立の義務教育諸学校等の教育職員の給与等に関する特別措置法」）によって，給与総額の4％を加算する「教職調整額」が支払われることとなった。また，それとともに特例的な業務以外の超過勤務を禁止する「超勤4原則」が取り決められた。

しかし，教員の超過勤務問題は，給特法の施行後はかなり長い間，メディアにおいても政策論議においても取り上げられることはほとんどなかった。1997年の論文でも「教師は多忙で，ストレスの強い職業であるという，一般の認識はまだ低い」［相川，1997：1］と指摘されている。また片山［2019］が1985年以降の新聞記事における教員の多忙化報道を調べたところでは，2000年代前半まではほとんど見られず，朝日新聞では2005年以降，読売新聞では2015年以降に急増していた。

このように教員の多忙化問題が社会問題化して対応が求められた時期は限られており，見過ごされることも多かった。実際の教員の労働は1970年代半ば以降急増した，不登校やいじめ，あるいは校内暴力などの児童生徒の問題行動への対応に追われて，より過重で，ストレスの大きな仕事となっていったにもかかわらずである。

教員の多忙化，メンタルヘルス問題への関心の高まり

ただし，教員組合の関連団体や教育学研究者は，教員の多忙化やメンタルヘルスの問題の発生を憂慮して，さまざまな調査研究を行ってきた。2007年に高井良が指摘したように「教師の葛藤，とりわけ多忙化，ストレス，バーンアウトに注目した研究は，ここ10年間の教師研究における最もホットな問題領域となっ」た［高井良，2007：115］。このうち全日本教職員組合［1993］が1992年に行った「教職員の生活と勤務に関する調査」では，教員の「仕事時間」が男性で平均55時間50分，女性で53時間58分であったことが報告されている。また，大阪教育文化センター［1996］は，多忙化の進行により教員は子どもと遊ぶ時間も放課後子どもを残して個別指導する時間もなくなり，持ち帰り仕事が多くなったと指摘した。

教育社会学の研究者は，長時間労働だけではなく，それに付随して生じている教師役割の拡散・拡大や，多忙化の背景などについて究明を進めた。たとえば，久冨［1988］は，多忙化の要因について，教員という仕事はサラリーマン的な限定的態度で割り切ることができない，「無限定性」を職業倫理として価値理念化する職業であると指摘し，そのような倫理観をいだく教師文化において，教員は多忙へと追い込まれていくと論じた。藤田ほか［1995］は，多忙化は過密なスケジュール，活動の多様性，複線性（多様な活動を同時に複数担っていること）によってもたらされていることを見出した。また，酒井［1998］は ***Stage* 3** でも指摘したように，日本の学校では，子どもに対するさまざまな働きかけがすべて「指導」として教育的に価値づけられていることで，教員の職務の無際限の拡大がもたらされていると指摘した。

このように教員の多忙な労働状況や多忙化についてさまざまな調査がなされてきたが，上述のとおり，給特法施行後にこの問題が注目を集めて政策上の重要課題に据えられることは，2000 年代になるまではほとんどなかった。このことを端的に示すのは，1966 年に実施した教員の勤務実態に関する調査が再度実施されたのが 40 年後の 2006 年だったことである。

ただし，2006 年の調査も，当初のねらいは行政改革を推進してスリムな政府をつくるために，「教職調整額」の見直しを進めることであった。ところが調査してみると，教員の所定の勤務時間は 1966 年より大幅に短縮されて 40 時間になったのに，実働時間はむしろ 40 年前より増えていることが明らかになった。しかし，このときも教員の労働状況の改善は政策課題にならず，具体的な手立てはほとんど講じられなかった［朝比奈，2020；油布，2019］。いじめや不登校問題では，実態調査の実施がそれぞれの事象の社会問題化や政策上の重要課題化を促すうえで大きな役割を果たしたのとは対照的である。いじめや不登校は児童生徒の指導上の問題であり，文部科学省に対応が厳しく求められるのに対し，教員組合の組織率が低下した中では，労働問題としての教員の多忙化は，文部行政上の重要度がそこまで高くないとも考えられる。給特法で一定の解決を見たということになっている超過勤務問題は，実態は 1960 年代より悪化していたのにもかかわらず，文部科学省は迅速な対応を図ろうとしてこなかった。

この点は，外国籍の子どもの教育問題に対する行政の対応が緩慢なことに類似している。文部行政の中核は憲法や教育基本法で定められた国民たる子どもの教育の保障にあり，その枠から外れた問題，たとえば就学義務のない外国籍の子どもの教育保障の問題や教師の労働者としての側面に関連する問題は，見過ごされたり対応が遅くなったりする傾向が見られる。

教員の労働問題が2017年になって重要政策課題として急浮上したのは，大手広告会社の新入社員が過労自殺したことをきっかけに，労働者全体の「働き方改革」が注目を浴び，同年の政府の「骨太の方針」の重点課題に盛り込まれたことが関連している。この中で，教員の長時間労働について早急な是正が求められた。

油布［2019］は，このときに教員の問題が取り上げられた1つの理由として，教員の勤務環境に関する国際調査（「国際教員指導環境調査（TALIS調査）」2013年）で日本の教員の労働時間が世界一長いと報じられたことをあげている。また，2016年度の「教員勤務実態調査」で，教員の労働時間が2006年よりもさらに長くなっていることが指摘され，事態の改善が強く求められるようになったこともある。こうして，2017年ごろから，教員の労働時間の規制，教員の職務のアウトソーシング，専門家や支援員の導入による協業が政策課題として急浮上した。

ただし，政策課題として注目度が高まる一方で，長時間労働の実態に関する分析や，多忙化が教員の職務に及ぼす影響に関する分析はあまり進んでいない。油布が指摘したように，多忙の概念に含まれる各側面のそれぞれの内容や相互の関係は十分精査されないまま，働き方改革をスローガンにして政策が推進されている。その中で神林［2015］は，1950～60年代と2000年代後半の教員の労働時間調査のデータをもとにして，教員の労働時間が長くなった要因を分析している。その結果，2000年代後半以降の教員の労働時間が長くなったのは，従来指摘されてきたような事務処理等の周辺的職務の量的負担の増大によるものではなく，課題を有する児童生徒の支援やカウンセリング等の課外活動の量的負担の増大と多様化で，子どもと向き合う時間が長くなったことによる面が大きいことを見出した。

また，片山［2019］は，多忙感が教員の職務に及ぼす影響について分析している。具体的には，多忙感が教員の「子ども理解」に対する不安（「子どもが何を考えているのかわからない」）とどのように関連しているかを中学校教員に対する質問紙調査により分析した。その結果，30代以降の中堅からベテランの教員においては，多忙感が「子ども理解」への不安を増長させている可能性が高いことが明らかになった。

このように教員の多忙や長時間労働の問題は，1970年代後半以降深刻化していったのだが，社会的関心の度合いは高まらなかった。日本における子どもの教育の保障においても，学校の通常級に通う児童生徒については質の管理が行き届いているが，通常級以外の学級に在籍する児童生徒や学籍のない子どもの教育については問題としての重要度が低い。これと同様に，教員についても，子どもの指導の担い手としての質は厳しく管理されているが，労働条件の確保・改善，労働者としての安全と健康の確保などの点では不十分さが目立つ。

教育臨床社会学の提唱

最後に，教育の社会学が教育問題を対象にして研究を進めるうえでのもう1つの論点として，教育現場に対する研究の向き合い方について触れておこう。これまでは教育問題をどう捉えるかに関して2つの研究上の立場を紹介してきたが，それとは別に，問題を分析する際の研究姿勢に関する議論がなされてきた。

社会学は学問としての誕生の当初から，近代社会の変容過程で生じたさまざまな問題を分析対象に据えてきた。社会学の祖の1人といわれるÉ. デュルケームは1897年に『自殺論』を著し，19世紀末のヨーロッパにおける自殺の問題を取り上げた。自殺はそれまできわめて個人的な問題であると理解されていたが，デュルケームはそれが社会の変容と結びついている「社会的事実」であるとして，自殺が生じる社会的要因を実証的に解明した。

そしてこうした社会問題を扱う際に社会学がとってきた基本的な研究姿勢が，M. ウェーバーのいう「価値自由」の姿勢である。価値自由とは「対象が何であるのかを認識する事実認識と，何であるべきかという観点から対象を評価する価値判断を区別する」[長谷川ほか，2019：21] ことである。たとえば ***Stage* 1** で取り上げたように，学校に行かない子どもの問題について検討しようとする場合，しばしばわれわれは，学校に行けるようになることをよしとして考えるが，社会学はそれをいったん保留して分析に入る。

しかし，こうした社会学の研究姿勢は，当該の問題の解決や対処にあたる当事者から見ると，突き放されたような気持ちになる。そういう研究はいったい何のためにあるのかという批判が生じるのも無理からぬ話である。大学進学者がごく一握りだった時代が過ぎ，多くの人々が大学に通うようになると，大学での研究成果の社会的還元が強く求められるようになった。先述のとおり社会学者の盛山 [2008] は，研究者はいくら外的視点に立とうとしても，その問題をどのように解決するべきかという規範的な問題に向き合うことが求められていると指摘した。そうした指摘がなされるようになったのは，大学やそこでの研究を取り巻くこうした社会状況の変化を背景としている。

教育の社会学には，こうした期待がとくに強く寄せられた。この理由の1つには，日本の教育社会学は教員養成課程との関連性が高いことがある。1970年代半ば以降，いじめや不登校，学習意欲の低下などさまざまな問題が指摘（構築）されるようになる中で，1980年代末ごろから教員養成課程に対して，諸問題に対応するための実践的指導力の育成が強く求められるようになった。その端的な表れが，2007年以降の教職大学院の設置である。多くの教職大学院が「教職実践専攻」「高度教職実践専攻」などの名前を冠して発足した。また，そこでのカリキュラムでは「理論と実践の往還」ということが謳われた。

そして，こうした「実践性」への社会的期待の高まりの中で，教育学や教育の社会学では研究の基本姿勢を示すためのキーワードとして，しばしば「臨床」の概念が用いられるようになった。臨床という概念は，もともとは「病床に臨む」を意味する言葉である。教育学で臨床の概念が用いられるようになったのは，何らかの問題を抱えている子どもや若者，教師などの傍らにあってその苦悩を受け止め，そして状況の打開を模索していこうとする姿勢を示そうとしたからであった［酒井，2014］。

教育学においては，教育の哲学や現象学を専門とする研究者により臨床教育学が提唱された。たとえば，皇［1996］は，臨床教育学は「問題」がないとみなされている教育の日常において「問題」を発見し，その「問題」状況を手掛かりにして，あらためて，教育の意味を解明（開明）する新しいコンテキスト（意味を発現させる文脈）を掘り起こすことを課題とすると指摘している。皇によれば，重要なのは「問題」の出会いを通じて，教育的日常を支えている教育に関する通常の「物語」を異化し，新しい筋立てを作り出すことである。

この提案を教育の社会学に引き付けて考えれば，構築主義的な立場から問題の捉え方を問い直しつつ，そこで同定した「問題」について分析を進めていくことだと言い換えることができるだろう。こうした考えに基づいて，酒井［2014］は教育臨床社会学の可能性を追究した。教育臨床社会学は，社会学的な分析手法を用いて教育の場における自明性を問い直しつつ，その先の新しい筋道を模索するために対象について分析を進めていく。

本Partで指摘したとおり，現在の日本社会は，教育に関するこれまでの常識がゆらぎつつあり，学校現場の関係者もどのような教育のあり方が望ましいのか確定的なことがいえずにいる。こうした状況においては，ゆらぎつつある中でも人々が抱き続けている常識を問い直していくことで，この先の将来の教育のあり方を考えていくことはとりわけ重要である。なぜなら，そうしたわれわれの認識のコアにある常識を含めて問い直していかなければ，新たな筋立ては作り出せないからである。

Part Ⅰで取り上げた問題についていえば，増加する不登校の子どもへの対応のみを議論するのではなく，「学校に行かない子ども」の問題として問題を捉え返し，学校に行かない子ども全体の教育をどのようにして保障するかという議論が求められていることを問題提起した。また，学校に行かない子どもの支援が学校への適応・復帰ということではないことはすでに確認されてきたが，それに代わって提案されている「社会的自立」がこの問題の解決の最終的な目標なのかどうかという点は，さらに吟味する必要がある。教育臨床社会学はこうした点を不断に吟味し，現代社会において，すべての子どもの教育を保障するためにどのような制度や実践を進めていけばいいのかを検討しようとする[18)]。

注 note

1) 文部科学省「GIGA スクール構想に関する各種調査の結果概要」2021 年 8 月 30 日。GIGA スクールの「GIGA」は「Global and Innovation Gateway for All（すべての児童・生徒にグローバルで革新的な扉を）」の略で，児童生徒向けの 1 人 1 台端末と高速大容量の通信ネットワークの整備が目指された。

2) 2006 年の国会答弁において，当時の小坂憲次文部科学大臣は「憲法及び教育基本法は，国民はその保護する子女に普通教育を受けさせる義務を負うというふうに規定しておることから，義務教育を受けさせる義務は我が国の国籍を有する者に課せられていると考えるべきでございます。したがって，学校教育法に基づく保護者の就学義務は外国人には基本的には及ばないと解されております」と答弁した（第 164 回国会参議院文教科学委員会会議録第 3 号，2006 年 3 月 22 日：pp.9-10［江澤，2010 参照］）。

3) 文部科学省「『外国人の子供の就学状況等調査（令和 3 年度）』の結果について」2022 年 3 月 25 日。

4) 2021 年度学校基本調査の中学校「卒業後の状況調査」より算出。

5) こうした折衷的な論は，社会学としては批判が生じうる点である。しかし，規範的な問いに向き合おうとすると，こうした具体的な分析の議論では，対立する 2 つの立場の両方を加味して問題とすべき事象に迫ろうとするスタンスが求められているのではないかと考える。

6) 登校拒否が増加し始めた 1981 年に出された「生徒指導の手引（改訂版）」には，「（生徒指導は）積極的にすべての生徒のそれぞれの人格により良き発達を目指すとともに，学校生活が，生徒の一人一人にとっても，また学級や学年，更に学校全体といったさまざまな集団にとっても，有意義にかつ興味深く，充実したものになるようにすることを目指すところにある」と記されている。

7) このことは一方で教師の職務の無際限の拡大をもたらすことにもなりうる［佐藤，1994］。また，生徒自身にとっては，人格のすべての側面が教師による教育的な働きかけの対象に据えられることとなる。

8) 文部科学省「今後の不登校への対応の在り方について（報告）」1993年3月（https://warp.da.ndl.go.jp/info:ndljp/pid/1283839/www.mext.go.jp/b_menu/public/2003/03041134.htm）。

9) 教育支援センターとも呼ばれる。キーワードを参照。

10) 文部科学省「義務教育の段階における普通教育に相当する教育の機会の確保等に関する基本指針」2017年3月31日。

11) 文部科学省「小・中学校に通っていない義務教育段階の子供が通う民間の団体・施設に関する調査」2015年8月5日。

12) 経済産業省「未来の教室」サイト（https://www.learning-innovation.go.jp/）。

13) 文部科学省「端末利活用状況等の実態調査（令和3年7月末時点確定値）」2021年10月。

14) 文部科学省「新時代の学びを支える先端技術活用推進方策（最終まとめ）」2019年6月25日。

15) 教育新聞「義務教育に通信制導入案 柴山文科相が懸念を表明」2019年5月24日（https://www.kyobun.co.jp/news/20190524_04/）。

16) 特定分野に特異な才能のある児童生徒に対する学校における指導・支援の在り方等に関する有識者会議「特定分野に特異な才能のある児童生徒に対する学校における指導・支援の在り方等に関する有識者会議審議のまとめ――多様性を認め合う個別最適な学びと協働的な学びの一体的な充実の一環として」2022年9月26日。

17) 高等学校の通信制課程は学習指導要領に準拠することが求められているが，広域制通信制高等学校（その大半が私立）の一部では，不適切な学校運営や教育活動が行われていることが指摘されている。文部科学省は通信制課程の教育の質を向上させるために，1校あたりの配置教員数を増やすなどの対策を進めている。参考：「通信制高校，教員増へ新基準 文科省会議が運営改善提言」日本経済新聞2022年8月29日。

18) 教育の社会学と現場の関係のあり方はそれ以外にも多様なスタンスが採られている。酒井［2017b］は，この点について，①理論志向型研究，②臨床的研究，③エビデンス提供型研究の3つのタイプがあると整理した。

引用・参考文献　REFERENCE

相川勝代［1997］「教師のストレス」『長崎大学教育学部教育科学研究報告』52：1–13。

青木純一・堀内正志［2014］「教員の多忙化をめぐる経緯と教員勤務実態調査に関する一考察――学校における効果的な多忙化対策の基本的論点を探る」『日本女子体育大学紀要』44：17–26。

青砥恭［2009］『ドキュメント高校中退――いま，貧困がうまれる場所』ちくま新書。

朝比奈なを［2020］『教員という仕事――なぜ「ブラック化」したのか』朝日新聞出版。

ベスト，J.［2020］『社会問題とは何か――なぜ，どのように生じ，なくなるのか？』赤川学監訳，筑摩書房（原著 2016）。

江澤和雄［2010］「就学義務制度の課題」『レファレンス』60(5)：29–52。

藤江玲子・藤生英行［2021］「日本における高等学校の非卒業者の率の検討」『教育総合研究』5：83–94。

藤田英典・油布佐和子・酒井朗・秋葉昌樹［1995］「教師の仕事と教師文化に関するエスノグラフィー的研究――その研究枠組と若干の実証的考察」『東京大学大学院教育学研究科紀要』35：29–66。

長谷川公一・浜日出夫・藤村正之・町村敬志［2019］『社会学〔新版〕』有斐閣。

広井良典［2006］『持続可能な福祉社会――「もうひとつの日本」の構想』ちくま新書。

保坂亨・重歩美［2018］「学校教育における不就学と長期欠席問題（第5報）――1980年代以降の長期欠席と不就学」『千葉大学教育学部研究紀要』66(2)：207–213。

保坂亨・重歩美・土屋玲子［2017］「学校教育における不就学と長期欠席問題（第4報）――転換期としての1970年代以降の長期欠席と不就学問題」『千葉大学教育学部研究紀要』66(1)：51–57。

伊藤茂樹［1997］「いじめは根絶されなければならない――全否定の呪縛とカタルシス」今津孝次郎ほか編『教育言説をどう読むか――教育を語ることばのしくみとはたらき』新曜社：207–231。

伊藤茂樹［2007］「序論」伊藤茂樹編『リーディングス 日本の教育と社

会8いじめ・不登校』日本図書センター，3-15。
神林寿幸［2015］「課外活動の量的拡大にみる教員の多忙化――一般線形モデルを用いた過去の労働時間調査の集計データ分析」『教育学研究』82(1)：25-35。
苅谷剛彦［2009］『教育と平等――大衆教育社会はいかに生成したか』中公新書。
片山悠樹［2019］「『子ども理解』を妨げる教員の多忙感――中学校教員を事例に」『愛知教育大学研究報告 教育科学編』68：51-58。
加藤美帆［2012］『不登校のポリティクス――社会統制と国家・学校・家族』勁草書房。
川崎祥子［2018］「学校における働き方改革――教員の多忙化の現状から考える勤務時間制度の在り方」『立法と調査』404：70-83。
北澤毅［2015］『「いじめ自殺」の社会学――「いじめ問題」を脱構築する』世界思想社。
キツセ，J.I.，スペクター，M.B.［1990］『社会問題の構築――ラベリング理論をこえて』村上直之ほか訳，マルジュ社（原著 1977）。
小林正泰［2015］「戦後新学制下における長期欠席問題」『学校教育研究』30：66-79。
国立教育政策研究所生徒指導研究センター［2009］『生徒指導資料第1集（改訂版）生徒指導上の諸問題の推移とこれからの生徒指導――データに見る生徒指導の課題と展望』ぎょうせい。
久冨善久［1988］「教員文化の社会学・序説」久冨善久編『教員文化の社会学的研究』多賀出版，3-84。
宮島喬［2014］『外国人の子どもの教育――就学の現状と教育を受ける権利』東京大学出版会。
宮本みち子［2012］「成人期への移行モデルの転換と若者政策」『人口問題研究』68(1)：32-53。
森田洋司・清永賢二［1986］『いじめ――教室の病い』金子書房。
文部省［1992］『学制百二十年史』ぎょうせい。
内藤朝雄［2001］『いじめの社会理論――その生態学的秩序の生成と解体』柏書房。
内藤朝雄［2009］『いじめの構造――なぜ人が怪物になるのか』講談社現代新書。
奥地圭子［1989］『登校拒否は病気じゃない――私の体験的登校拒否論』

教育史料出版会。
大阪教育文化センター教師の多忙化調査研究会編［1996］『教師の多忙化とバーンアウト――子ども・親との新しい関係づくりをめざして』法政出版。
酒井朗［1997］「文化としての指導／teaching ――教育研究におけるエスノグラフィーの可能性」平山満義編『質的研究法による授業研究――教育学，教育工学，心理学からのアプローチ』北大路書房，86-103。
酒井朗［1998］「多忙問題をめぐる教師文化の今日的様相」志水宏吉編『教育のエスノグラフィー――学校現場のいま』嵯峨野書院，223-250。
酒井朗［1999］「『指導の文化』と教育改革のゆくえ――日本の教師の役割意識に関する比較文化論的考察」油布佐和子編『教師の現在・教職の未来――あすの教師像を模索する』教育出版，115-137。
酒井朗［2000］「いじめ問題と教師・生徒」苅谷剛彦ほか『教育の社会学――〈常識〉の問い方，見直し方』有斐閣，1-73。
酒井朗［2010］「学校に行かない子ども」苅谷剛彦ほか『教育の社会学〔新版〕――〈常識〉の問い方，見直し方』有斐閣，1-65。
酒井朗［2014］『教育臨床社会学の可能性』勁草書房。
酒井朗［2015］「教育における排除と包摂」『教育社会学研究』96：5-24。
酒井朗［2017a］「高校における中退・転学・不登校」末冨芳編『子どもの貧困対策と教育支援――より良い政策・連携・協働のために』明石書店，193-216。
酒井朗［2017b］「教育社会学と教育現場――新自由主義の下での関係の模索」日本教育社会学会編／本田由紀・中村高康責任編集『教育社会学のフロンティア１ 学問としての展開と課題』岩波書店，87-108。
佐久間孝正［2006］『外国人の子どもの不就学――異文化に開かれた教育とは』勁草書房。
盛山和夫［2008］「公共社会学をめざして」『学術の動向』13(4)：76-77。
盛山和夫［2011］『社会学とは何か――意味世界への探究』ミネルヴァ書房。
佐藤学［1994］「教師文化の構造――教育実践研究の立場から」稲垣忠彦・久冨善之編『日本の教師文化』東京大学出版会，21-41。
佐藤修策［1959］「神経症的登校拒否行動の研究」『岡山県中央児童相談

所紀要』4：1-15。
皇紀夫［1996］「『臨床教育学』とは」和田修二・皇紀夫編『臨床教育学』アカデミア出版会，33-80。
高木隆郎ほか［1959］「長欠児の精神医学的実態調査」『精神医学』1(6)：403-409。
高井良健一［2007］「教師研究の現在」『教育学研究』74(2)：251-260。
東京都教育庁［2016］『不登校・中途退学対策検討委員会報告書——一人一人の児童・生徒の育ちを学校・社会で支え，そして自立へ』。
内田良・斉藤ひでみ編［2018］『教師のブラック残業——「定額働かせ放題」を強いる給特法とは?!』学陽書房。
内田康弘・濱沖敢太郎［2016］「通信制高校における中退経験者受け入れの推移に関する研究——中退率及び在籍者年齢層の変遷を基にした一考察」『平成27年度日本通信教育学会研究論集』1-16。
鷲見たえ子・玉井収介・小林育子［1960］「学校恐怖症の研究」『精神衛生研究』8：27-56。
渡辺位［1983］『登校拒否——学校に行かないで生きる』太郎次郎社。
山田銀河［2016］「不登校支援における連携の展開——スクーリング・サポート・プログラム（SSP）とスクーリング・サポート・ネットワーク整備事業（SSN）の検討から」『東京大学大学院教育学研究科教育行政学論叢』36：105-118。
油布佐和子［2019］「教師の多忙化——教育〈労働〉の視点から」『日本教育行政学会年報』45：182-185。
全日本教職員組合［1993］「ああ，せわしい1週間，全教『教員の生活と勤務に関する調査』」『季刊エデュカス』1：17-57，72-73。

➲ 保坂亨『学校を長期欠席する子どもたち――不登校・ネグレクトから学校教育と児童福祉の連携を考える』明石書店，2019。

不就学・長期欠席を切り口にして，小学校・中学校・高等学校からドロップアウトしていく子どもたちの問題の変遷を概観し，戦後日本社会における学校教育の役割や学校教育と児童福祉の連携の必要性について論じている。

➲ 加藤美帆『不登校のポリティクス――社会統制と国家・学校・家族』勁草書房，2012。

構築主義の知見に基づいて，子どもたちの欠席に関する知識がどのように編成されてきたのかを権力論に関連づけて分析したものである。欠席に関する知識の編成には，社会秩序を編成しようとする諸主体――中央官庁，地域教育行政，学校，家族，当事者など――の力が作用している。その過程は重層的で葛藤や対立も見られるが，同時にそこには既存の秩序の問い直しの萌芽も内包されている。

➲ 志水宏吉・清水睦美編『ニューカマーと教育――学校文化とエスニシティの葛藤をめぐって』明石書店，2001。

新たに日本にやってきた外国人の子どもたち（**ニューカマー**）〔★〕の教育問題を扱ったもので，丹念なフィールドワークに基づいて彼らの学校生活やその背後にある家族の状況を描いている。また，調査から浮かび上がった日本の学校文化や教育システムの問題点の指摘や支援のあり方についても考察がなされている。

➲ 小島祥美『外国人の就学と不就学――社会で「見えない」子どもたち』大阪大学出版会，2016。

不就学の外国人の子どもが社会で「見えない」子どもになっているという問題意識から，著者は2003年から2年間にわたり，岐阜県可児市に暮らす学齢期相当のすべての外国人住民を対象にして就学実態調査を実施した。本書はこの調査結果とともに，無国籍状態の子どもの就学問題や，学齢を超過した外国人の就学問題などにも触れている。文部科学省による最初の全国調査が2019年だったことを考えれば，きわめて先駆的な実証研究だといえる。

➲ 園山大祐編『学校を離れる若者たち――ヨーロッパの教育政策にみる早期離学と進路保障』ナカニシヤ出版，2021。

早期離学とは，後期中等教育（日本でいえば高等学校段階）の教育・職業訓練の修了前に，それらから離脱することを指す。欧州連合（EU）は，貧困と**社会的排除**〔★〕に対抗するための政策として，1990年代から早期離学対策に取り組んできた。本書は，この問題に対するEUやOECD等の国際機関，ならびにヨーロッパ各国のそれぞれの取り組みを，予防・介入・補償の観点から比較検討し，それらの特徴を描き出している。

➲ 酒井朗編『進学支援の教育臨床社会学――商業高校におけるアクションリサーチ』勁草書房，2007。

ある商業高校の生徒たちを対象に，著者たちが学生ボランティアとともに大学進学支援にあたる活動を通じて，生徒たちの進路意識とその変容過程，およびその背後にあるさまざまな家庭背景やそれを規定する社会的要因を社会学的に分析した本。教育現場が抱える課題に実践的に取り組みつつ，その中から研究的な知見を得ていこうとする意味での社会学的アクションリサーチの書である。

➲ 知念渉『〈ヤンチャな子ら〉のエスノグラフィー――ヤンキーの生活世界を描き出す』青弓社，2018。

家庭背景や学力の厳しい生徒が多数入学してくる大阪府のある公立高校でのフィールドワークをもとに，その学校で〈ヤンチャな子ら〉と呼ばれる男性生徒たちがどのように学校生活を送り，どのように労働市場に出ていくのかを分析している。著者は，彼らの生活実践がさまざまな要素の重層的な力学の中に置かれており，内部に社会的な亀裂を生じさせている点を見出した。

➲ P. ウィリス『ハマータウンの野郎ども――学校への反抗，労働への順応』熊沢誠ほか訳，筑摩書房，1985（原著 1977）。

イギリスの労働者階級の青年たちが学校文化に反抗しながら，みずから社会の底辺に入っていく過程を描いた労作。文化的再生産論の立場から，学校文化と地域の**下位文化**〔★〕の葛藤の中に生きる少年たちに焦点を当てている。

➲ T. リッジ『子どもの貧困と社会的排除』中村好孝・松田洋介訳，渡辺雅男監訳，桜井書店，2010。

貧困状態に暮らすイギリスの子どもと若者たちに対するインタビュー調査に基づいて，子ども自身のパースペクティブから彼らの学校と家庭での経験を聞き取っている。貧困が子どもたちの間で生じる社会的排除とどのように結びついているのかを考察している。

➲ 林明子『生活保護世帯の子どものライフストーリー――貧困の世代的再生産』勁草書房，2016。

経済的に厳しい家庭で育つ子どもにとって学校が疎遠なものとして感じられるようになる理由や，彼らが低位の進路を選んでいくプロセスを描いている。著者は，進路選択に関する先行研究が，進路を選択する生徒の主体性を前提としてきた点を批判し，その過程をより客観的に移行の過程として捉えるべきことを提唱している。

➲ 伊藤茂樹『「子どもの自殺」の社会学――「いじめ自殺」はどう語られてきたのか』青土社，2014。

いじめや「いじめ自殺」が社会問題化していく過程とそれらが問題とされる論理（ロジック），そうした問題の構築のなされ方がどのような機能を果たしているのかについて考察している。そのうえで，問題についての別の語り方を根づかせることで，対策や制度を整備していくことを提唱している。

➲ 北澤毅『「いじめ自殺」の社会学――「いじめ問題」を脱構築する』世界思想社，2015。

「いじめ自殺」が生じるのは「いじめ→いじめ苦→自殺」という連鎖が社会的に承認されているからであり，そうしたいじめ言説の呪縛からの解放を唱えている。具体的な「いじめ」や「いじめ自殺」事件の分析を通して，それらの事実認定に誰がどのようにかかわってきたのか，いじめ問題の当事者になるとはどのような経験なのかという問題にも言及している。

➲ D. ローティ『スクールティーチャー――教職の社会学的考察』佐藤学監訳，学文社，2021。

教師の社会学的研究において世界的に著名な研究書であり，英語の初版は1975年に刊行された。教職という職業の構造的特徴，教職へのリクルート，社会化，キャリア報酬の分配について触れたうえで，学校組織の中で教師が職務に対して抱くさまざまな感情について社会学的な洞察に満ちた考察を行っている。

➲ 木村元編『境界線の学校史――戦後日本の学校化社会の周縁と周辺』東京大学出版会，2020。

戦後日本に成立した学校に行くことが自明な社会（＝学校化社会）が掲げる理念は，周縁・周辺部を設けることにより現実との調整を図ってきた。学校に行かない子どもの対応など，周縁・周辺部が抱えた問題は，今日の学校の主要課題となって浮かび上がっている。本書はこうした視点から，学校教育の境界線上にある夜間中学，定時制通信制教育，朝鮮学校，さらに生活指導や職業・技術教育を取り上げて，その成立のメカニズムを検討している。

➲ 大桃敏行・背戸博史編『日本型公教育の再検討――自由，保障，責任から考える』岩波書店，2020。

日本における1条校を核とした教育保障の仕組みを「日本型公教育」として捉え，そのゆらぎや境界の変容について論じている。さらに，現在の公教育の変容やそこからの離脱を，公教育の崩壊としてよりも次の公教育の形態への模索として捉え，変容の動態や再編課題について考察している。

Part Ⅱ

家族と幼児教育の社会学

Part II

Introduction

「家族と過ごす時間が長くなった」コロナ下で，家族に何が起きたか

2022年の内閣府「新型コロナウイルス感染症の影響下における生活意識・行動の変化に関する調査」によると，18歳未満の子どもをもつ保護者の42.8％が，感染症拡大前に比べて，家族と過ごす時間が増えたと回答した（大幅に増加：4.3％，増加：10.9％，やや増加：27.6％）［内閣府，2022a］。親が子どもと過ごす時間が増え，子どもからすると親やきょうだいと過ごす時間が増えたことは，家族のコミュニケーションが減ったといわれる現代においては喜ばしいことに思える。

ところが内閣府「『満足度・生活の質に関する調査』に関する第4次報告書」（2020年9月11日）を見てみると，男性の場合は，家族と過ごす時間が増加したと回答した人のほうが，変化しないと回答した人よりも，子育てのしやすさ満足度の低下が少なく，また生活全体の満足度の低下も抑えられている一方，女性の場合は，家族と過ごす時間が増加したと回答している人のほうが，子育てのしやすさ満足度も生活全体の満足度も低下幅が大きいという結果になっている。女性の場合は，家族と過ごす時間が増加したことが，子育てのしやすさや生活満足度全体にマイナスの影響を与えて

いるのである［内閣府，2020］。

ここで子どもたちの生活や心とからだへの影響も紹介しておこう。小学生から高校生の子どもがいる世帯の親4000人に対して，2021年に実施されたある調査では，2020年1月から5月にかけての子どもたちの生活の変化として，休校期間が2カ月以上と長い場合，「友達と遊ぶ頻度」が低下した子どもは40%程度，「学校での生活や活動の充実」が低下した子どもは30%程度となっている。また「規則正しい起床・就寝」「精神的な安定」「勉強に対する集中」についても，臨時休校が長期に及んだ場合に顕著に低下しているという結果が出ている［日本財団・三菱UFJリサーチ&コンサルティング株式会社，2021］。

この調査ではまた，2020年1月から5月にかけて，子どもたちの勉強時間が減少し，それに対してスマホやゲームの時間（スクリーンタイム）が顕著に増えたことも明らかにしている。スクリーンタイムはもともとひとり親世帯で長い傾向にあるが，コロナ下でとくに増加幅が大きくなっている。

子どもたちのからだと心への影響はどうだろうか。2021年に実施された「第5回コロナ×子どもアンケート調査（小学1年生～高校3年生〔相当〕の子どもと0歳～高校3年生〔相当〕の子どもの保護者を対象に実施）」では，子どもの回答における身体的健康の平均点は，全年齢群で，第1・2回調査（2020年）よりも低くなっていた。また精神的健康の平均点も，全年齢群で，第3回（2020年秋）調査よりも2021年の

5回目調査のほうが低く，新型コロナの流行が子どものからだと心の健康度の低下を招いていることがわかる。なかでも第5回調査に回答した中高生はとくに心の健康度が低く，コロナ禍の影響が表れている可能性がある［国立成育医療研究センター，2021］。

子どもたちのからだと心の変化がわかった時点で，気になるデータがある。まず自殺者数の推移である。文部科学省に設置されている児童生徒の自殺予防に関する調査研究協力者会議審議まとめの「概要」（令和3年6月）によると，2020年の児童生徒（小・中・高校生）の自殺者数は499人で，2019年の399人に比べ100人増加しており，とくに女子高校生が140人と，前年の80人を大きく上回った［文部科学省，2021］。

次に**児童虐待**〔★〕である。2020年度中に，全国220か所の児童相談所が児童虐待相談として対応した件数は20万5044件で，過去最多となった（2019年度比＋5.8%，2019年度の2018年度比＋21.2%）［厚生労働省，2021］。2019年度と比して児童虐待相談対応件数が増加した自治体から厚生労働省が聞き取った結果では，児童虐待の中で6割を占める心理的虐待が増加した要因として，児童が同居する家庭における配偶者に対する暴力がある事案（面前DV）について，警察からの通告が増加したことをあげている。

そのDV（配偶者暴力）に関するデータでは，「コロナ下の女性への影響と課題に関する研究会報告書——誰一人取り残さないポストコロナの社会へ」によると，2020年4月から2021年2月の相談件数は，17万

5693件で，前年同期の約1.5倍に増加していると報告されている［内閣府男女共同参画局，2021］。この増加は，内閣府が2020年4月に設置した「DV相談プラス」によるところも大きいとされるが，報告書では，コロナ下の生活不安やストレス，外出自粛による在宅時間の増加等によりDV相談件数が増加しており，女性に対する暴力の増加や深刻化が懸念されるとしている。家庭生活への影響は，より女性に強く表れているといえるだろう。

以上，多くのデータが示しているのは，コロナ下でのテレワーク等の働き方の変化や外出自粛等で家族と過ごす時間が増えたことが，どうも手放しで歓迎できる状況とはいえないということだろう。コロナ下でも家庭という場所は，マスクをしないで過ごすことができる唯一の場所，特別な空間であった。コロナ下で起きた上述の状況は，本来，幸福（well-being）追求の集団であるはずの家族が特権化し，親密性を増した場合のリスクを私たちに示したのではないだろうか。

Part IIでは，人がそこに生まれ落ち，自分が家族をつくるまで保護者との関係を持ち，その後も今度は自分が育てる側となって一生かかわりを持つ家族と，そこでの家庭教育のあり方や公的な幼児教育を含めた人生の早い時期での教育について，日本の近年の動向を追いながら，教育社会学という学問がそこにどのようなテーマを設定でき，どのような分析を行うことができるのか検討していきたい。

Stage 1 社会学における「家族」の扱い

● emma／iStock 提供

人の育ちにとっての「家族」

人間にとっての家族の重要性は，文化的な差異を超えて人間社会に共通のものであるといわれている。人間にとっての家族の役割や子どもと家族との関係はどのようなものなのだろうか。この点を考えるには，人間の生まれ方の特徴を考えてみるとよい。

人間は，生まれながらにして人間であるのではないといわれる。もちろん，一定の自然的条件が与えられるならば，生まれたばかりの赤ちゃんでも身体的成長をしていくことは可能である。しかし，人間らしい能力や行動様式を習得した人間的存在となるためには，ある特定の社会的・文化的条件，すなわち人間の集団の中で育つことが不可欠である。

というのは，直立歩行をしたり言葉を話すといった，人間と他の動物を区別する大きな特徴を，私たちは誕生してほぼ1年後に獲得するからである。他の高等ほ乳類と比べ，人間の子どもはきわめて未熟で無力な状態で生まれてくることを，スイスの生物学者ポルトマン［1961］は**生理的早産**〔★〕と呼んだ。生まれたばかりの人間の子どもは1人では生きていくことができない。人間には育て，世話をする養育者が絶対に必要なのである。そこで人間はふつう家族の中に産み落とされ，両親をはじめとする人々に育てられ，人間としての基盤をつくっていく。家族は，人間が生まれて最初にかかわる，最も身近な集団であるといえるだろう。

社会化としつけ

生き物としての人間が育つうえで必要不可欠な場とみなすことができる「家族」だが，一般には「親族関係によって直接つながる人々の集団」であり，子どもの養育責任を担う存在とされてきた。

社会学でよく紹介される森岡らの定義では，「夫婦・親子・きょうだいなど少数の近親者を主要な成員とし，成員相互の深い感情的かかわりあいで結ばれた，幸福（well-being）追求の集団」を家族としている［森岡・望月，1997］。ここでは家族は，①夫婦・親子・きょうだいなど少数の近親者で構成されていること，②成員間の深い感情的かかわりあいで結ばれていること，③幸福（well-being）追求の集団であること，という3つの特徴を持った集団ということになる。

家族の“働き”（機能）については，社会学はどう考えてきただろうか。社会がまだ近代化する前，家族は物を生産する機能，宗教的な機能，娯楽的な機能，教育の機能，扶養の機能など，さまざまな機能を持っていたといわれている。近代社会になって，家族の持っていたこれらの機能はしだいに，企業，教会，学校，国家などの専門的な働きをする制度に移った。しかしこれは，家族の存在意義がなくなったことを意味しているのではない。

アメリカの社会学者のパーソンズは，現代の家族とりわけ核家族が担う基本的な機能は，①人間が真に自分の生まれついた社会の構成員になりうるための基礎的な社会化と，②成人のパーソナリティの安定化，の2点に集約されるという。パーソンズは，家族の機能を社会のための直接の機能としてだけでなく，パーソナリティのための機能として理解すべきだし，基礎的社会化の機能が，種々の機能を手放した後にも残る現代の家族の重要な機能であるとしている［パーソンズ＝ベールズ，1970］。

ここで「社会化（socialization）」という新しい言葉が出てきた。この言葉の代表的な定義を紹介すると，社会化とは「個人がある特定の社会集団の生活様式を学習し，その正規の成員にしあげられる過程」［青井，1973］といわれる。人間がさまざまな集団に所属しながら，生まれ落ちた社会の文化を習得し，その社会の成員になっていく過程ということであり，人間の発達や成長を「社会的なもの」として捉えているのである。家族や親が子どもを育てることを，このような学問用語（概念）を用いて表現することによって，家族や親が子どもを育てるというきわめて個別的なことが，全体社会の中でどのような役割を担うかということや，子どもがその後所属するさまざまな社会集団との関係を考えることができるようになるだろう。

そしてこの過程は，人が幼いときだけでなく，その一生を通して展開していくものと考えられる。**図Ⅱ-1**は，その過程におい

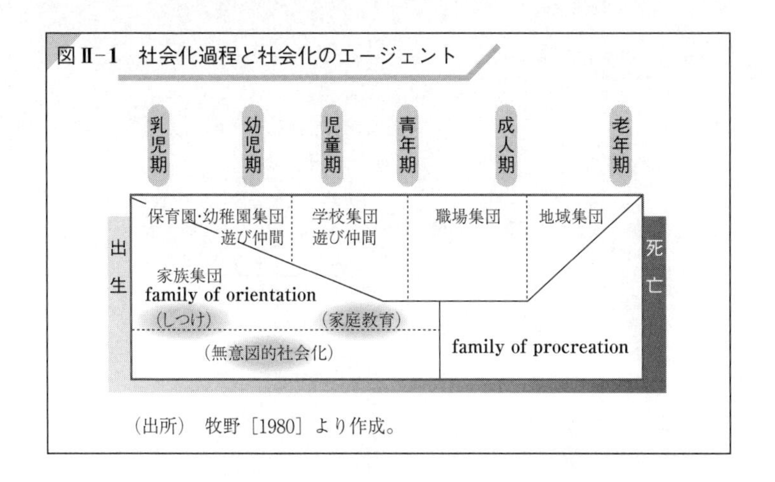

（出所）牧野［1980］より作成。

て，どのような集団が，社会化のエージェント（社会化する主体＝socializer）としての役割を持つかということを示したものである。この中でとくに人間が最初に所属する集団である家族における社会化は，最も基礎的なものであり，人間のパーソナリティを形成するうえで重要な意味を持っているといえる。

家族における社会化は，社会の規範や文化を教え込む主体（socializer）＝親と，それを受けとめ内在化する客体（socializee）＝子どもとの相互作用として展開される。しかしすぐれた学習能力を持って生まれてくる人間の子どもは，親が教えようとしないもの，あるいは教えたくないものまで身につけてしまうし，また，無意識のうちに多くのものを学習していたりする。このように考えると，社会化は，親の側と子どもの側がそれぞれ意図している場合と，意図していない場合の組み合わせによって，4つの形態に分類されることになる。

では「しつけ」はこの中でどこに位置づけられるかを考えてみよう。「しつけ」という言葉の成り立ちから考えて（*Column* ❻），

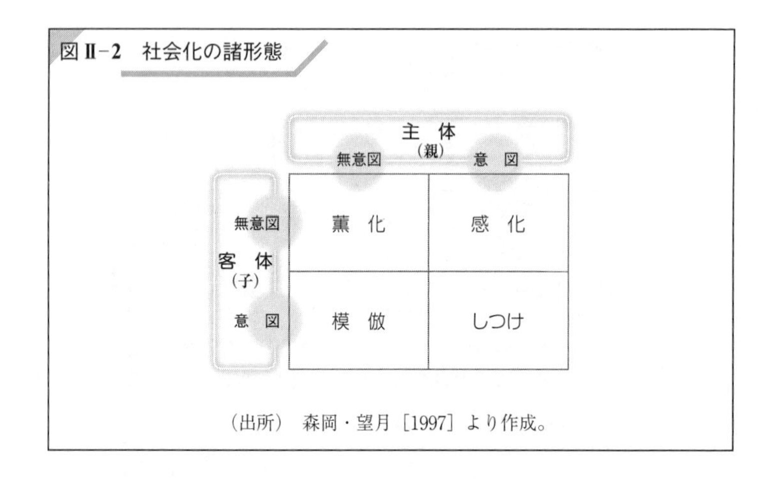

（出所）森岡・望月［1997］より作成。

それは，親が意図的に教え，子どもも意図的に学習するものである。したがって「しつけ」の位置は**図 II−2** のようになるであろう［森岡・望月，1997］。

具体的に家庭の中での子どもと親の姿を想像してみると，授乳，排便，離乳，就寝などからはじまり，やがて自分の持ち物の整理整頓，顔や手を洗う，きょうだい仲良く，親のいいつけに従うなどといった日常生活での基本的な習慣の育成があげられる。これらがまさにしつけの中心である。そしてさらには言葉づかい，礼儀作法，物を大切にする，金の使い方など，家庭生活の内外で最小限に必要な社会的慣習への馴致（じゅんち）（なじませること）がつけ加わっていくといわれる［篠原，1977］。家庭では子どもを養育する中で，このように基本的生活習慣を身につけさせたり，家庭の内外で生きていくために必要な事柄を教えていくことが行われると考えられる。

Column ❻ 「しつけ」という言葉

しつけという言葉はもともと，「作物のしつけ」「着物のしつけ」「しつけ奉公」などというように，さまざまな場面で用いられていた。たとえば稲のしつけというのは，ひととおり下ごしらえをすませた田に，きちんと苗を植えつけることであり，着物のしつけ糸というのは，縫い目が整い仕立てがくずれないように，縁を縫っておく糸を指している。また長野県下伊那郡などで，「しつけ約束」と呼ばれたのは，一人前にしてやるという約束で子どもを引きとるということであった。広く「しつけ奉公」と呼ばれるのも，やはり一人前にしてもらうために，よその家に仕えるということであった。いずれにしても，もともと「しつけ」というのは，広く一人前にしあげる意味に用いられていた。そしてそのやり方としては，あらかじめ何らかの手本があって少しずつこの型にはめこんでいくのであるが，はじめからその手本を教え込むのではなくて，むしろこの型からはずれるような場合に，厳しくそれを戒めさとすというものであった［大島，1988］。

家族と社会化図式に関する見直し

家族と社会化図式について，社会学の分野では1990年ごろから，社会が多元化し変動が加速している中でも適用可能な社会化の概念の再検討が行われるようになってきている。

たとえば渡辺［1992］は，社会全体が個人化・多様化・分散化・多元化している中で，そのような社会にも適用可能な社会化の概念を検討している。具体的には，社会化過程が営まれている社会システム（家族，学校などの下位システム）を社会化のエージェンシー（機関）と位置づけること，またそのメンバーを社会化のエージェント（担い手）と捉えることは，社会の要件と社会化を担う主体の要件との対抗的（葛藤的）関係が枠組みに入ってこないことになるという。そのため，社会化のエージェンシーやエージェントという概念の代わりに，社会化の〈場〉もしくは〈社会化システム〉という概念を提案している。

成員性の獲得という点については，多元的・変動社会においては，コミットする社会システムは生まれながらに固定されてはいないし，就職時などでの青年期の１回限りの選択で，特定の業績的社会システムに固定されるわけでもなく，「あれもこれも」か「あれからこれへ」という成員性になるという。このように複合的な成員性の獲得，あるいは成員性の移行が行われる社会では，価値を相対化し，価値の変化を受容し生み出す能力の獲得，あるいはスムーズなシステム移行やシステム形成の能力の獲得を可能にする社会化が必要なのであり，渡辺はそのような社会化を「モラトリアム人間型社会化」と呼んだ［渡辺，1992］。

また飯田［1989］は，「家族と社会化」の関係の把握に焦点を当て，「集団としての家族」という枠組みを問題視している。その理由としては，家族形態の多様化により「核家族」という形態をモデルに「集団としての家族」の枠組みをつくることが難しくなってきたこと，家族内の役割，規範，価値などが明確で安定したものでなくなってきていること，家族成員の生活の枠が広がり，また家族以外の人間や商品，情報，サービスなどの物も入り込んでいること，「家族の解体」さえ問題になってきている今日の家族において，成員間の情緒的結合の強さを家族の前提条件にしえなくなっていることをあげ，「場としての家族」という枠組みを提起している［飯田，1989］。

以上のように家族を集団として捉え，社会化の重要なエージェントと考える枠組みの相対化が主張されるようになってきた背景には，家族のあり方が近年大きく変化してきているという事実がある。たしかに家族のあり方には時代と文化によって差違がある。

家族に価値を置く社会

まず，日本人が家族に対しどの程度の価値を求めているかについて見ておこう。

図Ⅱ−3は，統計数理研究所が，1953（昭和28）年から5年おきに実施している「日本人の国民性調査」の中の，「あなたにとって一番大切と思うものはなんですか。1つだけあげてください。」という質問への回答結果の推移である。この質問に対して“家族”という回答をした人は，1968年までは10％そこそこにすぎなかったが，1970年代以降増加し始め，2003年には45％に達し，その後2013年まで横ばいになっている。これに数値は増えていないが“子ども”を加えると，実質上“家族”と答えた人が，現在半数以上に達しているのである。他の項目が減少傾向にあるのとは対照的に，現代の日本人が大切に思うものは，ほぼ“家族”に一極集中という様相をみせている。

別の調査結果も紹介しよう。内閣府が2021年に全国の18歳以上の日本国籍を有する3000人に実施した「国民生活に関する世論調査」では，「あなたにとって家庭はどのような意味を持っていますか（複数回答）」という質問に対して，最も多い回答が「休息・やすらぎの場」で65％，次が「家族の団らんの場」で63％であり，続いて「家族の絆を強める場」が42.8％，「親子が共に成長する場」が34％，「夫婦の愛情をはぐくむ場」が21.8％，「子どもを生み，育てる場」が19.3％という結果であった［内閣府，2022b］。

先に述べたように，1990年代以降，「集団としての家族」という枠組みをつくりにくくなっていることが指摘されているが，今でも日本人は家族に大きな価値を置き，「情緒的な欲求の充足」

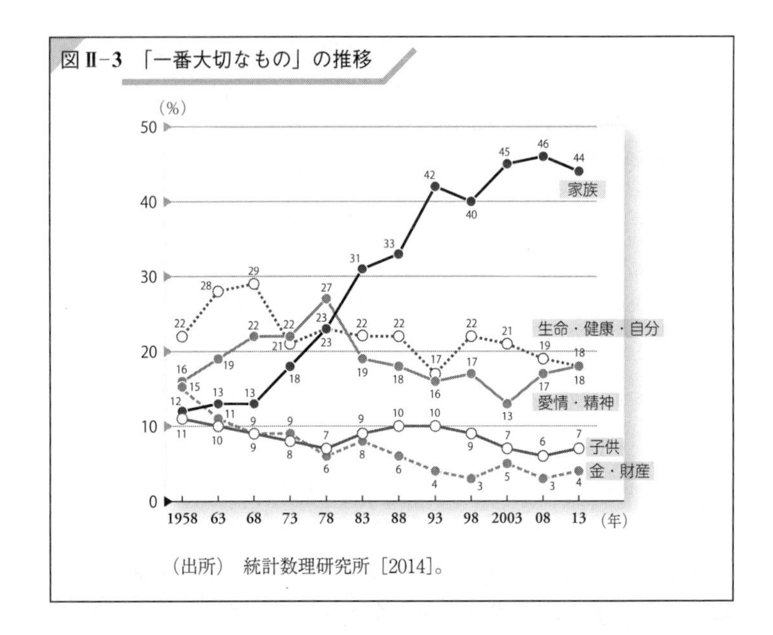

（出所） 統計数理研究所［2014］。

や「心の安定や癒やし」の役割を期待していることがわかる。現代の家族は，この期待に応えられているのだろうか。

現在の日本の世帯構造

家族という私的なものの全体像を把握することはじつは容易ではなく，日本では国勢調査や次に紹介する厚生労働省の調査では，「家族」の代わりに「世帯」という単位で調査している。

厚生労働省が1986年から実施している国民生活基礎調査によると，2021年6月現在の全国の世帯総数は5191万4000世帯で，世帯構造をみると，「単独世帯」が1529万2000世帯（全世帯の29.5%）で最も多く，次いで「夫婦と未婚の子のみの世帯」が1427万2000世帯（同27.5%），「夫婦のみの世帯」が1271万4000世帯（同24.5%）となっている［厚生労働省，2022d］。

現在の日本の世帯状況をみると，ひとり親と未婚の子のみの世帯の7.1%を加えても，いわゆる核家族世帯は全体の35%程度に過ぎないことがわかる。単独世帯が3割，夫婦のみの世帯も25%程度存在しているわけで，現在では突出した家族形態というものは存在しないということができるだろう。

子どもがいるかどうかについてはどうだろうか。2021年の国民生活基礎調査では，児童のいる世帯は1073万7000世帯で全世帯の20.7%となっており，内訳は，児童が「1人」いる世帯が502万6000世帯（全世帯の9.7%，児童のいる世帯の46.8%），「2人」いる世帯は426万7000世帯（全世帯の8.2%，児童のいる世帯の39.7%）となっている。年次的推移をみると，1986年は児童のいる世帯は46.2%で半数近くを占めていたが，現在では児童がいる家庭は2割に過ぎず，児童がいない世帯が8割を占めていることがわかる。現在では子どもがいる家庭のほうがめずらしく，子育て家庭は少数派ということである［厚生労働省，2022d］。

子どもがいる世帯の内訳をみてみよう。子どもがいる世帯の中では，「夫婦と未婚の子のみの世帯」が817万8000世帯（児童のいる世帯の76.2%）で最も多く，次いで「三世代世帯」が138万4000世帯（同12.9%）となっている。世帯全体をみると，核家族世帯は35%程度であるが，子どものいる世帯だけでは，「夫婦と未婚の子のみ」と「ひとり親と未婚の子のみ」の世帯（6.4%）をあわせると，8割強が広い意味での核家族世帯となっている。

私たちが「家族」と聞いて「核家族」を思い浮かべるのは，このように子どもがいる家族のことを想定して，しかも子どもを育てることを家族の最も重要な機能と考えているからではないだろうか。世帯全体では突出した家族形態は存在しないが，子どもがいる家族だけをみると，8割強はひとり親を含めた核家族なので

Column ⑦ 家族と家庭と世帯

「家族」と「家庭」という言葉は，一般には区別して使われることは少ないが，意味の違いがある。

まず家族についてはp. 85の森岡・望月［1997］の定義を参照してほしい。いっぽう「家庭」は，辞書による一般的な意味は「夫婦・親子などの家族の集まり。また，その生活の場所」（大辞林）や，「夫婦・親子などが，一緒に生活する小さな集まり。また，家族が生活する所」（広辞苑）である。

両者を比較すると「家族」は「人々」を指し，「家庭」は「集団」や「場所」を指す言葉であるといえる。

次に，国勢調査をはじめ日本で各種の行政調査の単位として用いられるのが，「世帯」である。厚生労働省は「世帯」を「住居及び生計を共にする者の集まり又は独立して住居を維持し，若しくは独立して生計を営む単身者をいう」と定義しており，「世帯構造」を，単独世帯，核家族世帯，三世代世帯，その他の世帯に分類している。

「世帯」と「家庭」という言葉の誕生を歴史的にたどると，明治前半期から，戸籍上の「家」と生活共同体としての家族とのズレが意識されはじめ，居住と家計をともにする単位として「世帯」という概念が登場したといわれる。「家」から独立する家族が生まれていったのである。

そして明治20年代に，家族の中から新語としての「家庭」という言葉が社会に流布していったといわれる。この頃家庭という言葉を冠した雑誌が次々と刊行されたが，そこで語られた家庭像は，第1に子どもが家内労働力としてではなく，愛護され，教育されるべき存在として捉えられている，第2に「男は仕事，女は家事・育児」という近代的な性別役割分業が想定されている，第3に家族成員間での深い情緒的つながりが重視されている，という特徴を持っていたとされる［小山，2002］。

明治の半ばから現れはじめた新しい家族への志向と「家庭」の誕生については，*Stage* **2** でも取り上げる。

あり，私たちは核家族で子どもを育てている家族を一般的な「家族」のように捉えていないだろうか。

Stage **2** では，家族と家庭教育のあり方が現在どのような状況になっているかについて，より具体的に検討していこう。

Think yourself

1 人間はなぜ家族の中で育つことが必要なのだろう。もし家族がなかったら子どもは育たないのだろうか，考えてみよう。

2 家族や親が子どもを育てることを，「社会化」という概念で説明することによって，どのようなことがみえてくるだろうか。

3 血縁関係がない家族，同性カップル，コンパニオン・アニマル（伴侶動物）などは家族とはいえないのだろうか。家族の定義と照らしあわせて考えてみよう。

Stage 2 家族の変化

● emma ／ iStock 提供

多様化する家族

Stage 1 で，現在の世帯構造は「夫婦と未婚の子のみの世帯」と「ひとり親と未婚の子のみの世帯」といったいわゆる核家族世帯が 35％，単独世帯が 3 割，夫婦のみの世帯が 25％程度存在しており，いわゆる標準的な家族形態は存在しないこと，そして子どもがいない世帯が 8 割を占め，子育て家庭は 2 割に過ぎないことを確認した。「世帯」は必ずしも「家族」とは同一ではないとしても，現在では家族のありようが多様になってきていることがわかる。以下で

は，その多様化している状況をいくつかの点から確認していこう。

まずそもそも家族を形成するかどうかにかかわる婚姻の状況である。厚生労働省の人口動態調査によると，2021年の婚姻件数は50万1116組で，前年の52万5507組より2万4391組減少し，婚姻率（人口千対）は4.1で，前年の4.3より低下している。婚姻件数は，第1次ベビーブーム世代が25歳前後の年齢を迎えた1970年から1974年にかけて最も高く，それに比べると現在は半分程度になっている。婚姻率でいうと，1947年が最高で，その後いったん下がったのち増加に転じたが，1970年代半ばから急激に下がり，1980年代後半に少し持ち直したものの再び減少傾向にある［厚生労働省，2022a］。

婚姻率が下がれば，未婚率が上がることになる。内閣府が「少子化社会対策基本法」に基づいて毎年報告している「少子化社会対策白書」によると，年齢（5歳階級）別にみた未婚率は，2015年は，30～34歳では，男性はおよそ2人に1人（47.1％），女性はおよそ3人に1人（34.6％）が未婚であり，35～39歳では，男性はおよそ3人に1人（35.0％），女性はおよそ4人に1人（23.9％）が未婚という状況になっている。

50歳時の未婚割合では，1970年は，男性1.7％，女性3.3％であったが，2015年の国勢調査では男性24.8％，女性14.9％，2020年は男性28.3％，女性17.8％とそれぞれ上昇して，過去最高になっている［内閣府，2022c］。日本では結婚を選択しない生き方が広まっていることがわかる。

離婚の状況はどうだろうか。先ほどの人口動態調査によると，2021年の離婚件数は18万4386組で，前年の19万3253組より8867組減少し，離婚率（人口千対）は1.50で，前年の1.57より低下している。離婚件数の年次推移では，1964年以降毎年増加を続けたのち，1984年からは減少し，平成に入り再び増加傾向にあったが，2002（平成14）年の28万9836組をピークに減少傾向が続いている［厚生労働省，2021］。最も離婚率が高かった2002年時に比べると現在では離婚率は下がっているとはいえ，1960年代に比べると約2倍であり，長期的な変化としては増加傾向にある。

現在の日本では，人が経験する家族のパターンが，これまでのように生まれ落ちた家族（定位家族）の中で親や祖父母に育てられ，やがて結婚して自ら家族を形成する（生殖家族），しかもそれぞれ1つずつ経験するというパターンがくずれているといえる。

このような状況に対し，社会学では1980年代から，家族の多様化という形で，家族規範の弱体化が進んでいると説明されるようになった。たとえば野々山は，個々人がなぜ家族を作るのか，どんな家族を作るかを自主的・任意的に選択する「ライフスタイルとしての家族」の時代が到来したと述べている［野々山，2007］。とくに若い人たちが家族はこうあるべきものという規範に縛られるのではなく，さまざまな家族のあり方を選ぶようになっているわけである。現在では，そもそも結婚するかどうか（*Column* ❽），同性婚を含めどんな結婚をするのか，また結婚したのち子どもを持つかどうかなど，家族のあり方が多様になってきており，あるべき家族の姿についての規範は弱まっているといえる。

個人化する家族

家族規範の弱体化に伴って，家族の「個人化」が浸透しているということが1980年代後半から社会学の中で言われるようになっている。

「家族の個人化」という概念を最初に提唱した目黒は，1960年代以降のアメリカや北欧において，離婚に伴う単身家族や再婚によってつくられる家族，単身者などの増加といった家族の変動が

Column ⑧ 結婚意思と結婚しない理由

内閣府の男女共同参画局が出した『令和 4 年版 男女共同参画白書』の特集は，「人生 100 年時代における結婚と家族——家族の姿の変化と課題にどう向き合うか」である。

現在，婚姻率は最も高かった 1970 年代前半の約半分になっており，50 歳時点で未婚の人の割合は，2020（令和 2）年で，女性が 17.8%，男性では 28.3% にのぼっている。結婚に対する意思についてみてみると，独身者（これまで結婚経験なし）で「結婚意思あり」としたのは，20 代では女性 64.6%，男性 54.4%，30 代では男女ともに 46.4%，40 代以上になると，女性は割合が減る傾向にあるが，男性の場合は，40 ～ 60 代も 2 ～ 4 割が結婚願望を持っている。

一方，「結婚意思なし」と回答したのは，女性は 20 代で 14.0%，30 代で 25.4%，男性は 20 代で 19.3%，30 代で 26.5% である。積極的に結婚したいと思わない理由は，独身女性の場合，5 割前後となる項目は，20 ～ 30 代で「結婚に縛られたくない，自由でいたいから」「結婚するほど好きな人に巡り合っていないから」，40 ～ 60 代ではこれらの項目に，「結婚相手として条件をクリアできる人に巡り合えそうにないから」「結婚という形式に拘る必要性を感じないから」「今のままの生活を続けた方が安心だから」「仕事・家事・育児・介護を背負うことになるから」が加わる。男性の場合，5 割以上となる項目はないが，「結婚に縛られたくない，自由でいたいから」「結婚するほど好きな人に巡り合っていないから」「結婚生活を送る経済力がない・仕事が不安定だから」が 20 ～ 30 代，40 ～ 60 代で約 4 割である［内閣府男女共同参画局，2022］。

このように現在では，ある年齢になったら結婚する，親になるということが人のライフサイクルの標準ではなくなってきており，自分の生き方として自己選択するものに変化してきている。

起き，それが個人のニーズを前面に押し出し，家族の「私化」を進めたとする。家族生活は人の一生の中で常にあたりまえの経験ではなく，ある時期に，ある特定の個人的つながりを持つ人々とでつくるものとしての性格を強め，個人が一生のうちに多数の多様な家族または家族的連帯を経験するような方向に変化してきたという。目黒はその変化を「家族が個人化する過程」と捉え，そこではまた家族的生活を営むかどうかは個人の選択になり，人生のどの時期に経験するかも個人が選択するという意味で，家族が「ライフ・オプション（生き方の選択）」となってきたと述べる［目黒，1987］。

同じく家族の個人化を指摘した山田は，個人化を，ある「社会的現実」に対する選択可能性（解消可能性も含む）の増大と定義し，2つの異なった家族の個人化が起きているとする。1つは家族の枠内での個人化で，近代社会では，家族は選択不可能で解消困難なものという意味で個人化されないものであったのが，家族を形成したとしても，そこでつくられる家族の構造や家族行動の選択肢の可能性が高まるという意味で個人化していると主張する。もう1つが，家族関係自体を選択したり解消したりする自由が拡大するという，本質的個人化ともいうべき個人化としている［山田，2004］。家族のあり方や家族の中での個々人の行動の個人化のみならず，家族そのものが「選択」の対象となるという意味での個人化が進行しているという主張である。

こうした家族の「個人化」は，親子関係や子育てのあり方にどのような影響を与えたのだろうか。広井は，1990年代以降個人化の動向によって，子どもを生むことが当然のことではなくなり，個人的な「選択」とみなされるようになり，それに伴って，子どもを育てることも個人的な選択であり，親となった人が負うべき個人的な責任と考えられるようになったという［広井，2019a］。

たしかにちょうどこの時期，国の教育政策や法規において，家庭教育の重要性に関する言及が多くみられるようになる。家庭教育という私的な分野に関しては，日本の法律では若干の言及はあったものの，そのあるべき姿を条文の条項として規定することはなかったが，それが1990年代以降大きく変化してきている。

日本には，文部科学大臣の諮問に応じて，教育の振興や生涯学習の推進といった教育の重要事項に関して調査審議する「中央教育審議会」が置かれており，大臣に提出される答申にそって日本の教育政策の大筋が決定される。1998年6月に出された中央教育審議会答申「『新しい時代を拓く心を育てるために』――次世代を育てる心を失う危機」では，第2章「もう一度家庭を見直そう」という章が設けられ，「家庭の在り方を問い直そう」「悪いことは悪いとしっかりしつけよう」「思いやりのある子どもを育てよう」「子どもの個性を大切にし，未来への夢を持たせよう」「家庭で守るべきルールをつくろう」といった項目を設定し，具体的な提言を盛り込んでいる。この答申後，文部科学省は厚生労働省と連携して，1999年度から，家庭教育手帳を市町村の保健センターなどを通じて妊産婦や乳幼児を持つ親に配布し，家庭教育ノートを小・中学生を持つ親に配布するようになった。

続いて2000年11月に，生涯教育審議会社会教育分科審議会が，「家庭の教育力の充実等のための社会教育行政の体制整備について（報告）」を出し，この報告を受けて，2001年には「社会教育法」にこれまで盛り込まれていなかった「家庭教育」に関する言及がされるようになる（第3条第3項）。

そして2003年3月の中央教育審議会答申「新しい時代にふさわしい教育基本法と教育振興基本計画の在り方について」におい

て,「家庭教育の現状を考えると,それぞれの家庭(保護者)が子どもの教育に対する責任を自覚し,自らの役割について改めて認識を深めることがまず重要であるとの観点から,子どもに基本的な生活習慣を身に付けさせることや,豊かな情操をはぐくむことなど,家庭の果たすべき役割や責任について新たに規定することが適当である」という指摘がなされ,2006年12月に「教育基本法」の中に,「家庭教育」に関する条文が加えられることになった(第10条)。

新しい「教育基本法」では,子どもの教育にとって「家庭」が第一義的責任を持つべきであること,そして「家庭」では子どもの生活習慣,自立心,心身の調和のとれた発達を図るべきであることが述べられ,「家庭教育」の重要性とその果たすべき役割を明示している。これまで家庭教育は私的な事柄として,ほとんど法的な規定がされてこなかったという歴史的経緯から考えると,教育における憲法ともいうべき「教育基本法」にこのような規定がされたことは,きわめて大きな変化であるということができる。

このように,1990年代以降の日本の教育政策の背景には,家庭の教育力低下という認識が強くみられるが,その背景には,子どもを育てることが個人的な選択となった以上は,それを選択して親となった人は,子育てに対して個人的に(親という単位でも)責任を負うべきという「自己責任」としての子育て責任という社会認識があるのではないかと考えられる。家族の「個人化」の進行は,人々の「家族」への注目を高め,家族の子どもを育てる責任を追求する傾向を高めていったとみられる(Part Ⅳ 参照)。

近代家族

家族の個人化が親の子育て責任の追求をもたらすという見解を示したが,現在の家族はそれを担えるような状態なのだろうか。***Stage* 1** で見たように，現在の家族形態は全体としては多様化しているのに，子どもを育てている家族は圧倒的に核家族である。

このことを検討する前に，日本の近代化の過程において，家族がどのような変遷をたどったかを簡単にみておこう。家族の多様化と個人化の進行がいわれるようになった背後には，これまで人類に普遍的な家族とみなされてきた核家族＝近代家族が，規範としても実態としてもゆらいでいるという見解がある［広井，2019b］。

日本の近代化が始まった明治期の家族は，「家（イエ）」制度とも呼ばれる直系家族制が主流で，長男が家にとどまり，結婚して子どもをもうけ，家系の存続が第1に考えられていた。血縁内に継承者がいない場合は養子をとることも行われていた。

ところが明治初期からすでに旧来の封建的家族道徳を批判し，新しい家族のあり方を模索する意識が現れ，明治20年代にはそれが「家庭（ホーム）」という言葉に象徴される，家内の団らんや家族成員間の心的交流に高い価値を付与した家族への志向に結晶化していったという主張がある。牟田はこのプロセスを，明治期刊行の7種類の総合雑誌・評論誌の記事分析から明らかにしているが，このいわば「家庭」型家族はしかし，天皇絶対主義国家体制が確立し，家族国家主義のイデオロギーが浸透する明治期中期以降に後退し，夫と妻の性別役割分業が規範化され，「家庭」は「家婦」「主婦」が中心として存在し夫や老親に仕え子に献身する場となっていくとしている［牟田，1990］。

このように明治中期以降，家父長制家族とは異なる特徴を持った生活を営む人々が登場してくる。その新しい家族は，家父長制家族よりも家族規模が小さく，父親−母親−子どもの組み合わせを基本的ユニットとする，家族成員が愛情を核として結びつく家族で，**近代家族**〔★〕といわれる家族である。日本における近代家族論の紹介者とされる落合は，近代家族の特徴として，①家内領域と公共領域との分離，②家族構成員相互の強い情緒的関係，③子ども中心主義，④男は公共領域，女は家内領域という性別分業，⑤家族の集団性の強化，⑥社交の衰退とプライバシーの成立，⑦非親族の排除，⑧核家族をあげている［落合，2004］。

こうした特徴を持つ近代家族を形成したのは，大正時代から昭和初期にかけて都市部を中心にうまれた新中間層だったとされる。新中間層とは，資本主義の発展の中で資本家と労働者の中間に新たに誕生した階層で，それを形成していったのは，農家や士族の二，三男が多かった。生産手段を私有しない彼らは，共同体を離れ，旧来の地縁や血縁によらずに個人的努力や学業，能力によって地位を切り開いた。したがって彼らは，よりよい生活を切り開く新しい世代としての子どもの「教育」に熱意を持ち，教育する対象として子どもを強く意識したのである。彼らが築いた家族では，子どもをよりよく育てる親の教育責任が強く意識されるようになり，「人並み以上」に育てることに子育ての目標が置かれるようになる**教育家族**〔★〕が誕生したといわれる［沢山，1990］。

教育家族へ

第2次世界大戦が終わるまでの日本社会では，農村でも都市でも，多くの親たちはしつけや家庭教育に必ずしも十分な注意を払ってはいなかったといわれている。農村部では子どものしつけにおいて最も力が注がれたのは労働のしつけであり，農家の妻は労働力として期待されており，子育ては祖父母の仕事として家族の最重要機能ではなかったとされている［広田，1999］。

そんな中でも明治後期から大正期にはすでに，都市部に生まれてきた新中間層の人々がつくる家族では，父親（夫）が雇用労働者として外に働きに出て，子どもの教育は母親（妻）が一手に担い，しかも日本社会の産業革命の進展，学歴主義の誕生とともに，人並み以上によりよく生きていける子どもを育てることを親の務めとする「教育家族」が誕生しはじめていた。子どもをよりよく育てることを家族の第1の機能とする教育家族の誕生は，日本の近代化とともに現れたということができ，近代家族は教育家族の側面を併せもつといえる。

第2次世界大戦の敗戦後の家族制度はどうなっただろうか。戦後，民法が改正されて「家（イエ）制度」は廃止され，戸籍登録は夫婦家族単位となり，長男の家督相続の廃止，夫婦間の対等性など民主的で平等な家族関係が成立した。そして1960年代の高度経済成長期に，農業・漁業などの第1次産業中心から，建設業・製造業を中心とする第2次産業，さらには流通・サービス業を中心とする第3次産業へと産業構造の中心が移行することにより，そこで働く人々も雇用労働者，とくに都市部で働く雇用労働者が増えていく。都市化は夫婦とその未婚の子から成る核家族を一般化させ，家族の人数の減少をもたらし（小家族化），家庭外就労者である夫（父）と家事・育児を担う妻（母）との性別役割分業型の家族が受け入れられるようになる。

教育家族はこの1960年代以降あらゆる階層に広がっていく。農村人口の都市への流出と兼業化の進行，そして産業別人口構成に占める第1次産業人口の比率の低下は，子どもにより高い教育を受けさせることを目指す行動を，さまざまな社会階層の親にとらせることになったのである［広田，1996］。子どもの教育に対し家族が最終的な責任を持つということがどの階層でもみられるようになり（教育家族の汎化），子どもをよりよく育てることが，日本の親，とりわけ母親の一般的な子育て目標となってきた。そして1980年代以降になると，ほぼすべての社会階層の親が，子どもの教育・進学を重視する「教育家族」を志向するようになり，教育家族の大衆化が生じたということができる［神原，2001］。

教育家族の今：濃密化

1970年代後半以降，日本経済は低成長時代に入り，生活水準の維持や増加する子どもの教育費を負担するために，母親も働かざるをえなくなる。女性の労働率は上昇し，2020年では，子どものいる世帯に占める共働き世帯の比率は53.8%となり，1985年が29.7%であったのに比べ急激に増加している［恩賜財団母子愛育会愛育研究所編，2022］。女性の価値観も多様化し，高度経済成長期に拡大した性別役割分業型家族は，夫婦がともに家庭内外の仕事を協力して行う協業型家族へと姿を変えつつある。

一方，この章のはじめにみたように，近年少し落ち着いてはいるものの離婚の増加によるひとり親家族の増加，子どもの貧困や児童虐待の増加といった現象が目立つようになっており，子育てに支援が必要な家族の問題もクローズアップされている。「教育家族」は現在どのような状態にあると考えたらよいだろうか。

先に，1990年代以降，家庭の教育力が低下しているという意識が国民の間に広がり，2000年代以降の教育政策や教育基本法の改正につながっていったことを述べた。また，共働きの増加などによって，親子のコミュニケーションが不足し，親子関係が希薄化しているという指摘もよく聞かれる。

実際の親子関係についてみてみよう。総務省が2021年10月に実施した「社会生活基本調査」によると，6歳未満の子どもを持つ世帯の妻の家事時間は，2001年が3時間53分だったのが，2021年には2時間58分に減少しているが，育児時間は逆に3時間3分（2001年）から3時間54分（2021年）に増加している。

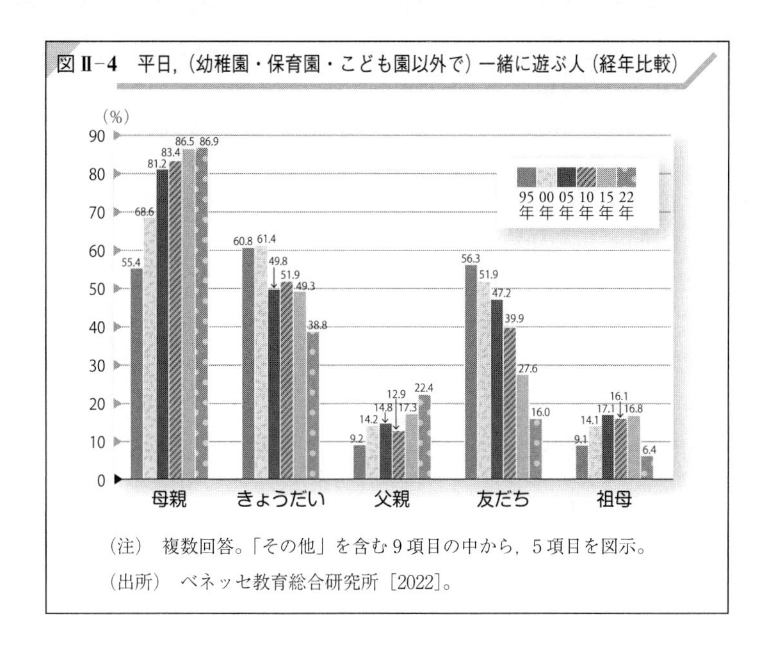

図 II-4　平日，（幼稚園・保育園・こども園以外で）一緒に遊ぶ人（経年比較）

（注） 複数回答。「その他」を含む 9 項目の中から，5 項目を図示。

（出所） ベネッセ教育総合研究所［2022］。

夫については，家事時間が 7 分（2001 年）から 30 分（2021 年），育児時間が 25 分（2001 年）から 1 時間 5 分（2021 年）と，ともに増加している。父母の育児にかける時間は増加しており，とくに父親の育児時間はこの 20 年間で 3 倍近くに増加していることがわかる［総務省，2022］。

ベネッセ教育総合研究所が，乳幼児の生活の様子や保護者の子育てに対する意識や実態を把握することを目的に，1995 年から 5 年ごとに実施している「幼児の生活アンケート」の結果からも興味深い傾向がみられる（**図 II-4**）。この調査は首都圏（東京都，神奈川県，千葉県，埼玉県）の 0 歳 6 カ月から 6 歳就学前の乳幼児を持つ保護者を対象にしているが，平日，幼稚園・保育園以外で一緒に遊ぶ相手は，1995 年が「きょうだい」が 1 位で 60.8%，次が「友だち」で56.3%，3位が「母親」で55.4%であったのが，2000年から「母親」が1位となり（68.6%），2022年の調査では，「母親」が86.9%となっている。その代わりに減少しているのが「きょうだい」と「友だち」で，とくに「友だち」は，1995年の56.3%から2022（令和4）年は16%に大きく減少している［ベネッセ教育総合研究所，2022］。首都圏の乳幼児の保護者に対する調査という留保つきではあるが，子どもたちが平日一緒に遊ぶ相手は，圧倒的に母親が多くなっていることがわかる。このことからは母親と子どもとのコミュニケーションが希薄化してきているとはいえず，むしろ濃密化しているといえるのではないだろうか。

教育家族の今：監視化

濃密化と並んでもう1点指摘したいことがある。それは最近，ICTの急激な進歩に伴って，子どもを常に目が届くところに置いておき，子どもの安全を確保することを可能にする技術が進んでいることである。

たとえば情報通信会社などでは現在，「児童みまもり情報配信サービス」や「登降園管理システム」が開発されており，「児童みまもりサービス」では，「みまもり端末」により，児童が現在どこにいるのか，どのルートを通って登下校したのか，学校への到着や，危険区域など設定した特定エリアへの出入りなどを，保護者がアプリで確認，または自動通知を受け取ることができるようになっている。災害など緊急時に，児童の位置情報を迅速に把握でき，不審者情報・防災情報などの一斉配信や，チャットボットを活用した自治体への問い合わせができる「情報配信機能」も同一システム上についており，子どもの安全の確保に有効なサービスであることがサイト上で述べられている［NTT西日本，2019］。

さらに近年，家庭内で子どもを少し離れた距離から見守ることができるベビーモニターのような製品をはじめ，子ども，とくに乳児を見守るさまざまな商品開発が急激に進んでおり，Baby（赤ちゃん）とTechnology（テクノロジー）を組み合わせたベビーテック（BabyTech）という言葉も使われるようになっている。ベビーテック関連の製品を紹介しているサイトを見ると，「赤ちゃんの授乳・食事」(授乳記録，離乳食の食材管理ができるアプリ）や「赤ちゃんの発育」(0～6歳くらいまでの子どもの生活記録を簡単操作で行えるアプリ)，「赤ちゃんの安全対策」(睡眠時SIDS〔乳幼児突然死症候群〕の対策のための睡眠監視デバイス)，「赤ちゃんの健康管理」(計測した体温を自動で管理し，異常があれば通知してくれるスマート体温計や，夜泣き改善のためのサポートアプリ）などが紹介されている［Geekly，2023]。

上記のサイトでは，乳幼児見守りシステムの開発が進んでいる理由として，核家族化の進行，共働き夫婦の増加，晩婚化による「子育て」と「介護」が重なるダブルケアラーの増加といった社会状況があげられているが，母親の負担が大きい妊娠・出産・育児のサポートや保育を効率化して，保護者の負担を軽減するためのテクノロジーを活用したサービス・製品（アプリなど含む）の市場はますます拡大していくことが予測される。

実際，少子化が進行しているにもかかわらず，2020年のベビー用品・関連サービスの市場規模は，前年比1.0％増の4兆3120億円と推計されるというデータもある［矢野経済研究所，2022]。

情報技術の進歩によって，私たちは少ない人数で子どもを見守ることができる技術を手に入れようとしているが，野尻はこの状況を現代における監視社会化の進行と捉える。しかも現代の監視社会化の背景には，人々を「見守りの主体」へと強制するような社会的諸制度の個人化が存在するという。「子ども中心主義」という近代家族規範が今でも残る現状において，この規範と親の自己実現欲求との間に葛藤がうまれ，「見守り技術」としての監視技術が要請されるというメカニズムである［野尻，2013］。親族ネットワークや地域コミュニティの人々の見守りのまなざしが期待できなくなったときに，自分の自己実現欲求も満たしながら親の育児責任を果たすためには，新しい監視技術に頼らざるをえなくなるだろう。

ここには，核家族で，ともすれば母親のワンオペ育児（育児を1人で担うワンオペレーションの状態）になりがちな中でも，必死に教育責任を果たそうとしている教育家族の姿がある。先に，家族そのもの，そして親になることを選択するという意味での個人化の進行が，自己責任としての子育て責任を推し進めたのではないかと述べたが，テクノロジーによる子どもの見守り技術を私たちが利用していく状況の背後にも，子育ての個人化，自己責任化という社会状況があるのではないだろうか。

教育家族の今：教育家族になりえていない家族

個人化した責任をなんとか果たそうとしている親の姿が見えてくる一方，子どもをうまく育てられない家族の問題もこれまで以上に浮かび上がってきている。

たとえば児童虐待の相談件数の増加である。Introduction で紹介したように，2020年度中に，全国220か所の児童相談所が児童虐待相談として対応した件数が過去最多となった。翌年の2021年度の速報値によると，相談件数は20万7659件に達し，さらに増加する傾向にある。児童虐待は，身体的虐待，ネグレクト，性的虐待，心理的虐待に分類されるが，近年，心理的虐待に係る相談対応件数の増加が目立っている［厚生労働省，2022b］。児童虐待に対する関心の高まりや虐待相談窓口の普及などにより家族親戚，近隣知人，児童本人等からの通告が増加したことが要因の1つといわれているが，子どもをうまく育てられない家族（親）が増えていることは想像に難くない。

また近年，ヤングケアラーということばをよく見聞きするようになった。文部科学省のウェブサイトでは，ヤングケアラーについて「法令上の定義はありませんが，一般に，本来大人が担うと想定されている家事や家族の世話などを日常的に行っている子ども」と説明している。また一般社団法人日本ケアラー連盟は「家族にケアを要する人がいる場合に，大人が担うようなケア責任を引き受け，家事や家族の世話，介護，感情面のサポートなどを行っている18歳未満の子ども」としている。

その実態であるが，民間シンクタンクの日本総合研究所が「令和3年度子ども・子育て支援推進調査研究事業」として，小学生と大学生と一般国民について調査した結果を見ると，「家族の世話をしている」と回答した小学6年生は6.5%，世話を必要としている家族は「きょうだい」が最も多く71.0%，次いで「母親」が19.8%となっている。そして世話を必要としている人が「父母」と回答した人に父母の状態を聞いたところ，「わからない」との回答が33.3%と最も高かった。父母が病気や障害を抱えていても，そうした状態について子どもに話していなければ，子ども自身は状況がよくわからないまま家族の世話をしている可能性があると調査報告書では分析している［日本総合研究所，2022］。

このようなデータから近年では，教育する家族どころか，子どもを養育するという親としての権利と義務が果たされていない家族，そしてその結果，「最善の利益」が保証されていない子どもの増加がみてとれる。教育家族が濃密化，親密化している状況と相反するこのような状況から，現在では教育家族の分化よりもさらに深刻な分断状況が起きているといえるだろう。

Think yourself

1 人の一生において家族との関係はどうあるべきかという規範が変化してきている理由はどこにあるだろうか，考えてみよう。

2 「教育家族」とはどのような特徴を持った家族かをまとめてみよう。そして教育家族における子育てはどのような特徴と問題点を持っており，教育家族は現在どのような姿になってきているのかを考えてみよう。

3 子育てに困難を抱えている家族として，あなたはどんな家族を思い浮かべるだろうか。最近のニュースなどを参考にその実態を調べ，そのような家族の姿から現代日本のどのような問題が読み取れるかを考えてみよう。

Column ⑨ 外国籍の子どもと外国籍家庭

日本における家族の多様化というとき，外国籍家庭の増加を知っておかねばならない。2022年6月現在，日本に在留している外国人の数は296万1969人で，そのうち0歳から18歳までの児童の数は31万3370人となっている［法務省出入国在留管理庁，2022］。日本には現在31万人強の外国籍の子どもが在留していることになる。

また厚生労働省の「人口動態統計」によると，2021年に日本で生まれた子ども81万1622人のうち母親が外国籍の子どもが1万8435人で，比率にすると2.3％，日本で新しく生まれる子どもの50人に1人は，母親が外国籍ということになっている。母親の国籍で最も多いのが中国，次がフィリピン，ブラジルと続く［厚生労働省，2022c］。

日本に在留している子どもたちの就学実態については，文部科学省が2019年度に初めて全国的な「外国人の子供の就学状況等調査」を実施し，2021年には，5月1日現在で日本の学校に通っている外国人の子どもを対象に，第2回目の調査を実施している。

2021年の調査結果をみると，小学校，中学校という日本の学齢に相当する年齢の子どものうち，84.6％が日本の「義務教育諸学校」に，6％が「外国人学校」に就学しており，約9割の外国人児童の就学が確認されている。この数値は日本人の子どもの義務教育就学率が99.9％であることと比較すると低く，就学していない子どもの内訳は，「不就学」が0.5％，「転居・出国（予定を含む）」が2.4％，「就学状況を把握できず」が6.5％となっている。全国で1万46人の外国人の子どもが就学していない可能性があることになる［文部科学省総合教育政策局国際教育課，2022］。

各自治体では，外国人が住民登録に係る手続きを行う際，併せて就学の案内を行う，住民基本台帳システムと連動した学齢簿システムを導入し，外国人の子どもに対しても適用，外国人の子どもがいる家庭に就学案内の送付を行うなどの促進策を進めているものの，日本語以外の言語での案内が不十分など課題は多く残されたままになっている。また就学していても，日本語学習における課題や家計の困窮による高校以降への進学の難しさなど，外国籍の子どもたちの教育を受ける機会の問題は多い。

外国籍家族の子育ての実態についての研究はいまだ少ないのが現状であるが，子育て中の外国籍家族は，その多くが経済的に不安定で，孤立しがちであること，日本語の問題等により自治体の子育てサービスや相談窓口へのアクセスが難しいなどの課題が指摘されている［原，2013］。

さらに，困窮やドメスティックバイオレンス被害などを経験する女性の利用者が多くを占める母子生活支援施設の入所者において，外国人母子世帯が約10％を占めるなど，移住外国人女性が来日後に仕事に就き，結婚して子どもを育てる過程においてさまざまな福祉的課題を抱えることがあること，日本人と結婚した外国人女性は，家族や子育て・子育ちにかかわる深刻な困難を抱えやすいことも指摘されている［南野，2017］。

このような状況の中で，2019年に告示された「保育所保育指針」で，第4章「子育て支援」の「保育所を利用している保護者に対する子育て支援」の中に，保護者の状況に配慮した個別の支援の必要性を掲げ，その具体例として「外国籍家庭など，特別な配慮を必要とする家庭の場合には，状況等に応じて個別の支援を行うよう努めること」という一文が加わったことは，注目すべきことである。

Stage 3

新しい能力観の中での幼児教育の今

羽田空港のキッズカフェ●共同通信社提供

幼児教育への関心の高まり：学校教育のスタート

2010年の本書新版では，2005年の時点で，5歳児の57.6％が幼稚園に，38.9％が保育所に在籍しており，小学校入学前の時点で，日本の子どもたちのほとんどは家族以外の教育（保育）の場に身を置いていることを紹介した。それから15年ほど経過した2019年度時点では，4歳児と5歳児のほぼ100％が何らかの就学前教育・保育機関に在籍しており，5歳児の内訳をみると，幼稚園に42％，保育所に41％，認定こども園に17％就園している［厚生労働省子ども家庭局保育課，2021］。

少子化の進展，共働きの増加などから，子どもを早くから公的な就学前教育・保育機関（幼稚園や保育所・認定こども園）に預ける傾向がさらに強まり，2006年に発足した「認定こども園」を含めると，今や子どもたちは，小学校に入学する前にすでに何らかの就学前教育・保育機関に所属し，学校的な空間の中で生活しているといえる。

なかでも幼稚園については，法的な位置づけの面での変化を指摘しておかなければならない。まず2006年の「教育基本法」改正で，それまで規定がなかった「幼児教育」の条文が第11条に加わっている（第11条）。この条文では，家庭や地域や幼児教育施設などが連携して乳幼児の人格形成の基礎を培うこと，国および地方公共団体がそのための環境整備に努めることが規定されており，あらためて幼児期の教育の重要性と，すべての子どもに対する適切な幼児教育の保障が謳（うた）われている。

また幼稚園は「学校教育法」の第1条に定める学校（いわゆる「一条学校」）であるが，「学校教育法」成立当初の条文では，第1条の「この法律でいう学校」の最後につけ足しのように記載されていた。それが2007年の改正からは第1条の最初に記載されるようになり，幼稚園は「学校教育の始まり」であるという位置づけが強化されたと見ることができる。

さらに2017年に告示された最新の「幼稚園教育要領」では，これまでなかった「前文」が設けられ，そこには下記の記述がある。

> これからの幼稚園には，学校教育の始まりとして，こうした教育の目的及び目標の達成を目指しつつ，一人一人の幼児が，将来，自分のよさや可能性を認識するとともに，あらゆる他者を価値の

ある存在として尊重し，多様な人々と協働しながら様々な社会的変化を乗り越え，豊かな人生を切り拓き，持続可能な社会の創り手となることができるようにするための基礎を培うことが求められる。

加えて第1章総則の第2には幼稚園教育において育みたい資質・能力および「幼児期の終わりまでに育ってほしい姿」が下記のように記載されている。

1　幼稚園においては，生きる力の基礎を育むため，この章の第1に示す幼稚園教育の基本を踏まえ，次に掲げる資質・能力を一体的に育むよう努めるものとする。

(1)　豊かな体験を通じて，感じたり，気付いたり，分かったり，できるようになったりする「知識及び技能の基礎」

(2)　気付いたことや，できるようになったことなどを使い，考えたり，試したり，工夫したり，表現したりする「思考力，判断力，表現力等の基礎」

(3)　心情，意欲，態度が育つ中で，よりよい生活を営もうとする「学びに向かう力，人間性等」

このような記載はこれまでの「幼稚園教育要領」にはなかったもので，幼稚園教育は2017年以降順次告示された小学校，中学校，高等学校の「学習指導要領」で掲げられた，育成を目指す資質・能力の3つの柱（「知識・技能」「思考力・判断力・表現力等」「学びに向かう力・人間性等」）の成長を促し，その基礎を培うことにより，小学校以降の教科の指導につなげていくことが意識されている。そして「幼児期の終わりまでに育ってほしい姿」として10の具体的な姿・イメージが掲げられ，小学校教育との接続が強調されている。

このような資質・能力のイメージは，同じく2017年に告示された新しい「保育所保育指針」と「幼保連携型認定こども園教育・保育要領」にも共通の表現で記載されており，保育所や認定こども園を含めた日本の就学前教育・保育機関は「学校教育のスタート」であり，その後の初中等教育との連続性が意識される状況になっているといえる。

幼児教育への関心の高まり：人的資本研究と早期幼児教育

乳幼児期にできるだけ早く教育的環境の中に子どもを置くことにより，その子どもの能力開発だけでなく，社会全体の発展にも寄与するという考え方は以前からあったが，近年再びその考えが脚光をあびている。近年の幼児教育への注目には，これまでと何か異なる背景があるのだろうか。

社会の経済的発展や維持を可能にする人的資本についての研究は 1960 年代に発展を遂げたが，それまでの人的資本論では，賃金や所得，昇進や雇用形態などを予測する個人の要因として，いわゆる「認知能力」が注目されてきた。言い換えると，より高い認知能力（知能検査や学力テストの成績の高さ）が，学校卒業後の収入や雇用形態を予測するのであり，それが個人の成功，ひいては社会の経済的発展に有効であるとみなされてきた。

一方，1970 年代にはすでに，ボウルズとギンタスが，認知的能力に対置する形で，態度・動機づけ・パーソナリティといった非認知的能力を，社会的成功を予測する因子として紹介している［ボウルズ＝ギンタス，1986，1987］。認知的能力の高さだけが個人の適応を高めるわけではないことを示唆する研究は，2000 年代から報告されるようになってきており，その代表的存在が，2000 年にノーベル経済学賞を受賞したシカゴ大学のヘックマンである。ヘックマンは 20 世紀半ばから人的資本研究を牽引してきているが，教育介入は早期であればあるほど効果が大きく，IQ や教科の点数などの認知的スキルだけでなく，協調性や自立性，忍耐力といった非認知的スキル（Noncognitive Skill）の向上にむしろ貢献していることを強調している。

ヘックマンの主張の根拠になっている介入研究の1つが，ペリー就学前プロジェクトで，1960年代にアメリカのミシガン州で，経済的に恵まれないアフリカ系アメリカ人の58世帯の子どもたちを対象に実施された。このプログラムでは，就学前の幼児に対して，午前中に毎日2時間半ずつ教室での授業を受けさせ，週に1度は教師が各家庭を訪問して90分間の指導をした。指導内容は子どもの年齢と能力に応じて調整され，非認知的特質を育てることに重点を置いて，子どもの自発性を大切にする活動を中心としていた。教師は子どもが自分で考えた遊びを実践し，毎日復習するように促し，復習は集団で行い，子どもたちに有用な社会的スキルを教えた。この就学前教育は30週間継続され，就学前教育の終了後，これを受けた子どもと受けなかった対象グループの子どもに対し40歳まで追跡調査が行われた。

結果，ペリー就学前プロジェクトの被験者になった子どもは当初はIQが高くなったが，その効果はしだいに薄れて，介入が終了して4年たつとすっかり消えた。しかしIQ以外の主要な効果は継続し，非認知的能力の向上もその1つで，最終的な追跡調査の40歳になった時点では，このプログラムを受けたグループの人たちは，受けなかった人たちに比べ，高校卒業率や持ち家率，平均所得が高く，また生活保護受給率，逮捕率が低いという結果になった。ヘックマンは，このような介入研究の結果から，恵まれない子どもの幼少期の環境を充実させる試みは，家庭環境の強化が子どもの成長を改善し，改善の経路として非認知的スキルの役割を強調すると結論づけている［ヘックマン，2015］。

幼児教育への関心の高まり：OECD における注目

非認知的能力をめぐっては，国際機関もまた関心を向け，調査や研究の対象として取り上げている。その1つであるOECDでは，人のスキルを認知的スキルと非認知的スキルに大きく整理し，後者を「社会情動的スキル（Social and Emotional Skills）」と呼んでいる［OECD, 2015］。

OECDとベネッセ教育総合研究所が2015年に共同レポートとして発表したワーキングペーパーでは，「教育は，個人の様々なスキルを高めることによって21世紀の課題に対処する大きな可能性を持っている。特に，社会情動的スキルは，健康，市民参加，ウェル・ビーイングといった社会的成果を推進するために重要な役割を果たしうる。子どもには，生まれつき一定の社会情動的能力が備わっているわけではなく，こうしたスキルの一部は変化させることが可能である。政策立案者，教員，保護者は，学習環境を改善することによって，子どもたちのスキル発達を促すことができる」とし，非認知的スキルとして示された社会情動的な能力を，「社会情動的スキル」と名づけ，そのフレームワークを下記のように定義している［OECD・ベネッセ教育総合研究所, 2015］。

> 社会情動的スキルは，「(a) 一貫した思考・感情・行動のパターンに発現し，(b) 学校教育またはインフォーマルな学習によって発達させることができ，(c) 個人の一生を通じて社会・経済的成果に重要な影響を与えるような個人の能力」と定義することができる。これらのスキルは，目標を達成する力（例：忍耐力，意欲，自己制御，自己効力感），他者と協働する力（例：社会的スキル，協調性，信頼，共感），そして情動を制御する力（例：自尊心，自信，内在化・外在化問題行動のリスクの低さ）を含んでいる。

このワーキングペーパーでは，社会情動的スキルの強化を促す

Column ⑩ OECD が提唱する認知的スキルと社会情動的スキル

OECDは，2012年に出した報告書である*Better Skills, Better Jobs, Better Lives : A Strategic Approach to Skills Policies*において，現代の世界の課題に個人が立ち向かうことを助けるスキルの役割を強調し，政策立案者に，スキルの潜在的な可能性を活用するための適切な方法を実施するよう求めた。そして，2015年の報告書である*Skills for Social Progress; The Power of Social and Emotional Skills*（OECD Skills Studies）において，スキルを「個人のウェルビーイングや社会経済的進歩の少なくともひとつの側面において影響を与え（生産性），意義のある測定が可能であり（測定可能性），環境の変化や投資により変化させることができる（可鍛性），個々の性質」と定義している。

OECDでは，スキルの認知的な面と社会情動的な面を取り上げ，2つのスキルの説明と下位構成概念を，図**II-5**のようなフレームワークで示している。ヘックマンらの研究をもとに，教育格差の原因は家庭の経済状況よりもスキルの欠如のほうにあること，また認知的スキルの向上は高等教育の修了等を介して就職や収入に肯定的な影響を与える確率を高めるが，社会情動的スキルはより広義の社会的成果を収める結果につながると予測し，社会情動的スキルを高めることは人生のあらゆる段階で重要な役割を果たすとされる。社会情動的スキルは，目標の達成，他者との協働，感情のコントロールなどに属するスキルであり，日常のあらゆる場面で出現するからである。そして この2つのスキルは独立しているのではなく，発達とともに互いに作用し融合するものとしている。

なお社会情動的スキルは，非認知的スキル，ソフトスキル（soft skill），性格スキル（character skill）とも呼ばれる。

図Ⅱ−5　認知的スキルと社会情動的スキルのフレームワーク

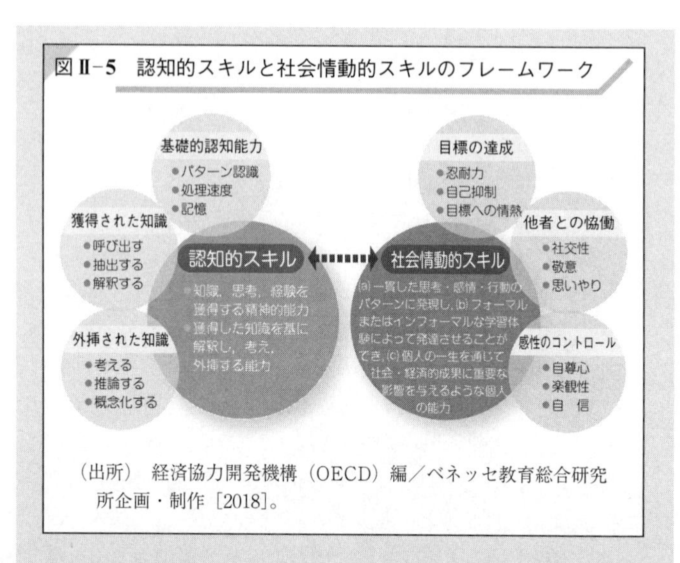

（出所）　経済協力開発機構（OECD）編／ベネッセ教育総合研究所企画・制作［2018］。

OECD のフレームワークでは，認知的スキルと社会情動的スキルは相互作用しながら，その人の人生を決定していくと考えられており，認知的スキルの重要性を低く捉えているわけではないことに注意する必要がある。

可能性のある学習環境として，家庭における学習環境，学校での授業や課外活動，地域社会での学習の場などをあげており，家庭，学校，地域社会といったさまざまな場で社会情動的スキルを向上させることが可能であることが提起されている。

なかでも社会情動的スキルを向上させた多くの研究が親子の強い愛情の恩恵を指摘しているにもかかわらず，親が社会情動面を育む環境を提供できるかは親の社会経済的状況や感情状態により影響を受ける可能性があるとの研究成果があることから，社会情動的スキルの向上に成果をあげている幼児教育や学校ベースのプログラムは，親に子育てのスキルを高める機会を提供する傾向にあることを指摘している。

社会情動的スキルへの注目に加えOECDでは，ここ20年ほど継続して人生の早期における教育介入の重要性を主張しており，早期幼児教育への世界的な関心の高まりを後押ししている。

たとえば，『OECD保育白書2017年版（*Starting Strong 2017*）』では，「各国は，社会的流動性を高め，あらゆる子供が自分の能力を最大限活かす機会を得られるように，安価で質の高い早期幼児教育・保育（early childhood education and care, ECEC）を提供する取り組みを強化するべきです」「本報告書は，ほとんどの政府が近年，入園，入学者を拡大するためにより多くの託児所と学校を開設するための投資を増やしていることを明らかにしています。今後各国は，教諭の労働条件の改善，あらゆる子供に公平な利用の機会を確保すること，新たな指導方法の導入などに焦点を当てる必要があります」「PISA2015調査結果によると，ほぼ全てのOECD諸国で，ECECを受けたことがある15歳の生徒は，ECECを受けなかった生徒よりも良い成績を上げています。恵まれない環境にある子供が最も多くの恩恵を受けるため，こうした子供を対象とすることで成果も最大化することができると，本報告書は述べています」と紹介している。

またメキシコで行われたこの報告書の発表会見で，ガブリエラ・ラモスOECD首席補佐官は，「全ての子供に質の高い早期幼児教育・保育を受ける機会を与えることが，将来的な技能開発の基礎となり，社会的流動性を高め，包摂的成長を支えることになる」と述べている［OECD, 2017］。

日本での非認知的スキルへの注目

日本の幼児教育，初中等教育においても近年，非認知的スキルへの関心が高まっている。先に紹介したように，2017年から2018年に改訂された「学習指導要領」，そして2017年の「幼稚園教育要領」「保育所保育指針」「幼保連携型認定こども園教育・保育要領」の改訂では，共通して「生きる力」を育てるために育成を目指す資質・能力として「知識及び技能」「思考力，判断力，表現力等」「学びに向かう力，人間性等」をあげている。

たとえば高等学校学習指導要領解説ではこの「学びに向かう力，人間性等」について，下記のように説明されている。

> 生徒が「どのように社会や世界と関わり，よりよい人生を送るか」に関わる「学びに向かう力，人間性等」は，他の二つの柱をどのような方向性で働かせていくかを決定付ける重要な要素である。生徒の情意や態度等に関わるものであることから，他の二つの柱以上に，生徒や学校，地域の実態を踏まえて指導のねらいを設定していくことが重要となる。(中略)
>
> 生徒一人一人がよりよい社会や幸福な人生を切り拓いていくためには，主体的に学習に取り組む態度も含めた学びに向かう力や，自己の感情や行動を統制する力，よりよい生活や人間関係を自主的に形成する態度等が必要となる。これらは，自分の思考や行動を客観的に把握し認識する，いわゆる「メタ認知」に関わる力を含むものである。こうした力は，社会や生活の中で生徒が様々な困難に直面する可能性を低くしたり，直面した困難への対処方法を見いだしたりできるようにすることにつながる重要な力である。また，多様性を尊重する態度や互いのよさを生かして協働する力，持続可能な社会づくりに向けた態度，リーダーシップやチームワーク，感性，優しさや思いやりなどの人間性等に関するものも幅広く含まれる。[文部科学省，2018a]

この説明を見る限り，「学びに向かう力，人間性等」はまさに非認知的スキルに相当する資質・能力として位置づけられている。

次に幼稚園教育要領解説では，「学びに向かう力，人間性等」については，「具体的には，心情，意欲，態度が育つ中で，よりよい生活を営もうとすることである」と説明している。ただし「幼稚園においては，幼稚園生活の全体を通して，幼児に生きる力の基礎を育むことが求められて」いるため，実際の指導場面においては，「知識及び技能の基礎」「思考力，判断力，表現力等の基礎」「学びに向かう力，人間性等」を個別に取り出して指導するのではなく，遊びを通した総合的な指導の中で一体的に育むよう努めることが重要であるとし，幼児教育ならではの特殊性も考慮している［文部科学省，2018b］。

このように国や国際機関がこれからの社会を生き抜く力，そして学力の基盤になる非認知的スキルに注目していることは，日本の家庭での子育てや幼児教育にどんな影響を与えているだろうか。

新たな早期教育の興隆

まず指摘できることは，非認知的スキルを育むには人生のできるだけ早い時期からの取り組みが必要だということで，新たな早期教育ブームが起きていることである。

子どもに選択権がない幼児教育では，もともと親の選択が重要であり，教育や教育サービスの市場化がひときわ進行しやすい。じつは子どもの教育が商品化される傾向は，粉ミルク，おもちゃ，子ども服，児童書，理想の子ども部屋というような形で，教育家族が成立したとされる大正期にすでに起こっていたといわれている［沢山，1990］。

しかし日本で新たな育児支援の動きが高まってきたのは1990年代であり，汐見［1996］は育児支援をその担い手や目的によって，第1に国や自治体がみずからの責任で，主として税金を使って行う社会的な支援，第2に民間で自主的に育児を支援しようとする動き，第3に乳幼児のためのおけいこごと教室や育児雑誌の発行など，民間業者による営利的な商業ベースの支援の3つに分類している。この中で日本は，第3の**育児産業**〔★〕による商業的支援に依存する比重が高い国である。

育児産業には，育児に際しての必需品や子ども用品を扱うものだけでなく，おけいこごと教室や塾などの子ども教育産業や育児情報産業が含まれるが，最近の幼児教育に関するウェブサイトでは，「非認知的能力はこれからの幼児教育の重要なテーマになる」「非認知的能力の土台は3歳までに創られる」といったフレーズがよく見られるようになっており，いわば「非認知的能力ブーム」といった状況にある。近年の早期幼児教育の主張の特徴の1つは，低年齢からドリルなどを使って知的な面を伸ばす取り組みよりもむしろ，非認知的スキルに力点が置かれるようになっていることだと考えられる。いわば「非認知的能力に注目する新たな3歳児神話」が巻き起こっている状況といえるのではないだろうか。

次に注目したいことは，この能力を育てる方法である。最近筆者が手にした，ベンチャー企業が運営する子ども向けのスポーツスクールの無料体験会の案内チラシがある。このチラシは，「非認知的能力」が21世紀型教育が育てるべき重要な能力であるため，幼少期という人生のできるだけ早い段階で指導を行うことを訴えている。そして最新のスポーツ科学を根拠に「運動能力」を高めることに加え，幼児教育・保育学の知見をもとに「非認知的能力」を高めることをアピールしている。さらにこの能力を高めるプログラムの手法として，「複数人のチームで課題をクリアするプロジェクトラーニング型学習」を謳っている。非認知的スキルを育てるための方法として，チームで，課題解決型の学習に取り組む体験を強調している点が大きな特徴である。

ヘックマンやOECDが注目した「非認知的能力」「社会情動的能力」は日本では「能力」と訳されることが多いが，もとの英語は「skill」である。スキルは獲得可能な「技能や能力」のことで，先天的な能力はスキルとは呼ばれにくい。育てる側からすると，スキルは経験や学習によって育成が可能であり，この「育成可能性」という面に，最近の幼児教育産業がおおいに注目し，少子化の中でも新しい市場として拡大し始めているといえるだろう。

そしてこの幼児教育産業の拡大が親に，何をいつ買うかについて「選択」を迫る状況を作り出し，またさらに新たな教育の市場を作り出している可能性がある。とりわけ非認知的能力を伸ばす幼児教育プログラムは，認知的能力に比べ，内容・方法面でよりバラエティに富むため，購入に際し情報収集力や商品内容を読み解く力をこれまで以上に求めることになる可能性もある。

子育ての階層差に関する研究

非認知的能力は生まれながらに決まっているのではなく，家庭での子育て実践や就学前教育機関での保育実践によって育てていくことができるという点は，保護者にとっても保育者にとっても，そして政策立案者にとっても希望である。では，家庭教育や子育ての階層差に関して，日本ではどのようなことがわかっているのだろうか。

家庭教育に関する社会学的研究の動向について，本田は次の5つに分類している。①世代間階層再生産研究，②階層と子育てに関する質的研究，③親子関係研究，④育児不安〔★〕研究，⑤女性のライフコース研究，である［本田，2008］。本田の分類の①

については，「文化資本」の概念を用いてミドルクラス（中産階級）の子どもたちの教育達成面での優位を説明したフランスのブルデューの理論［ブルデュー＝パスロン，1991；ブルデュー，1990］，②については「計画された子育て」と「自然な成長」という対立概念に基づいてミドルクラスとワーキングクラス（労働者階級）の子育てのあり方を析出したアメリカのラローの研究などがよく知られている［Lareau, 2003］。

本田自身も，小学校高学年の子どもを持つ39人の母親に対するインタビュー調査と，2005年に実施された内閣府の「青少年の社会的自立に関する意識調査」のうち，青少年と母親がペアで回答した1890組のデータを分析し，後者の分析では，家庭の社会階層によって子育ての内容（「きっちり」子育てと「のびのび」子育て）はかなり影響されており，家庭の社会階層が高いほどいずれの要素にも力を入れるが，力を入れる度合いが高いのは「きっちり」子育てのほうであることを明らかにしている［本田，2008］。

志水宏吉らの研究グループが関西地方のある市の年長児（5，6歳）を持つ13家族の子育てを対象に，子どもが小学校3年生になるまで4年間にわたり訪問観察調査した研究では，全資本活用型，文化資本活用型，経済資本活用型，社会関係資本活用型という4つの類型を設定して，具体的な教育戦略の分析と考察を行っている。この研究は，このような大変な調査に協力してくれた比較的生活の安定した家族，いわば比較的「恵まれた家庭」（主としてミドルクラス）の間にも，教育戦略の面でのバリエーションがあり，最後の「社会関係資本活用型」の家庭は，ワーキングクラスにより近い位置にあること，しかしどのタイプの家庭も順調に高い学力を形成するための基礎を育んでいることなど，興味深い知見が示されている［伊佐編，2019］。

小学校入学前までの幼児教育の段階でどのようなSES（Socio-Economic Status：社会経済的地位。両親の教育水準，職業的地位，家庭の所得などを指す）による差があるかという幼児教育の階層差についての実証研究は，アメリカで多く行われており，松岡の整理によると，第1に，認知能力（とくに言語技能）・非認知能力の格差は幼稚園に入る前段階ですでに存在し，それが後の学力格差の基盤となっている，第2にSESによって利用する就学前教育機関に違いがある，第3にSESによって習い事をする比率に違いがある，ということがわかっている［松岡，2019］。

日本では未就学児を対象とする大規模な階層格差研究は少ないが，たとえば2016年の「第5回 幼児の生活アンケート レポート」（*Stage* **2** で紹介した調査の1つ前の調査。対象地域，子どもの年齢は同じ）では，母親の子どもへの学歴期待は母親の学歴によって異なること（高学歴の母親ほど学歴期待が高い）や，習い事にかける費用が，幼稚園児のほうが高いこと，また保育園，幼稚園にかかわらず，世帯年収が高いほど習い事などの教育費を多く支出しているという結果になっている［ベネッセ教育総合研究所，2016］。

また赤林・敷島・山下［2013］による幼稚園・保育所の利用やその期間と，子どものその後の学力や非認知的能力との関連に関する実証研究では，親の学歴や所得などのSESを統制しても，保育所出身の子どもよりも幼稚園出身の子どものほうがその後の学力スコアが高くなっており，非認知的能力の面では，自尊感情や主観的な健康については幼稚園出身者のほうが高かったが，問題行動スコアではほとんど差がないという結果が示されている［赤林・敷島・山下，2013］。中村を研究代表者とする「教育・社会階層・社会移動全国調査」（Survey of Education, Social

Stratification, and Social Mobility in Japan, 2013，略称 ESSM2013）での小川［2018］による「就学前教育と社会階層」に関する分析でも，就学前教育の選択と教育達成との間に部分的な関連が見られた（40-49 歳のグループにおいて，保育所経験者よりも幼稚園経験者がより 4 年制大学へ進学しやすい傾向があった）［小川，2018］。

SES と習い事との関連については，先述のベネッセ教育総合研究所の 2016 年調査をはじめ関連が認められる調査結果が多く，育児戦略や活用できる教育資源の多寡という観点からの考察も行われている。

このような中で，松岡［2019］は厚生労働省による 21 世紀出生児縦断調査（平成 13 年出生児）の個票データを用い，親学歴による子育ての階層差を「意図的養育」という観点に基づいて記述的に示している。その結果を概観すると，両親とも大卒者の場合，子どもが生後 6 カ月からすでに「よい音楽をきかせる」「子どもの生活リズムをくずさない」といった日常実践を行う傾向にあり，1.5 歳時点と 2.5 歳時点では，「子どもの健康を考えた食事」「決まった時間に食べさせる」「絵本・お話」を遊びとすることをしており，3.5 歳時点では，「早寝早起きをさせる」「言葉でいけない理由を説明する」ことをしており，4.5 歳時点では「テレビやビデオ・DVD を見ていて食事に集中しないことがないことが多く」「朝食をとらないことがないことが多い」，5.5 歳時点では，「テレビ視聴の内容と時間の制限をする割合が高く」「本の読み聞かせをよくする」割合が高いという子育て実践をしていた。大卒者の親にみられるこのような子育て実践を松岡は，意図的な介入による日常生活の構造化の傾向の強さとしている［松岡，2019］。

日本でも家庭教育や子育てのあり方に階層差がみられることが明らかにされつつある。

非認知的スキルへの注目とペアレントクラシー

このように，日本でも子育てのあり方には階層差がみられる中で，昨今の非認知的スキルへの注目を私たちはどう捉えたらよいだろうか。

本田［2005］は2000年代以降の日本社会は，学力のような習得可能・計測可能で知的かつ標準的な「近代型能力」が社会的地位達成の主要な基準とされていた「メリトクラシー」社会から，意欲や創造性，独自性，コミュニケーション能力など，非認知的で人格と直結し習得や計測の困難な「ポスト近代型能力」，日本の文脈でいえば「人間力」的な要素が，個人の地位達成において重要化する「**ハイパー・メリトクラシー**〔★〕」段階に移行しつつあると指摘している［本田，2005］。そしてこのポスト近代型能力は，学校教育よりも，幼少期からの日常的な生活や人間関係を通して形成される部分が多いため，その形成にあたっては，家庭での親子関係が大きく影響するとも指摘している。

イギリスの社会学者であるブラウン［2005］は，近年教育的選抜は，子どもたちの個別の能力と努力よりもむしろ，ますます親の財産と願望に基づくようになっているとし，「能力＋努力＝業績」というメリトクラシーの方程式が，「資源＋嗜好＝選択」という形に再定式化されているという。そしてこの社会的選抜が本人の業績ではなく，富を背景とした親の願望がかたちづくる選択によって左右される原理を，「ペアレントクラシー」（Part Ⅳ 知識編 参照）のイデオロギーと呼んだ。

イデオロギーとは社会を編成する原理のことであるが，その原理が広まることで，社会のある特定の集団が有利となる傾向が強まっていくと考えられる。ペアレントクラシーのイデオロギーが広まることは，結果としてどんな集団に有利になるのだろうか。

近年のように全人格的な子どもの育ちが重要になってくる社会では，生まれ落ちた家族や親の教育意識に規定された選択，言い換えると親が子どもに用意する家庭環境，家庭外教育の違いによって，子どもの地位達成が影響を受ける可能性が強まると考えられる。よりよい子どもの育ちが全人的な方向で判断されればされるほど，実際に市場での購買力が高いミドルクラス（中産階級）に有利な傾向が強まり，このことがさらにペアレントクラシーのイデオロギーを強化していくことが予測できる。

ブラウンは，「教育の市場化」と「親の選択権の拡大」を推し進めた1980年代後半のイギリスの教育改革は，子どもの能力（メリット）に基づく人員配置基準から，親の資本（財・富）と意欲が子どもの将来を左右するペアレントクラシーの時代への移行であることを主張したが，イギリスの教育の市場化は，国の政策である学校選択制など公教育の全面的な市場化であった。一方，日本の場合，1990年代に学校選択制が提起されてから，新たに導入する自治体もあれば，導入したがやめる自治体も多く，全国的に一般的になっているとはいえない。日本の場合の教育の市場化は，公立が圧倒的多数を占める小学校・中学校教育においてあえて私立や国立を選択すること，「お受験」という言葉に代表される有名幼稚園・小学校受験，他国に比べて興隆著しい教育産業の選択という側面が大きい。

社会のペアレントクラシー化が，教育の市場化に伴って生じてきた新たな地位達成の原理の変化だとして，日本の場合は，より家庭教育に直結する選択，市場化であり，そこに組み込まれる社会階層がミドルクラス中心になっていることに留意する必要があるだろう。イギリスで生まれたペアレントクラシーの概念だが，日本では，国の政策により推し進められるというより，教育産業の戦略に巻き込まれる面が大きく，ミドルクラスのよりよい子育て，育児戦略に焦点化される傾向がみられるという点で，いわば日本型ペアレントクラシーが進んでいると考えられる。

一方，ペアレントクラシーで有利な立場にある人たちの子育て不安に注目することも必要になってきている。志水は，ペアレントクラシーの上昇気流に巻き込まれていくミドルクラスの中でも，とくに中間層あたりにいる人たちが最も激しい流れに身を置いており，子育て不安も最も強く感じているのではないかと指摘している［志水，2022］。教育熱心なミドルクラスの中にも異なる層が存在し，新たな子育て不安に巻き込まれている現状に目を向ける必要があり，社会経済的地位が高くない層の人たちの文化資本や社会関係資本の活用の実態に迫る研究とあわせ，教育社会学に求められている重要な研究テーマであるといえる。

子育ての社会的セーフティネットの必要性

ここで再びIntroductionで述べたコロナ下で顕在化した家族や子どもたちの問題に戻ろう。幼児教育の市場化が進んでいる現在の日本では，非認知的能力といった新しい能力観に注目した教育政策が推し進められることによって，育児戦略や教育資源を選択し活用できるかどうかの可否による子どもたちの家庭背景や親の養育の影響がさらに拡大していると考えられる。「教育家族」の汎化，分化，そして分断化ともいえる状況の中でのコロナ禍である。そこで顕在化したのは，学校や保育園・幼稚園，学童保育，塾や習い事などがストップし，家族が社会的ネットワークと結びつきにくくなったことで，苦境に立たされる人たちの問題だったのではないだろうか。

人生の初期段階の子どもの育つ環境としての家族ネットワークを保証することの必要性がこれほど高まっている時代はないよう

に思われる。日本がまだ近代化する以前の伝統社会では，子育ては地域全体で行われていた。子どもは産みの親だけが育てるのではなく，出産のとき子どもをとりあげてくれた人（取上親），お乳をくれた人（乳親），子どもに名前をつけてくれた人（名付親）などの仮の親がつくられた。現在でも日本各地に残っているさまざまな産育習俗行事（宮参り，食初め，七五三など）は，人間だけでなく神々まで参加してもらって子育ての協力関係がつくられていた時代をうかがわせるものである。子どもを育てることはもともと私事ではなかったのである。

ところが現代では，子育ては完全に私事となり，子どもを育てることに関してもっぱら各家庭，親にその責任を課す自己責任化が進行している。現在国や各自治体の子育て支援政策はある程度充実してきており，一定の成果を上げているものもあるが，子育ての責任を社会全体で担う社会的セーフティネットの整備はいまだ不十分である。新しい能力観に基づく全人的な能力育成が求められる社会になりつつある中で，教育家族を必死に遂行している家族も，自己責任を担いきれない層の家族も，ともに子育て不安にさらされ，苦境に立っているように見える。国の教育費支出の改革や子育て支援策の一層の充実など，取り組むべき課題も多い。

この課題解決のためにはまず，日本の家族の子育て実践を丹念に明らかにしていく地道な実証研究が必要である。とくに社会の分断化が進行している中の，最も厳しい状況に置かれた層の家族の子育ての実態や親の意識に迫る研究は不可欠であろう。子育てを社会全体で担っていくために必要な基礎データを示していくことは，教育社会学に求められる喫緊の研究課題の１つである。

Think yourself

1. 近年の幼児教育とその後の教育との連続性を重視する傾向に対し，幼児教育の独自性を重視するべきだという主張も見うけられる。あなたはどちらの意見に賛成だろうか。またそう考える理由は何だろう。

2. 幼児教育への関心が現在なぜ高まっているのか，その理由を日本社会の変化に関係づけて整理してみよう。そしてこの傾向をどう考えるかもまとめてみよう。

3. 非認知的能力に注目した幼児教育産業に関する情報を集めてみよう。そしてこの関心の高まりは，日本の幼児教育や家庭教育にどんな影響をもたらすかを検討してみよう。

知識編

幼児教育の社会学・入門

社会化に関する理論：「家族と社会化」研究

社会化（socialization）は，社会学の重要な概念で，パーソナリティ，社会，文化の全体的関連を考える際の有効な概念でもある。社会化の一般的な定義は，*Stage* **1** で紹介したとおりである。社会化の言葉の定義は論者によって多少の違いがみられるが，共通しているのは，①社会化は成員性の習得である，②社会化は，それゆえに基本的に学習の過程である，③社会化は，他者との相互作用を通してパーソナリティを社会体系に結びつける過程である，という見方である［柴野，1985］。

社会化に関する代表的な理論をいくつか紹介しよう。

まずは個人の集まりである社会が途絶えることなく存続し，更新されるという社会の機能に重点をおいたデュルケム［1976］の考え方である。彼は，社会が組織的に行う社会化作用によって社会が維持存続されると考えた。そして教育はその際重要な役割を果たすと考え，教育を「若い世代に対して行われる一種の組織的ないし方法的社会化（socialisation méthodique）」とした。

デュルケームが「人間が社会によってつくられる」という側面を強調し，人間の側の動機づけ過程を重視しないのに対し，フロイトは，エゴ（自我）が外的対象を取り入れる内面化のメカニズムに注目した。

精神分析の創始者であるフロイト［1969a］は，独特の心理的な力（性的エネルギー）の理論を展開する。彼は，個人の心理は“意識”と“無意識”の２つに分かれ，両者の間に検閲のメカニズムが働いていると考えた。その際無意識には，情緒生活においてより基本的で，本質上きわめて性的な諸要素を含んでおり，それをリビドー（抑圧された性的エネルギー）と名づけた。フロイト［1969a，1969b］はさらに，人間の情緒生活は“生の本能”と“死の本能”とからなる，つまりリビドー的衝動には二面性があるとし，子どもの成長過程においては生の本能のほうが優勢であり，これがリビドーとなり身体の各所に順を追って付着していくという「心理－性的発達理論」の立場から人間の個人的発達を考えた。

この過程を社会的な過程として捉えなおしたのが，パーソンズである。彼は各発達段階は，子どもの前に現れる主な社会化エージェント（社会化する主体＝socializer）と社会化内容の違いによって特徴づけられるとする。そしてそれは同時に，内在化

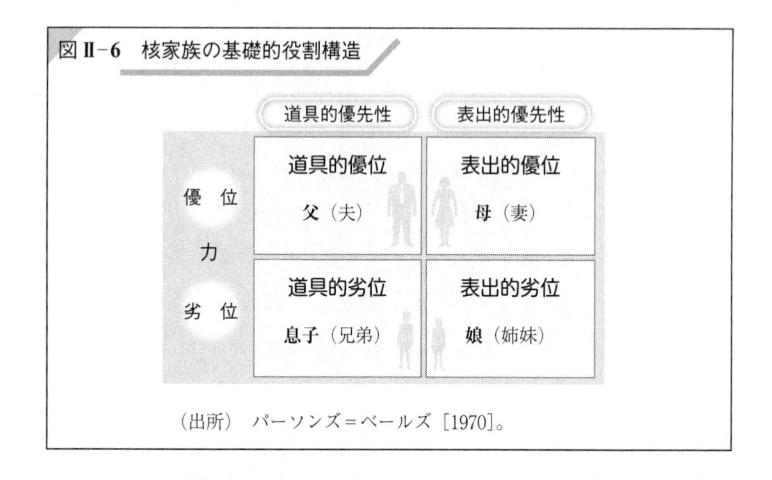

（出所）パーソンズ＝ベールズ［1970］。

（internalization，内面にとり入れられること）される欲求性向（特徴的な動機傾向）の違いでもあり，その結果，子どもの欲求性向は一段階ごとに分化していき，各段階では社会化過程の統制方法（しつけ方）も異なるという［森，1993］。

パーソンズは子どもは家族の中で育つことにより，家族集団の役割分化に基づいてみずからを社会化させていくとする。彼は家族を，社会体系を構成する下位体系（全体社会の中で独自の機能を持ちつつ，これと有機的に連関するシステム）の1つと考え，近代家族の特徴である核家族の構造を，世代と性別という2つの軸の上での役割分化の結果として考えた。すなわち，力（power）の上下ないし優劣という軸と，道具的機能（instrumental function）・表出的機能（expressive function）という軸である。この2つの軸の組み合わせによって，**図Ⅱ-6**のような4つの類型を設定した。この4つの類型は，世代と性別に基づく父（夫），母（妻），息子（兄弟），娘（姉妹）の地位にそれぞれ配分されている。道具的優位者は，環境への適応と集団の目標成就に必要なリーダーシップ，表出的優位者は集団内部の役割関係の調整や成員の潜在的・文化的水準の維持，成員の緊張の処理にかかわるリーダーシップとして機能を展開する。夫－父の系列の地位が前者の機能を，妻－母の系列の地位が後者の機能を担い，子では息子が道具的リーダーの，娘が表出的リーダーの下位者としてそれぞれ位置づけられる。息子と娘はリーダーの機能展開を助けるとともに，リーダーへの同一視を通して，その役割をパーソナリティに内面化させる（息子は道具的劣位者として，娘は表出的劣位者として）。このような役割を身につける過程において，子どもはみずからを社会化させていくのである［パーソンズ＝ベールズ，1970］。

このようにパーソンズは，社会化をたんに役割の学習と考えるだけではなく，役割の学習を通して，人は役割の全体システムとしての社会に結びつくとする。社会化が，社会体系の維持・統合にかかわる機能的前提条件であるという機能主義の考え方である。この考え方に立つと，社会化は社会統合に対して積極的機能を持ち，社会統制（social control）の過程と表裏一体の関係にあることになる。社会化は価値の内面化による社会統合形成の過程という意味において，社会統制のメカニズムと重なるのである。

他方，日本では1990年ごろから，この種の家族と社会化図式を再検討する必要性を主張する研究者が出てくる。

***Stage* 1** で述べたように，社会が多元化し変動も加速している状況の中で，これまでの社会化研究の枠組みのキーワードである「社会化のエージェンシー（機関）」「社会化のエージェント（担い手）」という概念を見直す提案や［渡辺，1992］，「集団としての家族」が人間の社会化をどう規定するかという枠組みを相対化すべきだという主張が見られた［飯田，1989］。

近年，社会の個人化，多様化，多元化が進行し，変動も加速している中で，家族もまさにその渦中にあるのであり，これまでの家族と社会化の説明図式は再検討を迫られている。

社会化に関する理論：「社会階級と言語コード」研究

家族における子どもの社会化を考える際，価値や態度あるいは役割（パーソンズの言葉では欲求性向）がいかに子どもに内面化されるのかということが重要である。このことを考える場合に，イギリスのバーンスティン［1981］のコード（code）理論がたいへん示唆に富んでいる。

バーンスティンも社会化過程を複雑な統制の過程と捉え，子どもは社会化されることによって社会のさまざまな秩序を知るようになるとする。そして，その社会化の仕方に最も重要な影響を及ぼすものとして社会階級を考える。

バーンスティンは，子どもはある一定の形での社会化によって，一定の言葉のコード（言葉の形態に社会関係を媒介する規則）を身につけるが，その言葉のコードが比較的状況に結びついた意味秩序に接近するか，あるいは状況からは独立した意味秩序に接近するかをコントロールするとする。具体的には，その使用者を普遍主義的意味秩序に方向づけるものを精密コード（elaborated codes），個別主義的意味秩序に方向づけるものを限定コード（restricted codes）と呼ぶ。

社会階級との関連では，労働者階級の家族には構成員の役割分化と権威構造が，年齢，性別，年齢などの地位によって明瞭に定義されることが多い。このような地位的家族（positional family）の用いる言語コードは，状況に従属した，つまり限られた人間関係の中に閉じ込められた意味秩序を媒介するもので，先の限定コードとなる。これに対して，中産階級の家族は主として地位間の境界が弱く，構成員はむしろ個人の差異によって分化しているタイプが多い。これは個性中心的家族（person-centred family）といわれ，そこでは各構成員の独自の性質が尊重され，状況の拘束を受けない普遍的な意味秩序へと道を開く精密コードが用いられる。

このようにバーンスティンは，子どもの社会化にとって決定的であるのは，言語コードという社会統制上の装置であると考える。その言語コードのあり方は社会階級によって異なり，言語コードによって子どもが社会化されていくかぎり，階級は再生産されていくことになるのである［森，1993］。

バーンスティンの理論は，学校で成功するかどうかということと社会階級との関係を示唆する。学校は精密コードと，そのもととなる特定の社会関係を前提としている。中産階級の子どもたちが学校で成功することが多いのは，家族における社会化のあり方が学校でのそれと連続性があるからということになる。学校での成功・不成功がなぜ階級によって異なるのかという問題に対し，彼の理論はそのメカニズムを解く鍵を示したといえる。

幼児教育における「見えない教育方法」の研究

社会階級と社会化のあり方との関係については，中産階級の内部でさらに差異がみられることを示す研究がある。これもバーンスティンの手によるもので，彼はイギリスの幼児教育機関での教育方法を，①子どもに対する教師の統制が明示的であるよりむしろ暗示的である，②子どもが行動，組織，時間の選択ができる，③特定の技能の伝達や習得があまり強調されない，④教育方法の評価基準が多様で拡散している，といった特徴を持つとする。この教育方法を「見えない教育方法（invisible pedagogy）」と呼び，今日の幼児教育を支配している教育方法であるという。

見えない教育方法は，じつは新中産階級（ホワイトカラーや専門職など）が文化的再生産をすすめるためのイデオロギーとしての側面を持っているという。旧中産階級（地主や自営業者など）の文化的再生産は，家族やパブリックスクールの持つ強い類別と枠づけを通してなされてきたのに対し，この見えない教育方法では，子ども中心の受容的養育を通して，個性的存在としての新しい人間類型をつくろうとしており，最初は私立の幼児教育の段階から，次に私立，公立の中等学校まで拡大され，現在では幼児教育段階で国全体にまで浸透している［バーンスティン，1985］。

しかしこのソフトな教育方法は，不明確な上下関係，曖昧なアイデンティティ，自己選択に基づく柔軟な役割遂行などによって特徴づけられる不安定な構造を持つがゆえに，新しい人間類型をつくりあげるほどにはならないのが実態である［柴野，1989］。

日本における解釈的アプローチからの幼稚園の研究

人間の行為や相互作用を，社会システムや構造的要素の表出と考えるのではなく，むしろ行為者の意味付与や解釈過程として捉えるという解釈的方法によって教育の現実に接近する方法が，**解釈的アプローチ**〔★〕と呼ばれるものである。

柴野らは，幼稚園の保育場面における教師・園児の相互作用の動画撮影と観察，そして教師・母親の個別面談の音声による収録分析を行い，解釈的方法によって幼稚園で教師が行使する役割を分析している［柴野，1989］。その結果，第1に達成の重視，第2に子どもの類型化，第3に子どもとの相互作用を通してのクラスの秩序の形成，という教師役割の特徴を見出している。

また結城［1998］は，エスノグラフィー（民族誌）の手法を用いて，ある1つの幼稚園での10カ月間のフィールドノートから，「全体をいくつかの小集団に編成して，先生の指示のもとにみんなで活動する」という幼稚園教育を成り立たせているしくみがどのように形成されていくかを解明している。幼稚園は，子どもがはじめて意図的・組織的な教育を受ける場であり，学校生活を形成し維持するしくみがどのように成立していくかというテーマを考察するには最も適した段階にある学校といえる。

解釈的方法による幼児教育の研究は，日本ではまだ蓄積が少ないといわねばならない。幼児教育は家庭から学校への移行が最も見えやすい教育段階である。そこには家庭における社会化と学校におけるそれとの比較，学校的な行動様式を子どもたちがどのように習得していくかといった興味深いテーマが広がっている。

社会階層と家庭教育に関する研究

見えない教育方法である幼児教育に関し，家庭の社会階層と子育てのあり方にはどのような関連がみられ，それがひいては子どもの将来の地位達成にいかに影響を与えるかという問題は，幼児教育や家庭教育に関する社会学的研究の重要なテーマである。

フランスの社会学者・ブルデューは，各家庭が持つ文化的能力や文化的財が合わさったものとして「文化資本」を考え，その不平等が地位達成の不平等の再生産と正当化をもたらすとする「文化的再生産論」を展開した。ブルデューのいう文化資本は，「客体化された資本」（美術・骨董品や蔵書など家庭の中にある文化的なもの），「制度化された資本」（親の学歴や資格など），「身体化された資本」（無意識の構えや感じ方＝ハビトゥス）の３つで，これらがさまざまな場面で「象徴的暴力」を行使し，力関係の再生産を隠蔽するとした［ブルデュー＝パスロン，1991；ブルデュー，1990］。

ブルデューの文化的再生産論は社会学の中で大きな影響力を持つが，彼が提唱する文化資本の中で重要な位置を占めるハビトゥスが，実際に家庭の中で親から子に相続されていくプロセスについて縦断的に明らかにした研究は，まだほとんど行われていない。

欧米に比べ階層間の文化的差異が小さいといわれている日本で，出身家庭の文化資本が教育達成に及ぼす効果を実証的に明らかにしようとした研究として，片岡は「幼少時文化資本」が教育達成に及ぼす影響を検討している。片岡は子どものころの読み聞かせやクラシック音楽，美術展や博物展の経験が，男性に比べ女性では中学3年生時の成績や学歴に対して強く影響していることを明らかにしている［片岡，2001］。

また本田は「家庭教育」に対する政策面また社会的な関心の高まりの中で，「家庭教育」が現実に日々の家庭生活においてどのように行われており，いかなる点でどれほどの「格差」や「葛藤」が生じているのかを質的な調査手法を用いて明らかにする必要性を説く［本田，2008］。このような研究課題に対処するために，本田は小学校高学年の子どもを持つ39人の母親に対するインタビュー調査を実施し，また2005年に実施された内閣府の「青少年の社会的自立に関する意識調査」のうち，青少年と母親がペアで回答している1890組のデータを分析している。

これらの質的，量的調査から本田は，日本の母親が行う「家庭教育」には，すでに十分に「格差」と「葛藤」が充満していると結論づけている。「格差」については，日本の大半の母親は子育てに関してそれぞれ可能な限りの配慮や努力を注いでいる傾向がみられるが，エネルギーや配慮，時間，金銭をできるかぎり投入し，子どもの可能性を「最大限に」伸ばそうとする傾向は，高学歴の母親に特徴的であり，その背後には彼女らの保有する経済的・文化的・社会的資源や，これまでの人生上の経験があるとする。そしてこのような「家庭教育」の「格差」は，現在の子どもの状態に影響し，さらに子どもが青年期に達した時点での客観的・主観的状態に影響を与えていると分析している。

「葛藤」の面では，母親自身のライフコース選択に関するものと子育てのやり方に関するものとの2つに大別され，さらに後者は現時点での子どもに対する接し方と，より長期的な将来の進路に関する事柄に分けられ，これらは相互に関連しているとしている。とくに学歴が高く過去に一定の職業的地位達成を獲得していた母親の場合，家庭内役割と個人としての希望との間に「葛藤」を感じているケースが多く，またマスメディアなどで肯定的に語られる子育てのあり方（自発性の尊重など）をみずからが実行できないことの悩み，学校の方針や教師の子どもへの接し方についての不満などが広く見られることを指摘している。

本田は日本の母親の「家庭教育」の内容や方法には，海外の研究で指摘されているような，中産階級対労働者階級といった断層ではなく，連続的なグラデーションのような「格差」が存在すること，そしてどの社会階層の母親にも「葛藤」が生じていることを示唆している。日本において実際に，社会階層と教育達成との関連が家庭教育を媒介にどのようにできあがっているのか，という問題は，教育社会学における重要なテーマであり，今後も丹念なパネル研究を中心にした実証的研究が求められている。

教育の市場化とペアレントクラシー

家庭教育の格差の問題が注目される背景には，教育の「市場化」という教育政策上の変化が横たわっている。教育の市場化は，教育サービスを購入する側（親）に大きな選択権を与え，教育の世界に市場原理を導入することによって教育達成を高めるという考え方であり，近年日本でも，義務教育学校の学校選択制の導入や教育バウチャー制度の検討という形で，実際に取り入れられつつある。

ただし *Stage* **3** で触れたように，日本の場合の教育の市場化は，公立が圧倒的多数である初中等教育においてあえて私立や国を選択することや，有名幼稚園・小学校受験を「お受験」すること，乳幼児期の育児支援において教育産業選択する場面で展開される側面が大きいことが特徴といえる。なお，経済学者の中には，教育サービスへの市場原理の導入には一定の制約をかける必要があることから，「準市場化」という言葉を使用する研究者もいる［小塩・田中，2008］。

教育の市場化は 1980 年代のイギリスの教育改革において推進された。本文でも紹介したイギリスの教育社会学者ブラウンは，イギリスの教育の歴史を 19 世紀の大衆教育の展開期，19 世紀末から 20 世紀半ばのメリトクラシーの登場と興隆期，1970 年代以降のペアレントクラシーの時代の 3 つの波に分けて捉え，「教育の市場化」と「親の選択権の拡大」を推し進めた 1980 年代後半のイギリスの教育改革は，子どもの能力（メリット）に基づく人員配置基準から，親の資本（財・富）と意欲が子どもの将来を左右するペアレントクラシーの時代への移行であることを主張した［Brown，1990］。ブラウンはさらに，企業の組織が「官僚制的パラダイム」から「柔軟なパラダイム」へと変化し，暗示的でフレキシブルな人間関係の中で「カリスマ的パーソナリティ」を持つ人材を求める傾向が強くなっていくとし，「市場原理」と「ペアレントクラシーのイデオロギー」に基づいた契約のルールに変化してきているという［ブラウン，2005］。社会の人材需要の変化が，こうしたパーソナリティを身につける文化資本を備えた家庭の子どもが有利になるよう作用しているという指摘である。

天童は，ペアレントクラシーの登場を，現実に親の教育への介入が強まったというよりも，教育の「消費者」としての親と子が保有する「自由な」選択権と責任の論調の中で，教育にかかわるさまざまな問題を個人化し，教育の社会的不平等を増長させる危険性をはらむものと指摘する［天童，2002］。そして天童は，日本の育児状況において，ペアレントクラシーを次のように捉える。ペアレントクラシーとは子ども自身の努力や能力次第で社会的地位が決定するというメリトクラシーのイデオロギーに代わって，親（大人）の「資本と意欲」に基づく個人的「選択」が，育児と教育の戦略を大きく左右するようになることであり，そこには「親になること・ならないこと」の選択という「再生産戦略」も含む。さらにペアレントクラシーは，子どもの養育を女性の責務とするジェンダー化された「見えない教育方法」を意味し，そこにはひそかな権力関係と統制の原理が内包されている［天童，2004］。

このような捉え方に立って天童は，ペアレントクラシー時代の「育児の困難」は，「子ども問題」や「家族の問題」に見えながら，実際には社会に深く根ざしたジェンダー問題と捉えることが必要であり，その解決のためには「ケアすること」を家庭という親密圏に閉ざされた個別的・周辺的活動としてではなく，社会全体の課題として位置づけることの必要性を主張している。

社会のペアレントクラシー化は，教育の市場化に伴って生じてきた新たな地位達成の原理の変化である。幼児教育に関しては，小学校以降の教育に比べもともと親や家庭に大きな選択権が与えられており，また幼児教育産業が興隆している日本では，他国に比べてひときわ市場化が進んでいるということができる。また初中等教育においても，日本では国立や私立学校の受験とそれに関与する教育産業の市場化が盛んであり，ペアレントクラシーという概念を生み出したイギリスの市場化が学校選択制など公教育の市場化であったのに比して，より大きな市場が展開されているといえる。加えて日本では近年，たんに知識の修得だけでなく，非認知的能力といった全人格的な能力が重視されており，その市場はより複雑さを増している。このような日本的な文脈で教育の市場化がさらに進行することは，家庭教育や幼児教育をどのように変え，どのような新たな教育問題をうみだすのか，質的，量的な調査データに基づいた実証的な研究が必要となっている。

このプロセスを明らかにしようとした研究の1つとして，***Stage* 3** でも紹介した，学力格差形成のプロセスにおける家庭教育の影響を明らかにすることを目的に，関西地方のある市の年長児（5，6歳）を持つ13家族の子育てを，子どもが小学校3年生になるまで4年間にわたり訪問観察調査した志水らの研究グループによる研究をあげておきたい［伊佐編，2019］。そこでは，ブルデューのカテゴリーを利用して，全資本活用型，文化資本活用型，経済資本活用型，社会関係資本活用型という子育ての4つの類型を設定し，各家庭の具体的な教育戦略の分析と考察を行っている。比較的恵まれた家庭を対象としつつも，子どもとの相互作用の中で各家庭がみずから有する資源や資本を活用しながらそれぞれ子育て戦略を展開している実態を描き出している。

志水らの研究の意義として，特定の家族を4年間にわたって訪問して観察を行うことで，質的研究という研究方法の強みが発揮されていることがあげられる。とくに社会関係資本型の家族において，家族からの働きかけが相対的に弱い中でも，子どもたちが自分自身の力で学力を伸ばしていっている姿を描き出しており，育ちゆく当事者としての子どもの視点で家庭教育の実態を明らかにしている点が注目される。

引用・参考文献　REFERENCE

赤林英夫・敷島千鶴・山下絢［2013］「就学前教育・保育形態と学力・非認知能力：JCPS2010-2012に基づく分析」Joint Research Center for Panel Studies, Keio University。

青井和夫［1973］「しつけ研究への社会学的アプローチ」小山隆編『現代家族の親子関係――しつけの社会学的分析』培風館。

ベネッセ教育総合研究所［2016］「第5回　幼児の生活アンケート　レポート」。

ベネッセ教育総合研究所［2022］「第6回　幼児の生活アンケート　ダイジェスト版」。

バーンスティン，B.［1981］「社会階級・言語・社会化」『言語社会化論』萩原元昭訳，明治図書出版（原著1971）。

バーンスティン，B.［1985］「階級と教育方法――目に見える教育方法と目に見えない教育方法」『教育伝達の社会学――開かれた学校とは』萩原元昭編訳，明治図書出版（原著1973）。

ブルデュー，P.［1990］『ディスタンクシオン――社会的判断力批判Ⅰ・Ⅱ』石井洋二郎訳，新評論・藤原書店（原著1979）。

ブルデュー，P.，パスロン，J.-C.［1991］『再生産――教育・社会・文化』宮島喬訳，藤原書店（原著1970）。

ボウルズ，S.，ギンタス，H.［1986，1987］『アメリカ資本主義と学校教育――教育改革と経済制度の矛盾』（1，2）宇沢弘文訳，岩波書店（原著1976）

Brown, P.［1990］"The 'Third Wave' : Education and the Ideology of Parentocracy," *British Journal of Sociology of Education*, vol.11, No.1：65−85.

ブラウン，P.［2005］「文化資本と社会的排除」『教育社会学――第三のソリューション』ハルゼー，A. H. ほか編，住田正樹・秋永雄一・吉本圭一編訳，九州大学出版会（原著1995）

デュルケム，É.［1976］『教育と社会学』佐々木交賢訳，誠信書房（原著1922）。

NTT西日本［2019］「ICTで子どもの安心安全をサポート――児童みまもり情報配信サービス・登降園管理システム」（https://www.

ntt-west.co.jp/brand/ict/jirei/casestudy/mimamori.html）
フロイト，S.［1969a］「性欲論三篇」『フロイト著作集第5巻』懸田克躬・高橋義孝ほか訳，人文書院（原著 1905）。
フロイト，S.［1969b］「快感原則の彼岸」『フロイト著作集第6巻』小此木啓吾訳，人文書院（原著 1920）。
Geekly［2023］「育児を助けるベビーテックとは？人気サービスやITが育児にもたらす効果を解説」（https://www.geekly.co.jp/column/cat-technology/babytech_detail/）
原史子［2013］「外国籍子育て家族の実態と支援の課題――多様な家族支援の必要性」『金城学院大学論集社会科学編』10(1)：48–55。
ヘックマン，J.J.［2015］『幼児教育の経済学』古草秀子訳，東洋経済新報社（原著 2013）。
広井多鶴子［2019a］「親の『第一義的責任』論の戦後政策史――国家と家庭の関係はどう変わってきたか」『日本教育法学会年報』48：119–127。
広井多鶴子［2019b］「教育と家族論の現在――核家族・近代家族・家族の個人化をめぐって」『教育学研究』86(2)：300–309。
広田照幸［1999］『日本人のしつけは衰退したか――「教育する家族」のゆくえ』講談社。
広田照幸［1996］「家族－学校関係の社会史――しつけ・人間形成の担い手をめぐって」『岩波講座・現代社会学 12 こどもと教育の社会学』岩波書店。
本田由紀［2005］『多元化する「能力」と日本社会――ハイパー・メリトクラシー化のなかで』NTT 出版。
本田由紀［2008］『「家庭教育」の隘路――子育てに強迫される母親たち』勁草書房。
法務省出入国在留管理庁［2022］報道発表資料「令和4年6月末現在における在留外国人数について」（令和4年10月14日）（https://www.moj.go.jp/isa/publications/press/13_00028.html）。
飯田浩之［1989］「『家族と社会化研究』再考――『集団としての家族』から『場としての家族』へ」『教育社会学研究』44：85–90。
伊佐夏実編［2019］『学力を支える家族と子育て戦略――就学前後における大都市圏での追跡調査』明石書店。
神原文子［2001］「〈教育する家族〉の家族問題」日本家族社会学会編

『家族社会学研究』12(2)：197-207。
片岡栄美［2001］「教育達成過程における家族の教育戦略――文化資本効果と学校外教育投資効果のジェンダー差を中心に」『教育学研究』68(3)：259-273。
経済協力開発機構（OECD）編／ベネッセ教育総合研究所企画・制作［2018］『社会情動的スキル――学びに向かう力』無藤隆・秋田喜代美監訳，荒牧美佐子ほか訳，明石書店（原著 2015）。
国立成育医療研究センター［2021］「コロナ×こどもアンケート第5回調査 報告書」2021年5月25日発表，修正：2021年9月30日。
厚生労働省［2021］「令和2年度 児童相談所での児童虐待相談対応件数」。
厚生労働省［2022a］「令和3年（2021）人口動態統計月報年計（概数）の概況」。
厚生労働省［2022b］「令和3年度 児童相談所での児童虐待相談対応件数（速報値）」。
厚生労働省［2022c］「令和3年（2021）人口動態統計（確定数）の概況」。
厚生労働省［2022d］「2021（令和3）年 国民生活基礎調査の概況」。
厚生労働省子ども家庭局保育課［2021］「保育を取り巻く状況について」令和3年5月26日。
小山静子［2002］『子どもたちの近代――学校教育と家庭教育』吉川弘文館。
Lareau, A.［2003］*Unequal Childhoods: Class, Race, and Family Life* University of California Press.
牧野カツコ［1980］「現代家族の教育機能」望月嵩・木村汎編『現代家族の危機』有斐閣。
松岡亮二［2019］『教育格差――階層・地域・学歴』ちくま新書。
目黒依子［1987］『個人化する家族』勁草書房。
南野奈津子［2017］「移住外国人女性における生活構造の脆弱性に関する研究――子育ての担い手としての立場に焦点をあてて」『学苑・人間社会学部紀要』No.916：61-74。
文部科学省［2018a］「高等学校学習指導要領（平成30年告示）解説 総則編」
文部科学省［2018b］「幼稚園教育要領解説（平成29年版）」

文部科学省［2021］「児童生徒の自殺予防に関する調査研究協力者会議審議のまとめ」(令和3年6月)。
文部科学省総合教育政策局国際教育課［2022］「外国人の子供の就学状況等調査結果の概要」令和4年3月。
森繁男［1993］「家族と社会化」柴野昌山編『社会と教育——教育社会学的展開』協同出版。
森岡清美・望月嵩［1997］『新しい家族社会学〔4訂版〕』培風館。
牟田和恵［1990］「明治期総合雑誌にみる家族像——『家族』の登場とそのパラドックス」『社会学評論』41(1)：12-25。
内閣府［2020］「『満足度・生活の質に関する調査』に関する第4次報告書」(2020年9月11日)。
内閣府［2022a］「第5回 新型コロナウイルス感染症の影響下における生活意識・行動の変化に関する調査」2022年7月22日発表。
内閣府［2022b］「『国民生活に関する世論調査』の概要」(https://survey.gov-online.go.jp/r03/r03-life/gairyaku.pdf)。
内閣府［2022c］「令和4年版 少子化社会対策白書全体版」。
内閣府男女共同参画局［2021］「コロナ下の女性への影響と課題に関する研究会報告書——誰一人取り残さないポストコロナの社会へ」2021年4月28日発表。
内閣府男女共同参画局［2022］『令和4年版　男女共同参画白書』。
日本総合研究所［2022］「ヤングケアラーの実態に関する調査研究報告書」2022年3月。
日本財団・三菱UFJリサーチ＆コンサルティング株式会社［2021］「コロナ禍が教育格差にもたらす影響調査 調査レポート」2021年6月29日発表。
野尻洋平［2013］「後期近代における監視社会と個人化——子どもの『見守り』技術の導入・受容に着目して」『現代社会学理論研究』7：67-79。
野々山久也［2007］『現代家族のパラダイム革新——直系制家族・夫婦制家族から合意制家族へ』東京大学出版会。
落合恵美子［2004］『21世紀家族へ——家族の戦後体制の見かた・超えかた〔第3版〕』有斐閣。
OECD［2017］「早期幼児教育・保育の改善で，より多くの子供を成功させ社会的流動性を高めることができる」2017年6月21日のニュースルーム記事（https://www.oecd.org/tokyo/newsroom/improve-early-education-and-care-to-help-more-children-get-ahead-and-boost-social-mobility-says-oecd-japanese-version.htm）
OECD・ベネッセ教育総合研究所［2015］「家庭，学校，地域社会における社会情動的スキルの育成――国際的エビデンスのまとめと日本の教育実践・研究に対する示唆」（原文 *Fostering Social and Emotional Skills Through Families, Schools and Communities*）
小川和孝［2018］「就学前教育と社会階層――幼稚園・保育所の選択と教育達成との関連」中村高康・平沢和司・荒牧草平・中澤渉編『教育と社会階層―― ESSM 全国調査からみた学歴・学校・格差』東京大学出版会：13-28。
恩賜財団母子愛育会愛育研究所編［2022］『子ども資料年鑑 2022』KTC 中央出版。
大島建彦［1988］「解説」大島建彦編『双書フォークロアの視点6 しつけ』岩崎美術社。
小塩隆士・田中康秀［2008］「教育サービスの『準市場』化の意義と課題――英国での経験と日本へのインプリケーション」『社会保障研究』44(1)：59-69。
パーソンズ，T.，ベールズ，R. F.［1970］『核家族と子どもの社会化』橋爪貞雄ほか訳，黎明書房（現在は合本で『家族――核家族と子どもの社会化』黎明書房，2001。原著 1956）。
ポルトマン，A.［1961］『人間はどこまで動物か――新しい人間像のために』高木正孝訳，岩波書店（原著 1951）。
沢山美果子［1990］「教育家族の成立」中内敏夫ほか編『〈教育〉――誕生と終焉』藤原書店。
柴野昌山［1985］「教育社会学の基本的性格」柴野昌山編『教育社会学を学ぶ人のために』世界思想社。
柴野昌山［1989］「幼児教育のイデオロギーと相互作用」柴野昌山編『しつけの社会学――社会化と社会統制』世界思想社。
志水宏吉［2022］『ペアレントクラシー――「親格差時代」の衝撃』朝日新聞出版。
篠原武夫［1977］「子どもの社会化」山根常男ほか編『テキストブック社会学(2) 家族』有斐閣。
汐見稔幸［1996］『幼児教育産業と子育て』岩波書店。

総務省［2022］「令和3年社会生活基本調査 生活時間及び生活行動に関する結果 結果の要約」。
天童睦子［2002］「少子社会における『子育ての困難』」『実践女子短期大学紀要』第23号：117-130。
天童睦子［2004］『育児戦略の社会学――育児雑誌の変容と再生産』世界思想社。
統計数理研究所［2014］「『日本人の国民性 第13次全国調査』の結果のポイント」。
渡辺秀樹［1992］「家族と社会化研究の展開」『教育社会学研究』第50集：49-65。
山田昌弘［2004］「家族の個人化」『社会学評論』54(4)：341-354。
矢野経済研究所［2022］「ベビー用品・関連サービス市場に関する調査を実施（2021年）」(https://www.yano.co.jp/press-release/show/press_id/2910)。
結城恵［1998］『幼稚園で子どもはどう育つか――集団教育のエスノグラフィ』有信堂高文社。

図書紹介　Book Review

➲ 柴野昌山編『しつけの社会学——社会化と社会統制』世界思想社，1989。

解釈的アプローチに基づいて「しつけ」という社会的事実を考察した，日本の教育社会学における社会化研究の代表的な書。

➲ 汐見稔幸『幼児教育産業と子育て』岩波書店，1996。

少子化が進行している現在の日本でなぜ育児産業がはやるのかという問題設定から，日本の育児実態，育児の諸条件の特質を明らかにしている。

➲ 広田照幸『日本人のしつけは衰退したか——「教育する家族」のゆくえ』講談社現代新書，1999。

「家庭の教育力が低下している」という一般的なイメージに対する疑問から出発し，歴史をたどる中で「家庭のしつけの昔と今」を吟味した意欲的な書である。

➲ 天童睦子編『育児戦略の社会学——育児雑誌の変容と再生産』世界思想社，2004。

親の産育意識，しつけ方，教育投資などの育児意識と育児行為の総称として「育児戦略」という概念を提示し，子育て期の親に対する質問紙調査，インタビュー調査および育児雑誌の分析を行い，現代の「子育ての困難」を社会構造とのかかわりで考察している。

➲ 本田由紀『「家庭教育」の隘路——子育てに強迫される母親たち』勁草書房，2008。

「家庭教育」をめぐる現代の日本社会の現状と社会学分野における研究動向を整理したのち，母親に対するインタビュー調査と，2005年の内閣府「青少年の社会的自立に関する意識調査」の親子ペアデータを分析し，日本の家庭教育の「格差」と「葛藤」の現状を実証的に明らかにしている。

➲ J.J. ヘックマン『幼児教育の経済学』大竹文雄解説，古草秀子訳，東洋経済新報社，2015（原著 2013）。

Heckman, J.J. の *Giving Kids a Fair Chance*（MIT Press, 2013）の翻訳。人生の早い時期の教育環境に積極的に介入を行うことが，認知的スキルと非認知的スキルの両方に好影響を与える諸研究を紹介し，幼少期の教育環境の向上に国や社会が投資することの重要性を唱えている。

➲ 志水宏吉監修／伊佐夏実編『学力を支える家族と子育て戦略――就学前後における大都市圏での追跡調査』（シリーズ・学力格差 第2巻 家庭編）明石書店，2019。

関西圏の13家庭を，就学前後4年間（5～8歳）にわたり訪問調査し，親の子育て戦略が，子どもとの相互作用を通じてどのように実現しているか，またそれらが子どもの学力に与える影響を多面的に検討している。特定の家庭に長期間入り込み，学力格差と子育ての関連というデリケートな問題の解明に取り組む質的な研究の1つの成果として注目できる。

➲ 志水宏吉『ペアレントクラシー――「親格差時代」の衝撃』朝日新聞出版，2022。

ブラウンが提起した「ペアレントクラシー」の原理の日本でのリアリティを，「子ども」「保護者」「学校・教師」「教育行政」の4つの視点から具体的に描き出そうとしている。「ペアレントクラシー」概念に関する基礎的理解を得られ，この社会の編成原理に自分がどう向き合っていくのかを考えるきっかけとなる入門書である。

Part Ⅲ

ジェンダー・セクシュアリティと教育

Part Ⅲ

Introduction

ジェンダー・セクシュアリティのいま

ポストフェミニズム？

Part Ⅲ

ポストフェミニズムという言葉を耳にしたことがあるだろうか。「ポスト」とは一般的に「～～の後」を意味し，「フェミニズム」は性差別からの解放を訴える思想や運動のことである。ジェンダー平等はすでに達成されているという視点から，ポストフェミニズムという言葉が使われることがある。

仕事が終わり，お目当ての化粧水を購入して帰宅した若い女性が，「どっかの政治家が『ジェンダー平等』とかって，スローガン的にかかげてる時点で何それ時代遅れって感じ」とつぶやく。この場面は，2021年にニュース番組の広報ビデオとしてウェブで公開され，当時さまざまに議論を呼んだ（「『ジェンダー平等をかかげるのは時代遅れ』報道ステーションの女性蔑視CMがネットで炎上」『東京新聞』2021年3月24日）。若い世代にとってジェンダー平等はすでに達成されたゴールなのか，あるいは，政治的争点にならないほど，社会が取り組むべき課題だと当然視されているのだろうか。

かつて「女性に教育は必要ない」「家庭の外で働くことは女性の本分にはずれる」などの規範が大きな

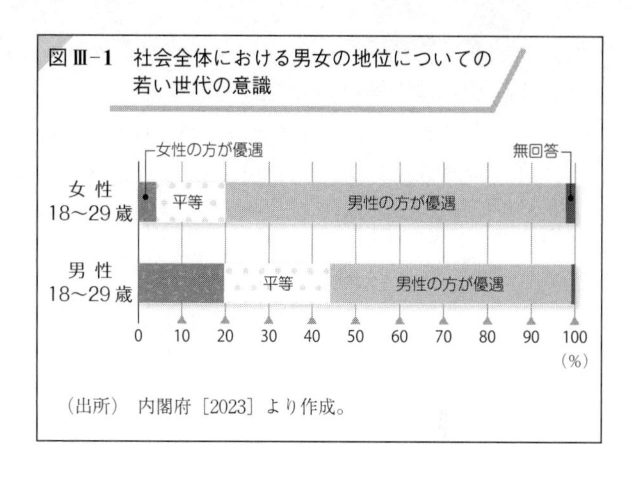

図 Ⅲ-1 社会全体における男女の地位についての若い世代の意識

（出所） 内閣府［2023］より作成。

力を持っていた時代もあったが，女性も高等教育を受け社会のさまざまな分野に進出している現在，性役割に関する考え方も変化している。政府による世論調査では［内閣府 2023］，「夫は外で働き，妻は家庭を守るべきである」という性別役割に賛成する人の割合は1970年代には7割を超えていたが，年々その比率は下がり，2022年では賛成は約33%，反対が約64%と賛否が逆転している。女性の就労についても「子どもができても，ずっと職業を続ける方がよい」という意見が，現在全体の約6割を占めている。固定的な性役割観は存在するとはいえ，徐々に弱まっているといえよう。

現状に対して，いまや女性は優遇されすぎており，男性に対する「逆差別」が生じているという意見もある。社会全体における男女の地位について，「男性の方が優遇されている」との回答は全体で約8割だが，回答には性別で15％近くの差があり，男性の場合は「平等だ」「女性の方が優遇されている」という回答が女性よりも多い傾向がみられる［内閣府 2023］。男性は年齢が若くなるにつれて「女性の方が優遇されている」という意見が多くなる。18歳～29歳の若い世代では，「女性の方が優遇されている」が女性4.1％に対して男性は19.7％とかなり高い（**図Ⅲ-1**）。

ジェンダー平等の現在

Part Ⅲ

フェミニズム（女性解放運動）は，20世紀の社会変化を促した重要な流れの1つであった。フェミニズムは，「婦人参政権」に代表されるような法制度上の男女平等を求めた19世紀末から20世紀初頭にかけての第一の波，家庭や恋愛など私的な領域を含めて性別役割分業を問題とした20世紀中盤以降の第二の波，その後の階級・人種・性的指向など差別の重層性を意識した第三の波を経て，21世紀の現在も大きな影響力を持っている。にもかかわらず，あるいはその結果としてジェンダー平等に向けて多くの変化があったことから，すでにフェミニズムはその役割を終えた，つまり現在はポストフェミニズム＝フェミニズムの後／次の段階だとの見方が生まれているのだろうか。

その問いを探究するために，キーワードとなるジェンダーおよびジェンダー平等の概念を確認しておこう。国連がさだめる持続可能な開発目標（SDGs：Sustainable Development Goals）など，グローバルに取り上げられているジェンダー平等とは，すべての人が性別にかかわらず平等に権利や自由を享受できる社会を目指す意味で使われる。「男女平等」ではなく「ジェンダー平等」という表現を用いるのは，「女」「男」の区別を，身体的性差に依拠する絶対的・固定的なものではなく，社会や文化の文脈ごとに構成される相対的・流動的なものとして捉えるがゆえである。ジェンダー（gender）とは，性別二分法の境界線を作り出す力学を認識するための概念だ。

ジェンダーとセクシュアリティのゆらぎと多様性

Part Ⅲ

いま，男女を分ける二分法を問う視点がひろがっている。「女」とは誰のことか。「男である」とはどういうことなのか。現在，男女のありようが流動化するだけでなく，ジェンダーの境界線そのものもゆらぎつつある。特に，若い世代では，性別二分法の絶対性をゆるがす価値観，あるいはそうした価値への関心が高まっている。生まれたとき（出生時）に割り当てられた性別（sex at birth）に違和感をおぼえる人，異なる性別への越境を希望する人もいれば，自分の性を語るときに性別二分法を拒否する，ノンバイナリー（non-binary）やXジェンダーを自称する人もいる。

セクシュアリティに関する多様性も広く認識されるようになっている。LGBTQ+（Lesbian，Gay，Bisexual，Transgender，Queer／Questioningの頭文字をつなげてセクシュアル・マイノリティをあらわす。+が最後につくのは，それ以外にも多様なセクシュアリティがありうることを示唆している）を自認する子どもや若者の存在がよりみえるようになり，性別二分法とセットとなる異性愛主義がはたして「ノーマル」なものかということも疑問視されている。さらには，性的な欲望や**ロマンティック・ラブ**〔★〕を求める気持ちを誰もが持つものという前提を問い直す「アセクシュアリティ」というアイデンティティも生まれている。

現代は，まさにジェンダーやセクシュアリティのゆらぎが顕在化している時代といえよう。家庭や学校，地域，メディアなど，社会全体がそのゆらぎにどのように応えていくのか。折々にジェンダーとセクシュアリティに関する歴史をひもときつつ，教育にかかわる現代の課題を考えていこう。

Stage 1 「女性」になる／「男性」になる

● AFP＝時事提供

教育におけるジェンダー格差

今，あなたはどこでこの本を読んでいるだろうか。教室なりキャンパスと名づけられた空間にいる場合，そこは性別で区切られているだろうか。多くの学校環境において，わたしたちは性別とは無関係に机を並べて学ぶことができる。とはいえ，中等教育段階以降には女子校・男子校も存在する。だが，今あなたがいる空間が男女別学であったとしても，選択肢として共学の環境が身近にあるだろう。

戦前の学校教育制度では，高等教育の門戸が女性には閉ざされていた（*Stage* **3** でくわしく扱う）。戦後の教育改革は女性への高等教育の門戸開放を実現し，戦後復興と高度経済成長を背景に大学で学ぶ女性の数は急速に増えていった。大学の男子占有に慣れている世代にとっては，その変化はあまりにも激しく感じられたのであろう，1960 年代早々に早稲田大学と慶應義塾大学という歴史ある私立大学の著名教授が相次いで，女子学生の増加を憂う文章を発表し，現在も「女子学生亡国論／女子大生亡国論」と語り継がれる議論の発端をつくった［暉峻，1962；池田，1962］。彼らの主張は，女子学生は，学問を志したり大卒学歴を活かして就職するという目的意識に乏しく，女子学生の増加によって男子学生の学ぶ機会が奪われ，社会的損失につながっているというものであった。

暉峻［1962］は，女性が教養を身につけるために学ぶことを否定はしないとしつつも，女子学生の増加が著しい文学部では男女比率を半々に調整（女性の入学を制限）する制度を提案している。むろん，そうした提案は入試の公正さを破壊するものだとの批判を受けたが，女性の高等教育進学はしょせん「花嫁修業」であるといった認識に基づく「女子学生批判」が当時はまだ多くの共感を呼んだことも確かである。

その後，高度経済成長を背景に，男性を追う形で女性の高等教育進学率も順調に伸び，現代では教育を受ける機会が男女平等に保障されることは当然のことと考えられている。

しかし，そうした「常識」は今もなおゆるがされている。近年，大学進学について世間を賑わせたニュースの中で，ジェンダーにかかわるものを 2 つ紹介しよう。

2つのニュース

1つは，医学部入試での女性に対する差別的扱いのニュースである。

ある汚職事件をきっかけに文部科学省が2018年に全国の大学医学部を対象に行った調査によって，女性や浪人した受験生を不利に扱う入試成績の得点操作が約10大学で行われていたことが発覚した（「医学部入試：文科省最終まとめ 10大学基準『不適切』」毎日新聞2018年12月15日東京朝刊）。戦後の新しい学校教育制度のもと，男女共学の実現・高等教育の女性への門戸開放がなされてから80年近くが経過し，就学経路上のジェンダー格差の多くが解消されつつある21世紀の今，点数操作で女性の入学を阻む不公正の発覚は，人々に衝撃を与えた。

この入試不正が特定の大学の個別事情ではなく，複数の大学でみられたということは，進学や就職などのさまざまなライフチャンスにおいて，男性優遇の慣習が密かに維持されている可能性が示唆される。

いま1つは，東京工業大学が2024年度入試から工学部に女子枠を導入するという，2022年秋のニュースである。

東京工業大学のニュースは，理科系への女子の進学を促すために有効だという歓迎の声と，男子に対する「逆差別」という批判の声，賛否両論の話題を呼んだ（「大学入試『女子枠』は逆差別なのか　機会の平等について考える」毎日新聞2022年12月7日）。この動きは東工大のみならず，名古屋大学，富山大学，島根大学などの国立大学，芝浦工業大学や愛知工業大学などの私立大学などすでに多くの大学に広がりつつある。それらの大学は，工学部や情報学部などにおいて，（2023年に実施される）2024年度入試の総合型選抜や推薦入試で，ほとんどの場合少人数ながら女子の人数枠を設けることを決定している。

STEM（Science, Technology, Engineering, Mathematics）分野，日本ではいわゆる「理系」と総称されることが多い科学技術分野での女性の能力の発揮が，グローバルな課題となっている。女性の活躍を促進するためのアファーマティブ・アクション（社会的格差の是正を目的とした積極的措置）は多くの国で実施されている。日本でも，近年にSTEM分野への女子学生の進出を促す政策が出されているが（たとえば，内閣府・文部科学省・経団連共催「女子中高校生・女子学生の理工系分野への選択〔理工チャレンジ：リコチャレ〕」，国立研究開発法人科学技術振興機構による「女子中高生の理系進路選択支援プログラム」。民間組織でも女子の理系進出を応援する動きがあり，官民それぞれで「リコちゃん」「リケジョ」「リカジョ」などのイメージキャラや愛称を用いて女子の関心を惹く努力をしている），入試における女子枠はクオータ制（割り当て制）というアファーマティブ・アクションの中でも明確な効果があらわれやすい方策である。

以上の2つのニュースは，いずれも大学入試における男女の扱いの違いに関するものである。両者ともに，人々にとって公正とは何か，ジェンダー平等とは何かという議論を呼び起こしている。

高等教育におけるジェンダー格差

これらの話題を考えるために，そもそも現在，高等教育進学に関して，どの程度ジェンダー格差があるのか，その現状を概観しよう。

2022年度の大学と短期大学を合わせた進学率（過年度高卒者含む）は60.4%と初めて6割を超えて話題となった［学校基本調査］。性別にみると，男性60.6%に対して女性60.1%とあまり性差はないが，女性は短期大学進学者が多いため（短大進学率6.7%），4年制大学にしぼると男性59.7%に対して女性は53.4%にとどまる。

興味深いことに，現役進学率で男女を比較した場合には男性は57.9%だが，女性は61.4%と逆に女性のほうが進学率は高い。先に示した過年度高卒者を含む進学率は，いわゆる大学受験浪人を含めたものと考えることができ，これらの数字からわかるのは，男性の場合希望の大学への合格を願って受験浪人を経て進学する人が女性よりも多いということだ。

大学卒業後の大学院進学はどうだろうか。日本は，他のOECD諸国に比べて修士号・博士号の取得者が少ないことが課題とされ，近年は大学院の拡充が進められてきたことから，大学院の学歴を持つ人は現在200万人を超える［2020年国勢調査］。20代後半から30代の若い世代では大学院卒業者は4%前後であり，40歳以上の年齢層の約2倍の比率となっている。大学院修了は，日本社会でも高い学歴として存在感を増しつつあることがわかる。大学院進学率（学部卒業者のうち卒業後ただちに進学した者の比率）を男女別にみると，2021年度の男子進学率は14.6%にのぼるのに対して，女子はその半分以下（5.9%）にすぎない。これを大学院に在籍の学生数でみると，大学院全体の女子比率は修士課程31.9%，博士課程34.1%と約3分の1となる［学校基本調査］。諸外国と比較した場合，日本は大学院進学において女性比率がかなり低い国という特徴を持つ。

また，いわゆる「難関大学」といわれる大学には女性が少ないということも指摘されている［伊佐，2022］。たとえば，東京大学の学部学生数における女子の比率は約2割にとどまる（2022年5月時点で在籍学部学生合計1万3962人中女性は2802人で20.1%，データは『東京大学の概要2022　資料編』より）。過去20年間でこの数値は微増したものの，大きな変化はない。東京大学の状況はシンボリックなものとして，よく話題に取り上げられている。

短大・四大の比較，浪人歴の有無，大学院進学を重ね合わせると，女子よりも男子のほうが就学年数は長い。進学先の「ランク」を考慮に入れた場合も，やはり男性はより高い学歴を取得する傾向があるといわざるをえない。

専攻分野とジェンダー

高等教育段階での専攻分野についても男女で偏りがみられる。**図Ⅲ-2**は，2021年度大学学部在籍者について，女子比率が高い順に分野を並べたものである［学校基本調査］。家政や保健・教育といったケアワークや人文・芸術系の学部には女子が多く，工学・理学・医歯学・農学などの「理系」や法学部・経済学部によって構成される社会科学系には男子が多いことがわかる。こうした分野の偏りもまた，日本の学校教育の課題として指摘される点だ。特に理系分野への女性の進学は，他の国と比べて少なく，性別にかかわりなく力を発揮できる状況をつくることが，日本社会の技術力・生産力の発展，ひいては国際競争力にとって不可欠だといわれている。

このような専攻分野におけるジェンダー・アンバランスが生まれるのは，男女の間で相当の学力の違いがあるからだろうか。

近年注目が高まっている国際的な学力調査として，PISA〔★〕調査（OECD加盟国を中心とした15歳人口対象の生徒の学習到達度調査）とTIMSS〔★〕調査（国際教育到達度評価学会による「国際数学・理科教育動向調査」）の2つがある。これらの結果をみると，日本の場合男子のみならず女子も世界的にみて非常に高い学力を有していることがわかる。数学や理科については，男子の優位性がみられるが，差はそれほど大きなものではなく，統計的有意差が否定される場合もある（一方，PISA調査の言語能力では女子のほうが男子より統計的有意差をもってかなり高い成績が測定されており，これは他の国でも同様の傾向である）。

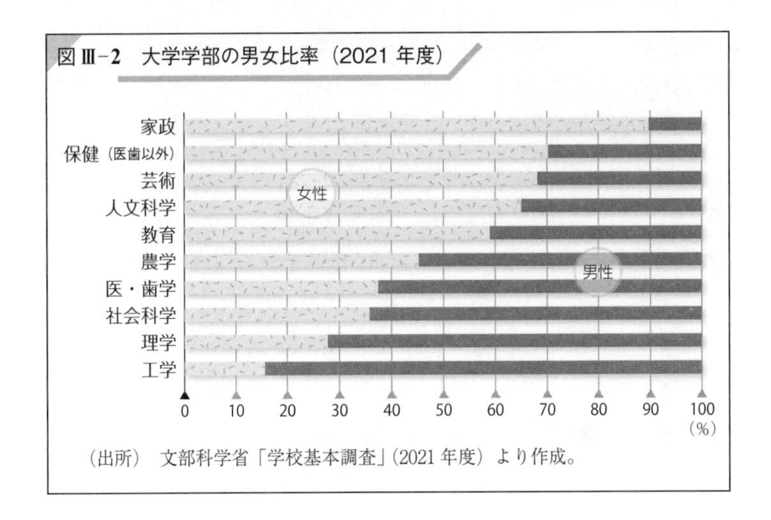

学力調査の結果からは，受験に必要な学力が欠けているがゆえに，理系学部への女子進学者が少ない，といった因果関係を読み取ることはできない。

では，何が女子をSTEM分野から遠ざけているのか。グローバルに注目されているのは，STEM分野は男子に向いている／女子には向かないという性別特性論の影響である。そのような先入観によって，女子自身の自己評価が低くなりがちであり，自分の進路として想定しにくくなるのではないかと考えられる。上述の国際学力調査においても，日本の特徴として，学力差以上に「好き嫌い」および成績の自己評価の性差が大きいとの指摘がなされている。つまり女子は理科数学の成績が良くても「苦手」意識を持つ傾向がある一方，男子の場合は成績がふるわなくとも「苦手」意識に陥らない子どもが多いということだ。日本における近年の実証研究は，「男子は理系・女子は文系」という性別の進路意識は，理系文系の進路分けがある高校よりもずっと以前，すでに中学生や小学生段階から生じていることを明らかにしている［日下田，2022；田邉，2023］。

進学意識全般について，男子の場合は，より高い学力，より良い進学先を目指すよう，進学意欲がウォームアップ（加熱）されるのに対して，女子の場合は，あまり無理をしなくてもよいと，進学意欲が**クーリングアウト**〔★〕（冷却）される傾向があるということはこれまでもよく指摘されてきたことである。女子の意欲のクーリングアウトは，とりわけ理系進学について「そもそも女子には適性がない」という特性論によってもたらされると推測できる。そうした特性論のメッセージは，保護者・教師など身近な大人をはじめとして，社会全体からも頻繁に発信されている。

進学行動のジェンダー差は，生来的な能力の差や，発達段階ごとの学力の差ゆえに生じているというよりも，環境的な要因によって拡大しているのかもしれない。続いて，就学経路上の性差が生まれる環境要因をさらに検討してみよう。

社会のカリキュラム

わたしたちは，誕生の瞬間から，場合によっては胎児の段階から男女で区別されて育つ。生活のさまざまな場面で，性別によって異なる子育て慣習は存在している。子どもたちに届けられるジェンダーにかかわるメッセージの束，「女／男として」の行動規範や価値観の体系を，「社会のカリキュラム（societal curriculum）」［Cortes, 1979］と考えることができる。「社会のカリキュラム」とは，家族・近隣コミュニティ・仲間集団・マスメディアなどによって構築される，インフォーマルなカリキュラムを意味する。この概念を定義したコルテスは，その名称に social ではなく societal を使うことで，特定の社会全体を満たすものという意味を持たせている。わたしたちは，学校教育のカリキュラムのみならず，制度化も明文化もされていないが，日常生活のすみずみに浸透する「社会のカリキュラム」の中をくぐり抜けて成長する。

たとえば，願いや期待を込めて名前をつけるとき，服装や持ち物を選ぶとき，おもちゃや絵本を与えるとき，子どもの性別が意識されることは多い。幼児段階になれば，髪型やアクセサリー，服の色，スカートを履くかどうかなど，性別を指し示す外見のありように，周囲の大人は留意する。

子どもが自分に割り当てられている性別を認識するようになるのは，通常3歳前後だといわれているが，性自認が定着して以降は，子ども自身が社会にあふれるジェンダーに関するメッセージに沿って，それぞれ「男の子／女の子らしい」外見やふるまいを選び取るようになる。場合によっては「らしい」あり方に反発したり逸脱したりすることもあるが，そうしたときに「女の子／男の子のくせに〜するのはやめなさい」「男の子／女の子なのだから〜しなさい」といった矯正を受けることになる。性別にふさわしくない場合，子ども自身の好みや選択は否定され，ふさわしい場合には肯定するという，ジェンダーについての賞罰システムは，わたしたち大人が無意識のうちに活用しているものである。

1つの家族における子ども数が少なくなっている今，子育てに関する書籍や雑誌，ネット上の知識は重要性を高めているといわれる。その中でも近年目立つ動きとして，性別によって意識的に子育て法を変えるべきだと主張する性別子育て本の増加が注目される。「男の子の育て方」「女の子の育て方」といったタイトルで，「女性と男性は適性や能力が生まれつき異なる」ことを前提に，それぞれにのぞましい育て方を解説する。主に保護者向けのこれらの書籍の発行数は2000年以降急増し，相当な売り上げを記録している（**図Ⅲ-3**。初出［木村，2020］）。

性別子育て本が語る子育て目標を示すキーワードをみてみると，男女共通に使用される言葉は，「学力」「東大」など高い学業達成に関するものであるが，性別子育て本であるからこそ，性別に応じて異なるキーワードが目立つ。男の子に多いのは，「強い」「たくましい」「打たれ強い」「くじけない」など強靱さ，「やる気」「前向き」「意欲」「主体性」など積極的な姿勢，「成功」「一流」などの上昇志向，さらに「仕事」「メシが食える」「稼ぐ」「結婚（できる)」など社会人としての役割期待を示す言葉群である。対して，女の子の場合に目を引くのは，「幸せ」というキーワードが頻出することだ。「愛する」「愛される」という言葉は，1970 年代から女の子にのみ使われる。「幸せ」や「愛」は，時代を通じて，また膨大な数を誇る 2010 年代にも，男の子向け子育て本のタイトルには出てこない言葉なのである［木村，2020］。

性別を強調する社会のカリキュラムは，子どもたちをとりまいている。子どもたちは好むと好まざるとにかかわらず，社会で共有されている性別二分法を前提として，自分の立ち位置を決めざるをえない。

学校の「隠れたカリキュラム」

日常生活全体にはりめぐらされた「社会のカリキュラム」をみてきたが，わたしたちが成長過程で長時間過ごし「教育」を受けるのはやはり学校である。学校もまた，子どもたちを男女で分化させていく機能を内包しているのであろうか。

学校は他の生活領域より，平等の原則が重視される領域と認識されている。内閣府が実施する世論調査でも，「家庭生活」「職場」「学校教育」「政治」「法律や制度」「社会通念・慣習・しきたり」という6つの領域の中で，「男女の地位が平等である」との回答率が最も高い（最新の調査結果では「男女平等だ」との回答は，「家庭生活」では31.7%，「職場」で26.4%であるのに対して，「学校教育」では68.1%にのぼる［内閣府「男女共同参画社会に関する世論調査」2022年調査］)。学校，特に小学校・中学校の義務教育において，子どもたちは性別にかかわりなく，同一の教育を受けているはずだ。

学校の「カリキュラム」という言葉で想定されるのは，1時間目は算数，2時間目は体育といった教科別の時間割に従って計画的に教えられる知識・技能の体系のことだろう。日本では，学習指導要領というナショナル・カリキュラム（国が決めたカリキュラム）があるため，小学校から高校まで，学校で教えるべき教育内容は国全体で明文化され制度化されている。これらは，学校で教えるべき教育内容として意識的に構成されている。***Stage* 3** で後述するが，かつてはこうしたカリキュラムにおいて男女で異なるルールが定められていた時代もあったが，20世紀末以降，現在は，学習指導要領の中に性別規定は存在しない。

しかし，学校で学ぶことは教科の知識・技能だけではない。公的なカリキュラムとは別の次元で，学校生活の中には，児童・生徒としてのふるまい方，価値観や規範，集団行動への適応など，社会で必要とされる力を身につける訓練が行われている。「**隠れたカリキュラム**」〔★〕とは，そうしたフォーマルで顕在的なレベルと異なる，インフォーマルかつ潜在的なレベルのものとして定義される（**知識編**）。「女子」と「男子」とを差異化する，ジェンダーにかかわる社会化（socialization）のメカニズムは，この「隠れたカリキュラム」の中に内包されている。

ジェンダーにかかわる「隠れたカリキュラム」の具体例にはどのようなものがあるだろうか。

学校では，男女別の制服や体操服，名簿，髪型や身につけるものについての校則規定，運動会などの行事・式典，係や委員の分担，体育実技，クラブ活動・部活動など，実に多くの場面で性別二分法が用いられてきた。生徒集団をコントロールするために「女の子」「男の子」が特に必然的な理由なくグループ分けの基準となることは多い。「女の子」集団と「男の子」集団を対比的に扱い，競争的な文脈で比較することもある。そうしたこと1つひとつはささいなことにも思え，ほとんどの子どもたちは，疑問を持つことなく受け入れていく。

教員組織のあり方も「隠れたカリキュラム」の1つである。小学校では女性教員のほうが数の上では優勢であるが，校長や教頭など学校管理職には男性が多い。小学校から中学校，高等学校と就学年齢が上がるにしたがって，教員全体や管理職における男性中心性は高まっていく。教科担任制度になる中学校・高等学校段階では，数学や理科，社会科の教員には男性が多く，家庭科，美術，音楽などの教員には女性が多いというジェンダー・バイアスがみられる。学校は，子どもたちが発達の初期段階に所属する基本的な社会組織である。学校組織内の性別構成は社会の縮図として，子どもたちに影響を与えることが推測される。

性別の社会化と二分法による抑圧

「隠れたカリキュラム」の基本となる性別二分法の多用は，1人ひとり多様な個性を持つ子どもたちを，ある意味で乱暴に「女」あるいは「男」のカテゴリーに分類し，カテゴリー別に異なる扱いを受ける状況を生みだす。たとえば，教師が「女のくせに」「男なんだから」といった言葉を何気なく口にする。男子はリーダーシップをとるべきだとの姿勢で，役割分担を決めてしまう。その場合，そのリーダーを支える役割は女子に期待される。生徒指導や進路指導の場面で，児童生徒の性別に依拠した水路づけがなされることもある。性別二分法が無意識のうちであれ多用されるプロセスには，そうした固定的な女性観・男性観に基づいた教育実践が伴いがちとなる。

二分された子どもたちは，それぞれのカテゴリーにふさわしい特性や役割の期待に関するメッセージを受け取る。結果として子どもたちは，「女」と「男」は異なる存在であるという，自己のアイデンティティや他者との関係性を考える際の，基礎となるような認識枠組みを内面化していく。

さらには，折々に「男」と「女」のペアが基本単位であることが強調され，異性愛が自然であるというメッセージも伝達される（*Stage* 2 参照）。これらは，ジェンダー平等の観点から問い直されてきた「隠れたカリキュラム」の一端である。

「男女は異なる」ことを強調する性別二分法と，性別によって特性や役割が異なるという価値規範を伝達する「隠れたカリキュラム」は，それぞれに個性があり，多様な可能性を持つ子どもたちの権利や自由を制限している。そのことは，ジェンダー平等を志向する観点から批判されるとともに，近年ではジェンダー・アイデンティティやセクシュアリティの多様性の文脈や，セクシュアル・マイノリティの立場からも問い直しがもとめられている。

自分の性別に違和感を持つ子どもたちにとって，性別二分法は日常的に葛藤や苦痛を感じさせるものとなる。「男」と「女」を分ける境界線を，佐倉［2006］はトランスジェンダーの立場から「ベルリンの壁」と呼ぶ。境界線の存在自体が抑圧となりうることを軽視することはできないだろう。

そうした観点から，近年注目を集めている典型例として学校が規定する制服／標準服の問題がある。それについては，*Stage* **2** においてあらためて扱う。

教室の中の相互作用

学校におけるジェンダーの社会化という点では，教師と生徒，あるいは生徒間のやりとり（相互作用）にみられるダイナミクスも見逃せない。教室空間での教師と児童・生徒との相互作用を観察した国内外の研究では，教師は女子よりも男子に多く働きかける傾向があることが指摘されている。さらには，生徒の側の授業時間における発言や活動も，女子よりも男子のほうが活発な傾向がみられる。つまり，授業空間においては男子のほうが教授の対象／学習主体として優先的な位置にあるということである。

男子は，教師からより多く話しかけられ，指名を受ける。質問に答えられない場合も，男子の場合は「やればできるはずだ」「頑張ってごらん」と励まされることが多い。叱られることも多いのだが，それは男子が宿題を忘れるとか，教室で大きな声を出すとか，目立つ行動をとりがちであるがゆえである。それに対して，女子は，良い意味でも悪い意味でもあまり目立たない［サドカー＝サドカー，1996］。“quiet girls”（静かな女の子たち）という言葉は，英語圏の研究で教室における女子の存在感のなさを示すために使われたのだが，日本の教室でも同様のことが観察されている［木村，1999］。

トラブル発生時などに，教師は男子と女子では指導の戦略を変えることもある。男子に対して厳しい叱責や体罰が多くなりがちな一方，女子は子ども同士でも教師との間でも関係を「こじらせる」という観点から，女子への指導が慎重になったり，より介入的になったりする場合がある。寺町［2020］は，女子のトラブルを「ドロドロしたもの」と否定的にみなすジェンダー・バイアスが教師の間に存在し，それが女子の指導に影響を与えていると指摘している。

ただ，教師の対応の違いは，子どもの側の行動の差異からも生じていることを見過ごしてはいけない。教師が「差別的扱い」を意識的あるいは一方的に行っているというわけではなく，児童生徒の側がすでに女子集団，男子集団としてそれぞれ「らしい」ふるまいをしているのである。「らしい」行動は，すでにみたような「社会のカリキュラム」が提示したイメージに沿うものであるが，子ども集団内部の相互作用によってもつくりだされている。

小学校や中学校の教室や運動場での子どもたちのふるまいを観察した研究では，女の子たちと男の子たちはともに遊んだり協力したりする一方で，時に互いに距離をとり排除しあう場面があることが観察されている［Thorne，1993；木村，1999］。教師が男女を入り混じらせるような努力をしてもなお，子どもたちは性別で互いを区別し，同性による「こちら側」と，対置する「あちら側」の感覚を形成する。異性集団に対して，ステレオタイプなジェンダー・イメージにのっとった形の攻撃がなされ，敵対的な関係が生み出されることもある。

子どもの発達過程において，仲間集団（ピア・グループ peer group）が果たす役割は大きいことが知られている。「女の子」として，「男の子」としてのふるまい方について，仲間集団，友人関係による同調圧力（ピア・プレッシャー peer pressure）を軽視することはできない。たとえば，大人が「いかにも男の子だ」と考えがちな，ふざけ行動などを小学生男子が互いに強制し合う現象は，注意深く観察した場合には認識することができる［片田孫，2007］。男子とともにドッチボールやサッカーをしたがる女子，女子と一緒に遊びおしゃべりすることが多い男子など，性別集団の境界を越えようとする子どもは何らかのサンクションを受ける。とりわけ後者，女子集団と行動をともにしようとする男子に対する社会的制裁は厳しいといわれる［ギーザ，2019］。

日々の学校生活において，子どもたちは，性別二分法によって区別される客体であるだけでなく，自ら性別二分法の境界を線引きし，ジェンダーの社会化プロセスを促進しあう主体でもある。

ただし，子どもがジェンダーの社会化の主体でもあるというとき，実際の子どもたちを観察すると，そこには，単純な二分法にとどまらない，女子集団，男子集団内の複数のサブカルチャーがみえてくる。後述するように，ジェンダーと教育研究は，学校空間において子どもたちが主体となって構築する女性性と男性性にも複数性があることを明らかにしている。

「男らしさ」「女らしさ」の複数性

ジェンダー研究では，いわゆる「男らしさ」「女らしさ」のことを男性性（masculinity），女性性（femininity）と呼び，社会的に構築されたものという前提で扱う。また男性性，女性性は決して単一のものと捉えられないという意味で，複数形（masculinities, femininities）で表現されることもある。

求められる男性性や女性性は，歴史的に変化してきたし，同時代においても社会による違いが認められる。また同一社会内でも，人種やエスニシティや社会階級／階層による差異が重要な意味を持つ。20 世紀のフェミニズムは「女」であることによる共通の抑圧や問題状況に光を当ててきたが，実際にはひとことで女性といっても，高学歴のミドルクラスなのか労働者階級なのか，白人なのか黒人なのか，セクシュアリティのありよう，障害の有無など，種々の権力関係による多様性があることが 20 世紀末から盛んに指摘されてきた。たとえば黒人女性は，人種差別と女性差別のそれぞれにおいて劣位におかれ，権利を求めようとすれば白人と闘う（人種差別への抵抗）ために黒人男性と連帯する一方で，男性と闘う（性差別への抵抗）ためには白人女性と連帯する必要があり，人種差別と女性差別の交差点において引き裂かれるような経験をする。そうした状況におかれているからこそ，黒人女性が生活の中で育んできた女性性は，白人女性のそれとはおのずと異なってくる。そうした複数の権力関係の交差（intersect）を指して，**インターセクショナリティ**〔★〕(intersectionality) という概念も生まれている。

女性学は，「女らしさ」のステレオタイプには，清らかな「聖母」と魅惑的な「娼婦」という一対が存在し，現実の女性はそれら両極のはざまで葛藤せざるをえないことを指摘してきた。貞淑に家事育児に専念する女性と，働くバイタリティやセクシーさを持った女性という対比を思い浮かべてもいいかもしれない。どちらも「女らしい」イメージだ。「女らしさ」のイメージは社会階層や人種に対するステレオタイプごとに異なっているとの考察もなされている。

社会階級と「男らしさ」については，イギリスの労働者階級の男子高校生を対象としたP. ウィリスの研究がよく知られている［ウィリス，1996］。労働者階級の男の子たちは，学業成績を上げることによってブルーカラー（工場労働）ではなくホワイトカラー（事務労働）の職に就くことができると，生徒を鼓舞し勤勉さを求める**学校文化**〔★〕を拒否する。彼らは，従順に学業に取り組むクラスメイトを「耳穴っこ（ear'oles）」（受動的に教師のいうことを「聞く」だけといった意味合い）と名づけて侮蔑し，学校に反抗する自分たちを「野郎ども（lads）」と誇りをもって自称する。権力を持つ教師に従ってホワイトカラーの職を目指すのは「女々しい」ことで，そうした生き方は自分たちが重んじる「男らしさ」に反すると考える。ミドルクラスの，あるいは，社会の中心に近い位置にある「男らしさ」は，学歴や資格を身につけて，高い社会経済的地位をもとめる競争で勝ち抜くことを意味する一方，それを共有しない社会集団もあることをウィリスは浮き彫りにした。

男性が支配的な地位にあるジェンダー・ポリティクスにおいて，R. コンネルは，男性性には，最も優位にある「ヘゲモニックな男性性」と「共犯的な男性性」「従属的な男性性」「周縁的な男性性」の複数が存在するということを理論化した［コンネル，2022］。ヘゲモニックとは，アントニオ・グラムシというイタリアの思想家によるヘゲモニー概念を用いたもので，支配的地位にある集団が握る文化的・政治的な主導権を意味する。コンネルは，近代社会の秩序は，男性の支配と女性の従属によって特徴づけられると捉えている。支配集団としての男性の中で権力の中枢に近い者が有する「男らしさ」が「ヘゲモニックな男性性」である。そこから遠い位置にある，何らかの差別や抑圧を受ける集団内での男性性が「周縁的な男性性」となる。さきほどのウィリスの研究成果を例にとれば，「野郎ども」が重視する価値観や文化は，たしかに「男らしさ」のステレオタイプの1つではあるものの，「ヘゲモニックな男性性」ではないといえよう。

現代日本においても，「男らしさ」「女らしさ」の構築は単一のプロセスではなく，そこにバリエーションがあると考えるべきだろう。

学校における女子と男子のサブカルチャー

日常生活において子どもたちは主体として，性別二分法の境界を日々引き直している。境界は常にゆらいでいるし，複数の線引きも可能だ。その結果，それぞれの同性集団においても，さらにサブカテゴリーが生まれる。学校の中で子どもたちが形成するサブカルチャーに関する研究から，「女の子」「男の子」の多様性をみてみよう。

まずは，女の子集団について。女の子たちは，自他にとっての「女らしさ」をどのような指標で定義づけているのだろうか。

宮崎［1993］は，女子高校の参与観察を通じて，女子生徒たちの中には，成績がよい「勉強」，漫画などの共通の趣味で集う「オタッキー」，ファッションを重視し学校外活動が活発な「ヤンキー」，前三者ほどは特徴が目立たない「一般」の4つのグループがあることを発見している。この4グループは，学校に適応的か反抗的かということと，彼女たちが重視する「女らしさ」によって区別される。前者の基準でいえば，最も学校に反抗的なのは「ヤンキー」グループであるが，これらの4つのグループが互いを切り分けるために頻繁に言及するのは後者の基準のようだ。彼女たちは，「女らしさ」に関して相互に厳しく批判することで自他のアイデンティティを確立しているという。「勉強」グループは「品のよさ」や「貞淑さ」を重んじ，そうした女性性から遠い「ヤンキー」グループを批判する。逆に，「ヤンキー」グループは，「かわいくない」「彼氏がいない」「世界が狭い」「非現実的」だとして「勉強」「オタッキー」グループを批判する。彼女たちは，ジェンダーとセクシュアリティの観点からみて，相互に自分たちとは異なる点を批判的に言及することで，それぞれの特徴を明確にし，「女らしさ」に関する境界を引き直すのである。

上間［2002］もまた，私立女子高校での参与観察の結果，「トップ」「コギャル」「オタク」という3つのグループの分化と，そのヒエラルキーを描き出している。3つのグループの関係性やメンバーの移動，グループの再編には時間軸に沿って変化するが，そこではマスメディアや繁華街と連動した「コギャル」文化が常に重要な位置を占めていた。しかし，重要な点は，消費社会的な「コギャル」文化が学校の外から持ち込まれるだけではなく，学校という場こそが女子高校生たちのサブカルチャーをはぐくみ，アイデンティティ獲得と修正（ギデンズの「再帰的プロジェクト」）を可能にしているということだ。

男の子集団についても，いくつかの興味深い研究がある。土田［2008］は，男子校・女子校へのアンケートと教員インタビューによって，ジェンダーの視点から男の子の多様性を検討し，学業やスポーツ，クラスでの人気などの何らかの「男らしさ」にコミットできない男の子たちは，自尊感情が低く，学校生活の中で周辺化されがちであることを示している。私立の男子高校の中には，そうした男の子たちに対して，「男らしさ」の序列や競争から距離を置き，比較的安心して過ごせる環境を提供する試みがあるという。

男子高校生を対象としたエスノグラフィを行った知念［2018］は，生徒たちによるジェンダーにかかわる実践が性別二分法によってのみ秩序化されているのではなく，「男らしさ」は何かという視点から，男子集団内の多層的な分化（differentiation）が構成されていると論じる。知念が観察した男子集団においては，「ヤンチャ（＝喫煙・飲酒・喧嘩などの「問題行動」を繰り返す）」「イッパン（＝一般的な生徒）」「インキャラ（＝陰気なキャラクターの意味）」の境界と序列構造が意識されていた。「ヤンチャな生徒たち」は，自分たちが定義する「男らしさ」の基準に照らして，「インキャラ」的な言動を劣位に置いている。ただ，「インキャラ」は特定の集団を固定的に呼びならわす形では使用されておらず，彼らは「インキャラ」という解釈枠組みを用いて，他者だけではなく自身の行動についても，その時々の文脈に即して男性性の再定義をし続けていた。社会階層とジェンダーとの交差についていえば，「ヤンチャな」生徒には貧困・生活不安定層出身者が多く，ウィリスがイギリスで観察した「野郎ども」に近い反学校文化を有し，家庭の文化と学校の文化との間の葛藤によるジレンマを経験していた。

ジェンダーの社会化に関する「社会のカリキュラム」や学校における「隠れたカリキュラム」を通じて，子どもたちは「女の子」「男の子」として「つくられていく」。ただし，以上でみてきたように，わたしたちは，たんに受動的に「つくられ」，「男」「女」としてあるべき形に固定化されるわけではない。男性性・女性性にかかわる種々のメッセージを可能な範囲で取捨選択し，社会的文脈ごとに他者との交渉を通じて，特定の「女」「男」にみずから「なる」ということを見落としてはならない。かつ，そのプロセスはどこかの時点で完成するのではない。各ライフステージや生活の場面において，すべての人が自分のジェンダー・アイデンティティを再定義し続けているのだ。

Think yourself

1 教育におけるジェンダー格差について，客観的事実として初めて知ったことをあげてみよう。

2 ジェンダーに関する「隠れたカリキュラム」として，自分の経験から思いつくものをあげ，それらの例がどのような機能を果たしていたのか考えてみよう。

3 学校における児童・生徒のサブカルチャーといった場合，どのようなものが思い浮かぶだろうか。それらのサブカルチャーの特徴を形作る境界線は何だったのか考えてみよう。

Column ⑪ 「男の子脳」と「女の子脳」

近年，書店やインターネットで，「男子脳」「女子脳」それぞれに適したしかり方・ほめ方，学力の伸ばし方を推奨する書籍や記事が目立つ。生まれながらに脳には性差があるため，子育ての方法も男女別に変えたほうがよいということが「科学」の装いをもって説かれている。

近代科学の発展を背景に，男女の「生来的な違い」を探究する〈性差の科学〉が生まれた［ファウスト・スターリング，1990］。〈性差の科学〉による代表的な説の1つは，男性のほうが女性より脳が重く知的に優位とするものだ。この「科学的」知見は，かつて高等教育から女性を排除する根拠になった。

21世紀版〈性差の科学〉を代表するものは，右脳と左脳の働きや機能分化が男女で異なるという言説である。左右の脳の働きの違いから，男性は理数能力に優れ，女性は言語能力に優れているという「科学的知見」を耳にすることは多いだろう。2000年のベストセラーとなった『話を聞かない男，地図が読めない女』（アラン・ピーズ+バーバラ・ピーズ，主婦の友社，2000年初版）は，脳の性差によって日常の男女のすれ違いが生じると語り，現在も読み継がれている。

しかし，脳の性差研究については，未知の領域が多く，相反する結果が出ていることも多い。また，脳の構造上の違いと，機能の違い，さらには顕在化する能力の違いをむすぶ説明はほとんどなされておらず，これらのつながりは推測以上のものではないと脳科学の専門家は警鐘を鳴らす［キムラ，2001］。「脳が違うから○○だ」とおもしろおかしく対比的に男女の差異を語る論法は，ジェンダー・ステレオタイプを補強する機能を果たしていることに留意したい。

Stage 2　「男らしい身体」と「女らしい身体」はつくられる

● EPA＝時事提供

学校による身体の二分化

学校における「女」と「男」を分ける境界線について，今度は身体やセクシュアリティに着目しながら考えてみよう。

学校は子どもたちの身体を管理する。その管理には2つの側面がある。1つは，個々の身体をいかに他者に提示するのかという，装い方に関する面である。学校は校則や生徒指導の教育実践を通じて，服装や髪型など外見のありようをコントロールしている。もう1つは，のぞましい身体の定義に関する面である。児童・生徒として「健全な」身体をつくりあげ保持する方法は，保健体育などの教科やスポーツテスト，運動会の学校行事を通して伝達される。こうした身体の管理は，フォーマル・カリキュラムと「隠れたカリキュラム」の2つのカリキュラム・レベルを通じて行われる。2つのカリキュラムは並走し，相互補完の関係にある。そもそも学校は子ども・青少年の身体を管理すべきなのかという根本的な問いも思い浮かぶが，ジェンダーの視点から重要なことは，身体の管理統制が性別で差異化されている点である。

2つの管理のうち，まずは身体の提示・装い方にかかわる校則に注目してみていこう。

多くの場合，校則の中には，学校に通う児童・生徒の身体のありようを規定するものが含まれている。頭髪，靴，靴下，カバン，果ては下着まで，わたしたちがどのような身体表現（装い）を選ぶのかについて，一律に決められた詳細な校則を持つ学校は少なくない。その最たるものとして，制服（／標準服。以下，制服と記載）をあげることができよう。学校制服はほとんどの場合，男女別に定められている。日本社会では学校制服は疑問視されておらず，制服を定めている学校で教育を受ける場合，制服を拒否することはむずかしい。だからこそ，「制服改造」は学校への反抗をわかりやすい形で表明する意味を持つ。

制服は男女で異なる身体表現を強いる。非常にみえやすい形での二分法の強制力は，簡単には例外を許さないほど大きい。もちろん社会全体において男女のファッションには傾向の違いが存在するし，そこには社会的圧力も働いている。とはいえ，男性のカラフルな服装やおしゃれに気を使った髪型，女性のパンツ着用（後述するように男性のスカート着用への抵抗感は続いているものの），Tシャツとジーンズに代表されるユニセックス・ファッションの浸透など，ファッションにおける男女の垣根は低くなっている。私服の自由度に比べると，制服の世界は性別の境界が厳格である。制服を着ればひと目で「男子生徒」なのか「女子生徒」なのかがわかるようになっている。

性別を明示する機能を持つ制服は中等教育段階で導入されることが多い。中学校・高等学校を経て，高等教育機関に進学すると再度服装規制は緩和される。中等教育段階では，頭髪・服装規定も最も厳しくなる。「中学生らしい」「高校生らしい」髪型と服装という決まり文句が校則にはまとわりつく。ヘアカラーやパーマ，黒以外のヘアピンやヘアゴム，アクセサリーも化粧も禁止，靴や靴下などは地味な色目のもの，自分の帽子や羽織ものなども勝手に着てはいけない。つまり中学生・高校生には自分の好みで身を飾ることは許されない。「らしくない」からである。

さらに，「らしさ」に性別が付加され，「女子中学生／女子高校生らしさ」と「男子中学生／男子高校生らしさ」は異なるものとして規定される。男子の場合，頭髪は短く（前髪は眉毛より上，横の髪は耳にかからないところまで，ツーブロックは禁止など），女子の場合は，髪を伸ばしてもよいが「清楚」な範囲（肩まで，あるいは肩より長い場合は黒のヘアゴムで結ぶ，ポニーテールは禁止など）が求められる。女子はスカート丈がチェックされ，長すぎても短すぎてもいけないというこだわりが徹底されている学校も少なくなかったし，男子の詰襟の学生服では，襟に取り付けられた固いプラスティック・カラーが窮屈極まりないものであるにもかかわらず，襟のホックをはずして首元を緩める着用方法を許さない指導があたりまえだった時代もある。

これらは，第二次性徴期に身体に変化があらわれること，セクシュアリティに関する発達，恋愛や性愛についての関心が高まる（と社会的に認知されている）時期だからこそではないだろうか。恋愛やセクシュアリティにかかわる主体としての自己表現は，学校が許容する範囲でしか認めないというルールが学校教育の場を支配していることがわかる。しかも，その前提には異性愛中心主義があるということも後述しよう。

制服の歴史とジェンダー

そもそも，男女別の学校制服はどこから始まったのだろうか。現在につながる男女別の制服の歴史をたどってみよう。

学校教育制度がスタートして間もないころは，学校に行くための服装は特に定められていなかった。現在みられる学校制服が日本の学校に広がったのは，明治中期以降のことである。それはまず進学者が限定されていた中等・高等教育段階においてスタートする。当時，制服は，能力的・経済的に一種の「選ばれた階層」を表すシンボルの意味を持っていた。みえやすい服飾のレベルでの差別化によって，制服を着用する人の特権意識や上級学校への帰属意識が高められていたと考えられる。制服はいわば「エリート」の象徴でもあった。

男子が進学する中学校や高等学校では，官吏の制服が洋装化されるのにならって，袴をはいた書生姿から洋装制服への移行がなされた。女子の場合は，男袴からアレンジした紫や海老茶色の女袴による女学生スタイル（「すみれ女子」「えび茶式部」などの呼び名も生まれた）の和装制服が全国的に広がった後，男子より遅れてではあるが，やはり洋装化プロセスをたどる［桑田，1998］。

男子の学校制服のモデルとされたのは軍服であり，明治20年代以降軍服を模した黒色詰襟・金ボタンの学生服（「学ラン」）と学生帽が男子の学校制服として定着する。大正期から昭和初期に普及した女子の洋装制服もまた，海軍の水兵の制服をもとにしている。ヨーロッパで水兵服デザインが子ども服として流行した後，女性のファッションに取り入れられ，その文化が日本に輸入された。学生服とセーラー服の対比は，学校に通う十代の若者の身を包むものとして定番化し，戦後にも引き継がれたのである。

男女ともに洋装制服デザインの源泉は軍隊にあるが，その特徴は男女でかなり異なっている。学生服が堅苦しく剛健なスタイルであるのに対して，セーラー服は，水兵服をモデルとした広い襟の上着に，ひだスカートを組み合わせて，柔らかにアレンジしたものであった。上着には広い襟の下にあざやかな色のリボンをかけることもあり，ひらめくスカートとともに，流れるように揺れるスタイルを表現した。たおやかに揺れるセーラー服は，清楚でありながらも魅惑的な女性美を，一方，身体を堅苦しく包む学生服は凛々しい男性性を表現するものだったといえよう。

男女で異なる身体表現を強制する学校制服の歴史は，女性に求められる特性と男性に求められる特性の対比を目にみえる形で構築してきたプロセスとして解釈することができる。

制服自由化と子どもの人権

戦後も1980年代までは，男子は中学校では丸刈り，黒の詰襟学生服，女子は黒か紺のセーラー服が制服の主流という時代が続いたが，1990年代以降ブレザー制服という新しい流れが生まれる。同じころ，男子中学生への丸刈り強制や，子どもたちの自由を拘束する校則全般を見直す動きが活発化した。当時，国連で採択された子どもの権利条約の署名・批准の動きを背景に，子どもは保護されるべき存在であると同時に，一人の人間として基本的人権を持ち，それを行使する存在であることへの認識が高まっていた。従来は家庭内の私事として見過ごされてきた児童虐待が社会問題化すると同時に，学校の校則も子どもの権利を抑圧しているのではないかとの問題提起が注目されるようになる。そうした背景から，学校制服にも大きな変化が生じる。

現在，全国的に「女子はスカート」「男子はズボン／スラックス」に代表されるような，制服に関する性別限定を緩める動き，いわゆる「制服選択制」が広がっている。女子のセーラー服，男子の詰襟学生服というかつて主流であった男女別制服を，ブレザースタイルに統一し，ズボンかスカートか個々人で選択できる形式を導入する学校が増えている。男女別制服の強制は，生徒たちの自由を束縛しているという観点だけではなく，性別の「らしさ」を強制しているという観点からも見直す声が高まっている。ジェンダー規範が流動化している現在，「男らしい」身体と「女らしい」身体，それぞれにふさわしい服装を定める男女別制服は，徐々に時代遅れのものになりつつある。

また，自分の性別（ここでは出生時に割り当てられた性別を意味する）にゆらぎを抱いている人にとって，男女別制服の着用は，困難や苦痛を感じさせるものとなりやすい。現在，そうした子ども・若者たちへの配慮の必要性は，社会的に認知されてきている［加藤・渡辺，2012］。近年の制服選択制の増加は，文部科学省が性別違和を抱える生徒たちへの適切な配慮を推奨するように通知（「性同一性障害に係る児童生徒に対するきめ細かな対応の実施等について」2015 年）を出すなど，「生徒が自認する性別での装いを認める」観点が広がってきたことのあらわれでもある。

制服を選択制にすることは，自分の性別に違和感をおぼえる人たちが抱える葛藤を解消するうえで大きな意義がある。性別に関する違和感は，個人的な問題ではなく，「女性」「男性」それぞれに固定的な役割や「らしさ」を求める学校の文化や制度，ひいては社会構造によって生み出されているとの指摘が実証研究を通じてなされている［土肥，2015；宮田，2017］。自分の性別に違和感を持つ状態や同性愛指向を一種の病理としてみなす観点は国際的にも見直されつつあるが［森山，2017］，ジェンダーやセクシュアリティに関する葛藤や不安は，個人の内部から生まれるというよりも，社会的文脈において特定の規範が前提とされていたり強制されたりする場面で強まることがあらためて注目されている。

もちろん，性別違和を感じている場合に限らず，誰にでも好きな服装を選ぶ権利がある。性別違和を感じた男性・女性が，それぞれの性自認に沿った制服を選ぶことができるように，性別違和を感じていない男性・女性であってもスカートやズボン／スラックスを自由に選べてしかるべきだ。

選択制度が広がる中で，女子生徒がズボン／スラックスを選ぶ例はまだまだ少数にせよ増えつつある一方，男子生徒がスカートを選ぶのは，性自認が女子であるといった条件がつく場合に限定されがちだ。男子が性自認の変更のないままにスカートを選ぶことのむずかしさは，性別境界の相互乗り入れの非対称性の問題として考えさせられる。

体育における男女の境界

ここでは，***Stage* 2** の冒頭で述べた，学校による身体の管理の後者，のぞましい身体をつくりあげる面を検討しよう。

生来的な運動能力の性差ゆえに，体育やスポーツは男女別になっていると考えられている。肘から先だけを使ってボールを投げる，いわゆる「女の子投げ」は，「女の子走り」（腕を前後ではなく横に振る走り方）と並んで，女子の身体能力の低さを象徴するものとして知られている。しかし，男女の平均的な身長差や筋肉量の差が生じるのは第二次性徴期以降であり，スポーツテストなどで性差が目立つのは中学校以降のことだ。その中で，ボール投げだけは小学校段階から女子の記録の劣位がはっきりしているが，これは，キャッチボール経験の乏しさなど，後天的な要因によるものではないかという問いかけがなされている。

政治哲学者アイリス・ヤングは，「女の子のように投げる（*Throwing Like a Girl*）」と題した本で，女の子に特有のボールの投げ方を，社会全体における女性への抑圧が身体性としてあらわれているものと解釈している［Young, 1990］。たとえば，女性の身体動作は，脚をそろえて座る，全身を使った大きな動きを避けるなど，比較的小さな空間におさまるようにコントロールされている。「女の子投げ」のような動作が生まれるのは，たんに経験や技能の不足というよりも，成長過程で身につけた女性としての身体動作が運動能力を抑制する効果を常に発揮しているからと考えることができる。

学校教育における男性／女性としての身体動作，運動技能の形成という意味では，やはり体育が重要な位置を占めよう。現在，学習指導要領上では，体育に関して性別に規定はないが，中学校以上の教育実態は男女別学に近い場合がほとんどである。運動系部活動も男女別の場合が多い。男女はそもそも身体が異なり，特に第二次性徴期以降は身体能力の差が拡大するという認識から，また思春期ゆえに分離したほうがいいという考えも手伝って，体育やスポーツに関しては男女を切り分ける境界が明確だ。

制服の歴史と同様に，体育についても，男女で異なる歩みをみてとることができる。男女別学が基本であった戦前はカリキュラムも大きく異なっていた。学校教育はスタート時から身体教育の必要性を意識し，「体操」の体系立ったカリキュラムを作り上げていくのだが，内容やねらいはやはり男女で異なっていた。

初等教育では，男子には主として軍隊での訓練をモデルとした「兵式体操」を，女子にはより負担が軽い「普通体操」もしくは「遊戯」を授けるよう定められていた。男子が通う中学校では「兵式体操」や「撃剣・柔術（後に剣道・柔道と改称）」などが重視される一方，高等女学校では中学校よりも時間数が少なく，内容も「普通体操」「遊戯」中心で，さらには舞踏など女子向けの種目が考案されたりもした。学校教育における「体操／体育」の発展の中に，「男らしい」身体と「女らしい」身体を別個に構築する過程が内在している。

男女の身体を別のものとして扱う体操教育の伝統は，男女共学が基本となった戦後のカリキュラムにも引き継がれた。1985年の女性差別撤廃条約批准に伴って改善されるまで，体育の学習指導要領には「男女の特性を考慮して指導する」といった文言や，中学校・高等学校の履修内容に男女で異なる規定が存在した。その代表的なものが，中学校段階での男子には格技，女子には創作ダンスを割り振る規定だったが，いまは格技もダンスも，性別にかかわりなく選択可能なカリキュラムになっている。とはいえ実態としては，男女で選択傾向がかなり異なっていたり，学校単位での性別振り分けが行われている場合もありうる。

1990年代以降，学習指導要領というフォーマル・カリキュラムにおいては，戦前から引き継いだ男女を分ける境界は明記されなくなったが，中等教育以上では，球技であれ，陸上競技であれ，男女がともに授業を受ける場面は少ない。身体のあり方や身体能力は個々の多様性が大きいにもかかわらず，男女の平均的な差を根拠として，一緒に体育を行うのは無理だという認識が根強く存在する。体育やスポーツにおいて男女の境界があることが，ひるがえって，男女の体力・運動能力差を固定化する基盤となっているとも考えられる。

競技スポーツと男性性

スポーツ文化は「攻撃，競争，成績，暴力といった男性的価値」[ホール，2001] に支配されている。体育やスポーツ文化は，近代国家が求める男性性の発展と結びつきながら発達した［飯田・井谷編，2004］。近代スポーツの発展は，男性を真正のスポーツマンかつ闘う兵士として位置づける道程でもあった。スポーツのメインストリームから女性は排除され，女性には運動量の軽い優美な運動がふさわしいとする二重規範（double standard）が構築されていった。

学校体育や運動部活動には，競技スポーツ文化の影響が色濃くみられる。速さや強さを競う記録主義的な学校体育や部活動において中心となるのは男子だ。

井谷［2005］は，公立高等学校の保健体育教師へのインタビュー調査から，学校体育を担う教師の意識の中に，体力や身体能力にかかわる「男女二分法の絶対視」，男子に比べて「二流」として女子をみる視点（「スポーツの亜流としての女性」），克己・勝利・強靭な肉体といった「男性的価値の重視」をみてとることができるという。つまり，学校体育では「男づくりプログラム」とでもいうべき原理が機能している［井谷，2005］。一人前の「男」になるために，競争と鍛錬を求めるスポーツ文化に適応しなければならない。体育が「男づくりプログラム」であるからこそ，体育指導場面では到達度や求められる努力について，「男子に厳しく，女子に甘い」という二重規範が観察される［片田孫，2009］。

結果として学校の中に，スポーツに関して主役は男子で，女子はそのサポートや応援をするという役割分担が生まれる。男子が血をにじませ汗を流して闘い，女子は涙と微笑みでその応援をする。たとえば毎年恒例の高校野球のチアリーダーの姿や男子体育会系クラブで献身する女子マネージャー像は，その図式の典型である。だからこそ，「男づくりプログラム」についていけない，「運動音痴」とされる男子は，「失敗者」として負のサンクションを受けがちである［大束，2003］。

羽田野［2004］は，「男性は女性より身体能力において優れている」という信念を，「身体的な男性優位神話」と呼ぶ。この信念は，男性のほうが体が大きい，運動能力が高い，攻撃的であるという3つの要素からなる。この神話を維持するためには，男女がともに競う場面は注意深く忌避されねばならない。中学校の柔道部を参与観察した羽田野［2004］の研究では，女子部と男子部が同じ武道場で共通した練習メニューをこなしている場面で，男女の練習スペースは自然に分離し，その境界線を越える動きが生じても，全体の秩序を崩さないよう巧みに回収される様子がみられるという。「乱取り」練習も基本は男女で分かれている。男女の組み合わせが時折みられるが，女子が男子に取り組みを依頼する際には下の学年の男子か，同学年の中で比較的実力が低いもの，逆に男子が女子に取り組みを依頼する際には上の学年の女子に限られるという，男子の優位性をおびやかさない法則性が観察された。その法則が破られるとき，すなわち男子が女子に負けることがあれば，それは一種の「事件」であり，負けた男子はショックを受けることが多いという。

陸上や水泳など，個人の記録を比べることができる競技を例にとれば，トップレベルの記録には性差がみられる。だが，そうした第一線のスポーツ選手以外では，男女でともにスポーツを楽しむことが不可能なほどの性差が常にあるのだろうか。陸上や水泳など個人競技に関して女子のトップレベルの選手の記録を超えることができる男性はそれほど多くない。中学生や高校生の100メートル走のタイム分布を比べると男女の分布の山は確かにずれているが，両者の重なり合う部分は相当にある。しかし，いや，だからこそというべきか，男女で一緒の徒競走は，中学校以降運動会でも体育の授業でもほとんど実施されない。

身体や身体能力について，個人差に目を向けずに，性別の平均値の差が強調される。ともに競い合う場面もないため，男子が女子に負ける場面を目にすることはない。学校体育も部活動も，成人のスポーツの世界も，男女別にそれぞれ囲い込むことで「身体的な男性優位神話」は維持されていく。

スポーツ文化における価値観と「体育嫌い」

体育やスポーツには，男性の優位性と関連のある，ジェンダーとセクシュアリティに関する価値観が内包されている。

その1つが性的指向として異性愛を当然視するヘテロノーマティビティ（heteronormativity：異性愛規範）である。その特徴は，学校の体育行事にみられるフォークダンスにわかりやすい形で表現されている。戦後，男女共学が基本となった新制の学校教育で，体育をどのように実施するのかは大きな課題であった。戦後まもなく発表された学習指導要領（試案）の体育の項目では，英米的な「男女平等」のシンボルのように，男女ペアのフォークダンスが早速取り入れられている。その際の「男女平等」は，男女は異なる存在だからこそペアになって協力するという観点であり，性別役割分業や男女別の「らしさ」観を前提とし，「健全」な男女の交流を目指していた。

現代日本の中学や高校の体育祭におけるフォークダンスは，海外のプロム（卒業前のダンスパーティー）研究で指摘されるような，ジェンダーとセクシュアリティに関する特定の価値規範を帯びている。躍動的な身体でリードする男性と，可憐で華やかな身体でリードされる女性という非対称性，その両者による異性愛を象徴するような振り付けや演出がなされ，結婚式さながらの光景もみられる［合場，2020］。フォークダンスが体育祭の中でも注目を集める演目であることを考えると，それらが，固定的な「女」「男」イメージに反発や居心地の悪さを覚える生徒，また，「性別違和」を抱えていたり異性愛以外の性的指向性を持つ生徒に，抑圧や葛藤を与えている可能性は高い。

もう1つの価値観は，ミソジニー（misogyny：女性に対する嫌悪・蔑視）とホモフォビア（homophobia；同性愛や同性愛者に対する嫌悪・恐怖）である。セジウィックは，男性は近代社会において中心的な地位を維持するために，同性間のホモソーシャル（homosocial）な関係を築いてきたと論じた［セジウィック，2001］。ホモソーシャリティは，男性優位の理念に基づく特権的な男同士の関係性であり，ゆえに，「劣った存在」である女性や，男らしさの源泉である異性愛に背く男性同性愛者を排除する。

海外ではいち早く，「男らしさ」が重視されるスポーツの世界で，男同士の絆（ホモソーシャルな関係性）を相互に確認し強化するために，ミソジニーとホモフォビアが活用されることが指摘されてきた。日本の実証研究でも，男性のみの運動部活動や大学体育会の活動の中で，女性を性的な客体としてみなしたり，同性愛指向をおとしめるような「セクシュアリティ・ジョーク」が，男同士の仲間意識を作り出すための潤滑油として用いられることが見出されている［三上，2020］。

マスメディアやSNSにおいて，学校での経験から運動やスポーツが苦手になった「体育嫌い」への注目が高まっている（たとえば，「フォーラム『体育嫌いを考える』1・2」朝日新聞デジタル2022年11月20・27日など）。体育や運動系部活動において不快な経験をすることによって，スポーツに苦手意識を持ち運動全般から遠ざかってしまう人が多い。こうした「体育嫌い」の背景には，体育における競争重視や男性優位主義の影響が推測される［井谷ほか，2022］。

2017年に告示された学習指導要領では，小学校の体育や中学校の保健体育の目標として，「生涯にわたって心身の健康を保持増進し豊かなスポーツライフを実現するための資質・能力」を育成するとの，生涯スポーツの理念を謳ったことで話題になった。現在，生涯スポーツの視点に立って，「体育嫌い」を生み出さない体育が模索されつつある。

近年少しずつ広がっている体育の男女共習の試みは，前提とされる男女の違いがそれほど大きな問題にならないことや，スポーツにおける男性だけのホモソーシャルな関係を乗り越える可能性を示している。「体育嫌い」を生み出さない体育は，性別や性的指向のみならず，障害の有無，個々人の体力や技能の多様性をも包摂するような内容となるはずだ。

青少年の性行動と性教育の歩み

身体にかかわるものとして，最後に，性教育について考えよう。みなさんは性教育についてどのような思い出があるだろうか。性教育を受けた記憶がない人，受けたけれどもあまり印象に残っていないという人，とてもよい授業を受けた経験がある人，逆に性教育で不愉快な思いをした人，などさまざまだろう。社会や家庭科などの教科教育と異なり，性教育は体系立ったカリキュラムがフォーマルには存在していないことから，費やす時間数も内容も地域や学校ごとにバラエティに富む。

だが，青少年の意識や性行動の実態を考えると，学校の性教育に期待される役割は大きい。全国的な調査によれば，1970年代から21世紀初頭にかけて，青少年の性交経験の比率は高まり続け，しかも低年齢化していることが懸念されていたが，近年は性交経験率も「性的なことへの関心」も低下していることがわかっている［林・石川・加藤編，2022］。ただし，低下傾向は全般的なものではなく，性行動率や性的関心が不活性化している層と，低年齢での性行動が一層活発化する層とに分極化が生じているという。いずれの層もそれぞれに，学校や家庭で性について学んだり考えたりする機会を持つことを必要としているだろう。

学校で十分な性教育が行われない中，子どもたちは性に関する知識欲をどこで満たしているのか。かねてより指摘されている課題として，現代の子どもや若者が性に関する情報を得るのは，主にインターネットを通じてであり，そこには間違った情報が含まれていることも多く，必要な情報がきちんと届いていないのではないかということがある。

この状況は今にはじまったことではない。思春期以降の青少年に対して，学校が性教育を実施することの必要性は，戦前から議論されていた。「健全な」次世代国民を育成する観点から，「花柳病（性病）」「手淫（マスターベーション）」「同性愛」「妊娠」などの性的な「堕落」から学生を守るために性教育の必要性が説かれた。また，生物学・医学・教育学など種々の観点から性教育の専門書が出版され，実験的な性教育講義が大学で開講されたりもした。だが，学校教育で性教育が公式にとり入れられるのは戦後を待つ必要があった。

1947（昭和22）年に文部省の社会教育局が「純潔教育の実施について」という通達を出し，性教育は戦後の混乱の中で純潔教育としてスタートした。1950年代には，『男女の交際と礼儀』『性と純潔――美しい青春のために』など，純潔教育のためのテキストが発行され，禁欲主義を基本とした「健全」な男女交際のすすめがなされていく。ただし，禁欲は男女同じく課せられるのではなく，そこには男性には甘く女性には厳しい，二重規範が働いていた。純潔教育の柱は，女性の生殖と性行動の管理にあり，男性の性欲は本能的なもので抑えられないということを前提に，男性の性衝動から身を守ることは女性の責務だとの規範を教え込むことが重視された。純潔教育という名称は，とりわけ女性に求められる道徳的な意味合いが強かった。

1980年代から90年代にかけて，純潔教育に代わって，性に関する指導や性教育という名称が公的にも使われるようになる（1986年『生徒指導における性に関する指導』，1999年『学校における性教育の考え方，進め方』）。その流れは，純潔教育のような性道徳中心から，第二次性徴期以降の身体の変化や母性に関する科学的な知識の伝達への力点の移行を伴っていた。

そのころから，民間団体や教師による自主的な動きが中心となり，性的主体としての子どもの人権を尊重し，二重規範を乗り越えた対等で豊かな関係性としてセクシュアリティを捉える立場からの新しい性教育が模索されるようになっていく。

しかし現在もまだ，十分に体系立った性教育の公的カリキュラムは構築されない状態が続いている。性交や避妊の教授を禁じる学習指導要領の「はどめ規定」（小学校理科や中学校保健体育において「人の授精に至る過程／妊娠の経過は取り扱わないものとする」との規定）など，いまだに性をタブー視する教育施策が，10代の子どもたちにとって必要な性教育の展開を阻んでいる。

多様性をふまえた性教育へ

公的カリキュラムではないものの，性教育に関する教育実践・運動は着実に広がっている。人権の観点をふまえたHIV／AIDS教育，若い世代に広がる性感染症予防，セクシュアル・リプロダクティブ・ヘルス／ライツ（性と生殖に関する健康と権利。Sexual and Reproductive Health and Rights：SRHR）の視点，児童への性的虐待やデートDVを予防するための教育など，次々と浮上する課題に応えながら，性教育は発展してきた。

現在，セクシュアル・マイノリティの権利獲得運動と連動した性自認と性的指向の多様性の可視化によって，性教育はさらなる見直しを求められている［渡辺，2005］。近年，性的指向と性自認をあらわすSOGI（Sexual Orientation and Gender Identity）という用語がグローバルに用いられ，個人のSOGIの多様性はよりこまやかに認識されるようになっている（*Column* ⑫参照）。ジェンダー平等のみならず，身体やSOGIの多様性，セクシュアル・マイノリティの人権尊重の観点からすれば，固定的な性別二分法や異性愛絶対主義を相対化することなしに性教育を行うことはできない。

しかし，そうした性教育を構想するにあたり，誰の権利と自由をどのように守るのかについての多角的な検討が必要となる。2021年に文部科学省による「子供を性犯罪等の当事者にしない」という目的を掲げた「生命（いのち）の安全教育」のモデル教材と教員向けの「指導の手引き」が公表され，注目を集めた。性犯罪については，「きちんと警戒・強く拒絶すべきだった」といった形で女性被害者を責める犠牲者非難（victim blaming）が，「女性に厳しく男性に甘い」性に関する二重規範を基盤として生じがちである。「生命（いのち）の安全教育」はそうした犠牲者非難の構図を克服しようとするスタンスが明確であり，その点が高く評価されている。しかし，異性愛を前提とする点，DVや性暴力を不平等な社会構造ではなく個々人のモラルの問題として捉える点などの課題が残されているとの指摘もある［近藤，2022］。

また，近年いじめによる自殺防止および性教育の一環として展開されている「命の教育」の教育実践にも課題がある。こうした実践の典型例は，児童生徒に，「お父さんとお母さんが愛し合って生まれた愛の結晶」だから，「あなたには価値がある」とのメッセージを伝えるものだ。これには，両親に愛され望まれて生まれてこなければ存在価値がないかのようなメッセージになりうるという問題点があり，家族の多様性やさまざまな形の養育環境があることを無視している。性行為を，愛に基づいた生殖のための行為へと枠づけするとともに，暗黙のうちの同性愛排除も表現している。自分を大切にしようと伝える教育実践の中にも，ヘテロノーマティビティが内包されている［木村，2016］。

ジェンダー平等や性の多様性を尊重する視点も含め，セクシュアリティを人間の生き方全般にかかわるものとして捉える包括的性教育（Comprehensive Sexuality Education）の提唱がグローバルな流れとなっている。包括的性教育の実現のためには，日本の学校教育が子どもたちの身体をいかに扱っているのか，その現状をていねいに解きほぐすことからしかスタートできないだろう。

Column ⑫ 身体とSOGIの多様性

解剖学的・生物学的な身体の研究が進むにつれて，わたしたちの身体は染色体レベル・遺伝子やDNAレベル・生殖器レベル・性ホルモン分泌などのそれぞれのレベルにおいて多様性があり，簡単に二分できないことがわかってきている。実際の身体の違いとはある程度無関係に，性別二分法（生物学的性別〔sex〕と社会文化的性別〔gender〕，いずれも二分法）は機能している。その二分法に沿って，わたしたちは出生時にどちらかの性別に振り分けられ，それを基盤に自分の性別を認識する。それが性自認（gender identity）である。

性自認において，出生時の性別に違和感を持つ人たちについて，「性別不合（gender incongruence）」「性別違和（gender dysphoria）」という概念が使われる（「性同一性障害〔gender identity disorder〕」という概念が一般的であったが，現在脱病理化の流れの中で表現が徐々に変化しつつある）［森山，2017］。出生時の性別とは異なるジェンダー・アイデンティティで暮らしたいと考える人たち「トランスジェンダー（transgender）」もおり［周司・高井，2023］，学校現場はそうした子どもたちへの配慮や対応を進めている。

性的指向（sexual orientation）とは，ロマンティックな恋愛感情や性的関心がどのような対象に向かうのかを示す概念であり，異性に向かう場合が異性愛（heterosexual），同性に向かう場合が同性愛（homosexual），異性と同性と両方に向かう場合が両性愛（bisexual）の3つのパターンにまずは区別される。現在，それらに加えて，性別に関係なくすべての人が対象となりうるパンセクシュアル（pansexual），他者に対して恋愛／性愛感情を持たないアロマンティック（aromantic）／アセクシュアル（asexual）などの存在にも目が向けられるようになっている。

アロマンティック／アセクシュアルについてはNHKが

2022年にそれをテーマとした連続ドラマ「恋せぬふたり」(岸井ゆきの，高橋一生主演）を放映し，日本での認知度が高まった。近年，人口学的調査においてもその存在が徐々に可視化されている［三宅・平森，2021］。アロマンティック／アセクシュアル概念は，人は他者に対して恋愛感情を持ち性的に惹かれるものだという前提すら思い込みにすぎないのではないかという問題提起をしている。

異性愛以外の性的指向はかつて一種の病理として治療の対象と考えられたり，社会的迫害を受けてきた歴史もあるが，それぞれを自然な状態として認める方向が現在の国際的な潮流である［風間・河口，2010］。性自認や性的指向に関しては他の概念もあり，その多様性はさらに拡大しつつある。

Think yourself

1. 身体における性差についての記述で，意外に思ったことはあっただろうか。あったとすれば，それがなぜ「意外」に思えるのか，自分の言葉で考えてみよう。
2. 体育の男女別の別習と男女の共習，それぞれのメリットとデメリットは何だろうか。いずれかに賛成・反対という立場を離れて，客観的に論点を整理してみよう。
3. 若い世代のセクシュアリティに関するニュースやデータを調べてみよう。それらの情報から，性教育に求められている課題を検討してみよう。

Stage 3 ジェンダーとセクシュアリティの秩序

教育制度をめぐるポリティクス

近代化が求める「国民」の統合

不登校の子どもたちの増加などで学校の絶対性はゆらぎつつあるが，それでもまだ，学校は子どもの成長のために必要な基本的な制度だという考えは多くの人に共有されている。だが，学校を当然視する認識の歴史は比較的浅い。学校は子どもにとってどのような存在だったのか，それは性別で異なる意味を持っていたのか。*Stage* 3 では，ジェンダーとセクシュアリティの現在のゆらぎを俯瞰的に捉えるために，教育制度と国民国家のポリティクスの歩みを振り返ってみよう。

教育システムは，常に国家の政策にかかわる広義の「政治」的文脈の中にある。明治維新後，近代化をスタートさせた日本政府にとって，学校教育制度の整備は諸政策の中で重要な一角を占めるものだった。1872（明治5）年に発布された学制は，江戸時代に人々を拘束していた身分制度に関係なく，さらに性別にもかかわらずすべての人が学校で学ぶべきだと宣言した。国民皆学制度と呼ばれる国家政策は，国民皆兵（徴兵制度）や戸籍登録による徴税制度と並んで，庶民の生活に革命的な変化をもたらした。

21世紀に生きるわたしたちには遠い昔のことのように思えるが，士農工商をはじめとする身分制度は，廃止後長い間新たな社会階層の形成に影響を及ぼしていた。身分が人々を強く拘束していたからこそ，公的制度としての廃止は大きな意味を持っていた。地理的な移動はもちろん，職業選択など多くの自由がもたらされ，生まれながらの身分に束縛されない（その影響はある程度続いていくものの），新しい世界への扉が開いたのである。封建社会を統制していた属性主義ではなく，個人の資質・能力や努力による業績を基準に選抜や社会的地位への配置を行うメリトクラシー（業績主義）が，近代社会の原理として機能し始める。

初等教育から高等教育まで学校教育制度が整備されるにしたがって，初等教育修了後，中等教育機関に進学する／しない，さらに高等教育機関まで進学する／しない，また，中等教育段階では大学を頂点とする進学コースと特定の職業につながる専門教育コースのいずれを選ぶのかなど，社会経済的な家庭背景や学力による進路の分化が本格化する。こうした複線型学校教育制度は，多様な学歴・資格を生み出し，社会的地位の序列化を封建制度とは異なる形で再編成することを可能にする。

日本が近代国家となるためには，身分の廃止とともに封建的な男尊女卑の価値規範もまた，少なくとも形式的には否定する必要があった。後述するように業績主義原理について男女は異なる扱いを受けることになるが，基礎的な知識・技能・価値観の習得は男女ともに求められた。近代学校教育システムにおいて，男女は等しく「国民」として統合され，メリトクラシーの世界になげいれられたのである。

2種類の国民：男女の「分離」

しかし，すぐに学校教育におけるジェンダー化システムが構築されはじめる。学校教育による近代的なジェンダー秩序の形成，つまり子どもたちを近代が求める「女」と「男」へと社会化（socialization）するために，「分離」「差異化」「（特権的な場からの）排除」と名づけることができる3つの技法が駆使されていた［木村・小玉，2005］。

まず，「分離」について説明しよう。「分離」とは，就学の場や就学経路が性別によって区別され，越境が許されない状況を意味する。1879（明治12）年の教育令によって男女別学の原則がさだめられて以降，男女別の学校体系が確立されていく。小学校など同じ学校に在籍していても，学級を分ける男女別学が基本原則とされた。すべての学校で男女別学が徹底されるとともに，中等教育段階以降は女子が進学する学校と男子が進学する学校は種別が分かれていく。男女別の学校体系によって，日本の学校教育制度は性別の「分離」を徹底していた。

身分によって教育システムがまったく異なった江戸時代においても，士族が学ぶ藩校は男性に独占されていたし，女性に学問は必要ないといった儒教道徳は存在した。だが，庶民が通う寺子屋の場合，男女共学は決してめずらしくなかったとされる。明治初期，1879年の教育令が出された時点でも，小学校はもちろん，まだ数が少なかった中等教育機関の学校においても共学がみられた［橋本，1992］。しかし，そうした男女が混在する学校の風景は消え去っていくことになる。

「分離」によって，男性と女性は異なる空間で学ぶことになる。「分離」は，差別（discrimination）が社会的に構成される場合に活用される基本的な技法だ。たとえば，人種差別の場合の南アフリカ共和国におけるアパルトヘイトやアメリカ合衆国南部の人種隔離政策（「ジム・クロウ法」），身分制度のもとでの被差別階層の隔離など，社会的弱者に対する抑圧を容易にするために空間的な分離が導入されてきた事例は数多い。分離が強制力を持って制度化されるとき，それはたんに「分ける」ということ以上の意味を持つ。1本の「分ける」境界は，「分けられた」対象のそれまでみえなかった差異を浮かび上がらせる。もしくは，なかった差異を新たにつくり上げる。それは，人間の価値づけにおける格差を生み出していくのである。

「差異化」：立身出世と良妻賢母

「分離」された別々の場において，何を学ぶかに関して「差異化」プロセスが機能する。「差異化」は，「女性」「男性」それぞれにふさわしい知識・技能・価値観を教える学校教育の機能である。戦前の学校教育制度が，「男」の国民と「女」の国民という2種類の国民を創出しようとしたことは，中等教育機関に象徴的にあらわれている。

男子向けの中等教育機関については，1886（明治19）年の中学校令および上級学校である帝国大学令の公布以降，本格的な整備が進められた。この時点で，男子のみを対象とした教育系統をまず確立するという，国家の教育政策が明確にされたといえよう。

女子向けの中等教育機関については，中学校令に遅れること十数年後の1899（明治32）年に，ようやく高等女学校令が出される。

中学校と高等女学校は「高等普通教育」を施す教育機関として対をなしていた。同じレベルの教育を授ける学校であるにもかかわらず，一方が「中」と名づけられ，他方が「高」と名づけられたのはなぜだろうか。名称の違いが意味するところは，男子には中学校より上級の教育が用意されているが，女子には「その先」はないということである。あるいは，男子にとっては中程度の教育が女子にとっては高等な教育だという意味とも読み取れる。

それぞれの教育の目標を表すキーワードも，中学校と高等女学校では異なる。男子が通う中学校の場合は**立身出世主義**〔★〕，女子が通う高等女学校の場合は**良妻賢母主義**〔★〕と，対比的な理念をあげることができる。前者は，メリトクラシーの原理にのっとりながら社会で活躍し家（イエ）や国家の繁栄に貢献する人材輩出が目指されるのに対して［竹内，1997］，後者はそうした立身出世を志す男性の良きパートナーとなり，次世代育成に携わる主婦の育成が目指される［小山，1991］。

意外に思うかもしれないが，当時，女性の役割は家事育児という考え方が当然だったわけではない。農業・漁業，小規模な商業など庶民の生活において，ほとんどの女性は働き，家事育児に専念するライフスタイルとは無縁だったが，中流階層を対象にした学校教育で「男性は仕事，女性は家事育児」という性役割が理想として強調されることになる。ゆえに，男性と同じく中等教育を受けた女性が「立身出世」を望むことも厳しく戒めねばならなかった。女性が「男女同権」を主張して男性と同じように職業を持って独立しようとすることを，「良妻賢母主義」を唱道した，時の文部大臣菊池大麓は，公の場でくり返し批判・否定している

表Ⅲ-1　中学校および高等女学校における学科別・学年別時間配当

（時間）

中学校 学科目	第1学年	第2学年	第3学年	第4学年	第5学年
修身	1	1	1	1	1
国語，漢文	7	7	7	6	6
外国語	7	7	7	7	6
歴史 地理	3	3	3	3	3
数学	3	3	5	5	4
博物	2	2	2		
物理及化学				4	4
法制及経済					3
図画	1	1	1	1	
唱歌	1	1	1		
体操	3	3	3	3	3
計	28	28	30	30	30

高等女学校 学科目	第1学年	第2学年	第3学年	第4学年
修身	2	2	2	2
国語	6	6	5	5
外国語	3	3	3	3
歴史 地理	3	3	2	3
数学	2	2	2	2
理科	2	2	2	1
図画	1	1	1	1
家事			2	2
裁縫	4	4	4	4
音楽	2	2	2	2
体操	3	3	3	3
計	28	28	28	28

（出所）　中学校令施行規則（1901年），高等女学校令施行規則（1901年）をもとに作成。橋本［1992］，65頁の表1を一部修正。

［加藤，2014］。これは，「男は仕事，女は家庭」を声高に訴えて人々を説得する必要があったことの証左であり，性別役割分業が近代社会において政策的に構築されていったことを示している。

中学校と高等女学校のカリキュラムを比較すると，量的にも質的にも違いがあることがわかる（**表Ⅲ-1**）。両者のカリキュラムから，中学校のほうがさらなる進学や職業生活に向けての準備教育の色合いが強く，高等女学校は主婦育成に力点を置いているという対比的構図がみえてくる。種々の違いをぜひ表から読み取ってもらいたいが，興味深い一例をあげると，女子には数学や理科系の教育が抑制されており（「数学」は中学で計20コマに対し，高女は計8コマ，理科系科目は，中学で「博物」と「物理及び化学」が計14コマに対し，高女は「理科」計7コマにとどまる），現代のSTEM問題の源泉と解することができる。

子どもたちは，初等教育では男女別学とはいえ同じ小学校に通学し，女子向けの裁縫など一部を除いて同じカリキュラムを受けていたが，中等教育に進学した場合には男女で異なる世界を経験することになる。私的空間を守る良妻賢母と対になる「公人」・職業人。中等教育段階整備のプロセスの中に，初等教育段階では未分化であった「男」・「女」概念が立ち上がるのをみることができる。

高等教育からの「排除」：メリトクラシーと性別の境界

学校教育による近代的なジェンダー秩序の形成に関する3つの技法の最後は，「排除」である。戦前日本の旧制学校教育制度において，高等学校や大学などの高等教育機関への進学の門戸は女性には閉ざされていた。

明治初期に東京大学を頂点として徐々に高等教育機関が誕生し，1886（明治19）年の帝国大学令や1903（明治36）年の専門学校令を節目としながら，大正期までに近代日本の高等教育機関は体系立った形でほぼ確立する。近代化・産業化を推進する学歴エリートをそれらの機関によって輩出するシステムが整備されていったわけだが，そこで学ぶことができるのは男性に限られていた。高等教育進学の機会が男性にのみ開かれた形で整備されていくプロセスは，高等な知識への接近可能性に差を設けることで，男女の能力は異なり，結果として社会で期待すべき役割も異なる，という考え方を生み出していった。

知識を求める気持ちが女性の中に存在しなかったわけではない。

明治から大正にかけて高等女学校が全国的に整備され，そこで学ぶ生徒も10万人から20万人，30万人へと増加する中で，高等女学校以上の高等教育を受けたいという女性の要求も高まっていった。しかしながら，高等教育は女子には無用である，もしくは「時期尚早」との判断によって，無策のまま放置され続けた。

国家が女子の高等教育に対する消極的な姿勢をくずさない中，1913（大正2）年，東北帝国大学が突如3名の女性を入学させた。それは一種の「事件」であったが，その出来事を皮切りに，徐々に他の大学も聴講生や選科生として，やがては学部学生として少数ながら女性を受け入れるようになっていく。そうした実績を背景に，高等教育の門戸開放を要求する女子学生連盟が結成される。1世紀近く前の若い女性たちが，やむにやまれぬ向学心をもって大学の門戸をたたき，聴講生として，時には例外的ながら本科生として，男性によって独占された「知的空間」に「侵入」していった。しかし，そこへの「正門」は，男性性の牙城を明け渡すまいとするかのように，女性に対して閉ざされ続けたのである。

以上のように，戦前日本の学校教育システムは，ジェンダー化の機能を果たすために，「分離」「差異化」「排除」の技法が三位一体のものとして公的に制度化されたものだった。「分離」も「差異化」も広義でいえば「排除」に含まれ，現代的な視点からは性差別と捉えることができるが，当時としては女子と男子の特性を尊重し，それぞれふさわしい教育を充実させるものとして，肯定的に捉える認識のほうが力を持っていた。

メリトクラシーは本来，身分や性別などの属性を問わない原理であるが，男女で大きく異なる教育機会と教育内容によって構成された学校教育制度は，メリトクラシーの原理が働く「場」が男女で異なる事態を生みだしていたといえよう。男性が競争するメリトクラシーの場はいわばメインストリームとして教育政策においても優先されていたが，女性はそこからは「排除」され，サブストリームの中に位置づけられたのである。公的制度としての学校教育における男女の「分離」「差異化」と，特権的な場＝社会の中心へのアクセス権からの女性「排除」の徹底は，国家が展開した教育をめぐるポリティクスとして見逃せない歴史である。

戦争と学校教育

日本のファシズム期の教育はどのようなものだったか。みなさんもなにかしらのイメージを持っているだろう。

人類は歴史上さまざまに戦争を繰り広げてきたが，2国間ではなく複数の国民国家によるグローバルな規模での世界大戦は，国家が戦争遂行のために国力を総動員して戦う，いわゆる「国家総力戦」という戦時体制を本格的に生み出すこととなった。子どもは「少国民」と呼ばれ，銃後で国のために献身する子どもの育成がさけばれた。

戦前教育の根幹として，1890（明治23）年の教育勅語が知られるが，そこで説かれた内容は，日中戦争，太平洋戦争と続く戦況拡大期に，1937（昭和12）年『国体の本義』，1941（昭和16）年『臣民の道』と矢継ぎ早に文部省から出された文書によって強化されていく。軍国主義に基づく教育統制は，1941（昭和16）年の国民学校令で極まる。小学校を国民学校という名称に改めるとともに，義務教育期間を初等科6年に高等科2年を加えて8年間へと延長し，総力戦を意識した皇民化教育が行われた。

学校は，日本は万世一系の天皇によって永遠に治められる神の国である（ゆえに諸外国よりも優れた国である）という「国体」論や，個人の権利や自由を主張する個人主義は欧米発のまちがった思想であり，国民は個人より国家を優先する「臣民」「天皇の赤子」であるべきだという家族国家論や忠君愛国論，さらに「神の国」である日本がアジアをまとめあげる理想（大東亜共栄圏建設）を子どもたちに教えていった。

現代の感覚からすれば，日本は特別な「神の国」であるという説を，人々が本当に信じたのかという疑問が生じるかもしれないが，徐々にマスメディアの思想統制が強まり，公に否定することがむずかしい状況がつくりあげられ，異論を耳にする機会は絶えていく。特に，1930年代，40年代に「少国民」として育てられた世代は，それ以前の比較的自由な思想状況を経験していないだけに，無邪気な正義感によって神国日本の思想に染められていった［山中，1989］。

1940年代に極まった軍国主義的な教育は突然始まったわけではない。帝国主義の渦の中で開国した日本は，明治維新とともに徴兵制度を発足させ近代的な軍隊を組織する。学校教育はその発足当初から，軍隊との親和性が重視されていた。欧米列強に追いつくために富国強兵・殖産興業に励みつつ，日清戦争，日露戦争と2つの戦争を経験する中で，初等教育・中等教育における教育内容は，やがてファシズムにたどり着く変化を着実にみせていた。

その変化を基礎づけるものとして，1903（明治36）年以降の国定教科書制度の確立をあげることができる。教科書制度は自由採択の時代から段階を追って国家による管理の度合いを強めていき，やがて教育内容を国家が一律にさだめる国定教科書制度に至る。国家が国民に何を求めていたかは，戦前に最も重視された教科である修身教科書，次いで重視された国語の教科書などにはっきりと示されている。それがジェンダーやセクシュアリティの観点からいかに読み解けるかをみていこう。

「お国のために死ぬ兵士」と「軍国の妻・母」

国定教科書は，男性「臣民」と女性「臣民」の理想の姿をいかに描いたのだろうか。

修身や国語の教科書の読み物教材には，中内敏夫が「強い教材」と呼ぶ，最初に採用されて以来敗戦まで教科書の中に指定席を占め続け，人気を誇ったものがいくつかある［中内，1988］。それらの中には，戦争が題材となったいわゆる「軍国美談」と呼ばれるものが含まれ，生死がかかわるだけに心に訴えかけ，子どもたちにとっても印象深い教材となっている。

軍国美談を扱った「強い教材」の中に，国が求める理想の男性像・女性像が読み取れる。戦争にかかわっての「臣民」の姿として，学校教育は性別によって異なるモデルを提示してきた。男性への立身出世主義と女性への良妻賢母主義という教育目標の対比は，戦時体制にあっては戦場で活躍する男性とそれを支える女性という構図につながる。「お国のために喜んで命を捧げる兵士」と，「お国のために喜んで夫や息子を戦場に送り出す軍国の妻・母」の対（つい）が，男女それぞれに理想として伝達されていったのである。

前者の「命を捧げる兵士」を描く教材の代表的なものとしては，「三勇士」をあげることができよう。「三勇士」という教材は，1932（昭和7）年の「第一次上海事件」の際に点火した爆弾を持って敵陣にて自爆し，攻撃のための突破口を開いた3人の兵士が題材となっている。3人はその際に戦死しており，自分の身を犠牲にしても日本軍の勝利のために戦った勇敢で忠義の兵士として賞賛を浴びた。より激烈な印象を与える「爆弾三勇士」「肉弾三勇士」との呼び名も使われ，題材にした書物や映画・演劇もつくられるなど，「三勇士」ブームと呼ばれるものが生まれた。こうした人気教材が提示しているのは，天皇のため，国のために，勇敢に戦死する兵士の姿である。やがて戦場に出たら，自分の命を惜しまず戦わなければ，男らしくない，卑怯な男と非難されるという価値観が子どもたちの内面に浸透していったことだろう。

「お国のために身を捧げる兵士」と対になる女性像が，「軍国の妻・母」だ。その姿を鮮烈に伝える教材として代表的なものが，「水兵の母」である。日清戦争を舞台とする「水兵の母」は，国定第1期の国語の教科書に最初に登場し，1945（昭和20）年の敗戦まで掲載され続けた。「児童に特に感激を与えた教材として忘れることの出来ないものであり，学芸会などにもしばしば演ぜられた」［唐澤，1956：311］とされ，人口に膾炙した有名な教材である。教材「水兵の母」には，海軍水兵として出征中の息子に，兵隊として戦争に参加しながらいまだ「かくべつの働き」がないことを残念がり，「何の為にいくさに御出でなされ候ぞ。一命をすてて君に報ゆる為には候はずや」と嘆く手紙を送る母が登場する。天皇・お国のために命を捧げよと叱咤激励する母である。

臣民像の神聖性とジェンダー・セクシュアリティ

陸軍士官学校や海軍兵学校を卒業して将校になることは，男性にのみ許されたエリート・キャリアだった。職業軍人は女性には参加不能な立身出世のパターンであり，軍隊は一種の男性性を形成・発揮する場でもあった。しかし，そうした職業軍人はさておき，徴兵制によって自身の意思とは無関係に兵隊となった庶民を，戦争に駆り立てるためには，戦死する男と戦死させる女を褒め称える言説が必要とされたのである。

これらの言説は，「男」「女」についてのジェンダーとセクシュアリティの秩序によって成り立つ。男子には兵士として戦場で死ぬことが，女子には銃後を守りながら夫や息子の活躍を応援することが強いられる。未練がましく引き留めるのはもってのほかで，「ぜひ死んできなさい」と男性を戦場に追いやる非情な覚悟こそが，日本の国体の理想を体現した臣民といえる。男女ともにその覚悟が悲劇的要素をもって胸に迫るのは，ロマンティック・ラブと異性愛によって結合する夫婦，その夫婦の「愛の結晶」としての愛しいわが子という，情緒的家族が前提とされるからである。心から結びついた互いに欠かせない存在，家族としての情愛を乗り越えるほどの忠義の精神だからこそ，その献身の神聖性が高まるという仕掛けだった。

この臣民像は，天皇と臣民との関係を家族に模した家族国家観によっても支えられている。天皇は，君臨する絶対的権威としてのみでなく，赤子である国民を慈しむ「父」として敬愛の対象ともされていた。「国父」である天皇，「国母」である皇后，そしてその「赤子」である国民という家族のメタファーによる国家像においては，親の恩と孝行という儒教道徳だけでなく，互いに情愛で結ばれているという近代的な家族規範も機能していた。たんに権力による支配ではなく，情愛が前提とされるからこそ，天皇（／親）への報恩も内在的な動機づけが強化されることになる。

上述の，なぜ早く天皇のために戦死しないかとばかりに息子を責める「水兵の母」は，現代の感性からすれば非情な母親のようにみえる。だが，実はくだんの手紙はこうした文章でしめくくられている。「母も人間なれば，我が子にくしとはつゆ思い申さず。如何（いか）ばかりの思にて此の手紙をしたためしか，よくよく御察し下されたく候」。母としての情愛があるがゆえにこそ，息子を「死」へと駆り立てる母親像が，人々の心をゆさぶった。

「男」「女」が異なる存在であると規定するジェンダー秩序を前提に，両者が異性愛に基づき情愛に満ちた家族を形成するという近代家族観が成立する。近代家族は男性家父長の優位性を柱に，ロマンティック・ラブと異性愛主義のセクシュアリティ，そして生殖の3つが分かちがたいものとして結びつき，夫婦の間に生まれた子どもの養育に熱心な「子ども中心」の特徴も持つ。家族の情愛の強調が近代家族の男性家父長による女性や子どもへの支配や抑圧を目立たせなくするように，家族国家観は天皇を頂点とする権力関係を忘却させる。近代家族が体現するジェンダーとセクシュアリティの枠組みが戦時体制に援用されるとき，国家に対する滅私奉公の尊さが輝きを増し，人々の内面に働きかける説得力が生み出された。それが，学校教育を通じてナイーブな子どもや若い世代に伝達されるシステムの構築は，戦時の国家政策として巧みな手法だったといえるのではないだろうか。

戦後の教育改革：男女共学と男女平等

そして，日本は敗戦し，軍国主義的な教育も終焉する。男女共学，高等教育の門戸開放，男女共通教科としての家庭科の提唱という3つの柱のもとに，平等原則を重視した新しい学校教育制度がスタートする［橋本，1992；小山，2009］。1946（昭和21）年にはさっそく大学への女子入学を認める旨の文部省通達が出され，高等教育からの女性の「排除」が撤廃された。1947（昭和22）年に制定された教育基本法は，第3条で性別の差別を禁止，第5条で男女共学を謳った。戦前における「分離」と「差異化」を公的に体系化していた学校教育制度を廃し，男女共学と男女同一の6・3・3・4制度（複線型から単線型へ）に移行した。「差異化」の要となっていた，女子のみが学ぶ教科であった家事裁縫教育は，新たに民主的な家庭建設のために男女ともに学ぶべき教科，家庭科として構想された。日本は，自由主義圏に組み込まれた国家として経済成長を目指す方向で，ジェンダー秩序を再構築するために学校教育制度を整えたのである。

商船大学などごく一部の例外をのぞき，基本的にすべての大学が女子を受け入れる一方，それまで女子に対して貴重な教育機会を保障してきた女子専門学校や女子高等師範学校は存続が主張され，女子大学への「昇格」運動が起こった。結果として，新制大学において男子大学は基本的に存在しないが，女子大学は多数発足することになった。男女平等に向けて教育制度を改革する際に，男子校の共学化は欠かせない施策であったが，女子校の共学化は必ずしも必須とされなかったのである。

新制度のもとで女子の進学率は飛躍的に向上する。新制の高等学校進学率は男女ともに上昇したが，女子の進学率の上昇は顕著であり，1970年代には男子に追いつき，やがてわずかながら追い越していく（**知識編**参照）。高等教育についても，現在もまだ格差が残るとはいえ，男子に追いつき追い越さんとする勢いで女子進学率が伸びていった。実際，短期大学と4年制大学を足し合わせた進学率についていえば，1980年代に女子は男子を追い越している。戦前の閉ざされた状況から考えるとまさに夢のような変化であった。

経済成長と新たな男女別編成

ただし，1950年代から60年代にかけて，高度経済成長のスタートとともに，新制の学校教育制度はふたたび男女別コースを意識した再編成のプロセスをたどった。それは，戦前の複線型への回帰ともみえるが，たんなる「後戻り」というよりも，戦後日本が求めたジェンダー秩序構築のための「前進」でもあった。

第1に，戦後すぐには男女ともに学ぶ科目として掲げられた家庭科が，中等教育段階で女子向け教科として再編成された（中学校では男子は技術中心，女子は家庭中心と分化し，高等学校では女子のみ必修，2単位から4単位へと強化された）。1985年の女性差別撤廃条約批准を背景とした学習指導要領の改訂（1989年）で男女共修が実現するまで，家庭科は長い間「男は仕事，女は家庭」という性別役割分業意識を伝達するシンボリックな機能を果たしてきたのである。

第2には，高等学校多様化路線において，女子向きの職業学科（商業・家庭・厚生〔看護〕）と男子向きの職業学科（農業・水産・工業・商船）が分化していき，高等学校卒業後の男女の進路に影響を与えていく。普通科では，進学を念頭に置いた理系・文系のコース選択を設置する高校が増え，理系・文系選択は高等教育機関への進学の男子向け専攻と女子向け専攻の色分けの準備段階の意味を持つようになる。

第3には，戦後新制度への移行期間に暫定的な措置として設置された2年制の短期大学が，1964（昭和39）年の学校教育法の改正によって恒久化し，女子向けの高等教育機関として発達していったことをあげねばならない。短期大学の恒久化によって，男子の進学先は4年制大学，女子の場合は2年制の短期大学がふさわしいとして，戦後の新たな「分離」と「差異化」が構築されていくことになる。1990年代以降，短期大学の進学者は減少してきているが，短期大学制度は長きにわたって高等教育におけるジェンダー格差の基盤を提供する役割を果たしてきた。

戦前から戦後にかけて，日本の学校教育制度や教育政策は大きく変化した。戦前の性別分離や性差別がフォーマルに制度化されていたシステムから，***Stage* 1** でみた「隠れたカリキュラム」に代表されるような，インフォーマルな性別分化プロセスが機能する戦後システムへの変化である。再編期を経て，学校はジェンダーの社会化機能を現代的な形式において維持している。それは，フォーマルな強制ではなく，インフォーマルないざないによって，男女の進路分化が拡大する仕組みだ。

戦後の日本は，「男は仕事，女は家庭」の性別役割分業を強化することで，女性は「主婦」として家事育児の無償労働を，男性は「一家の大黒柱」として長時間労働を，それぞれが担う近代家族を拡大してきた。高度経済成長期には，女性をたんに家庭にとどめるのではなく，「パート」という「二流の労働者」として最大限活用する体制がとられてきた。「本来の居場所は家庭にある」という理由で結婚出産を機に若年女性の正規雇用からの退職を求めたうえで，子育て後の既婚女性を，安価でいつでも解雇可能なパート労働者として労働市場に引き出してきたのである。

家庭の外での労働から女性を完全に切り離すのではなく，必要や環境に応じて女性も働くことを認める／求めるという，柔軟な性別役割システムにちょうど対応する形で，学校教育もまた，男女平等と男女の差異の強調という2つの原理を共存させて運営されてきたといえよう［木村，1999］。

国際的な潮流と学校のジェンダー平等化

21世紀の現在，国内およびグローバルなジェンダー秩序（gender order）は新たな段階を迎えている。20世紀の最後の四半世紀は，1970年代の欧米における第2波フェミニズム，1980年代以降国連主導のジェンダー平等施策のグローバルな展開など，フェミニズムの隆盛が顕著であった。とりわけ，1975年の「国際婦人年（国際女性年）」，翌76年から85年までの「国連婦人の十年（国連女性の十年）」の与えたインパクトと，その間に策定された国際条約「女性に対するあらゆる形態の差別の撤廃に関する条約」の批准の推進と批准国内での具体的施策を促進していった流れは，日本社会にも大きな変化をもたらした。

Column ⑬ 女子大学におけるトランスジェンダー学生の受け入れ

戦後の教育改革で，それまで女性の入学を認めていなかった大学は，ごく一部の例外をのぞいてほぼすべて共学化した一方，女子大学・女子短大は新制度のもとで存続・発達してきた。1990年には女子大学は90校，女子短期大学は339校まで増加し，大学の場合は全体の17.8%，短大の場合は全体の53.5%にのぼっていた。21世紀，女子大学・女子短大の人気は下火となり，2022年には女子大は74校へ，特に減少が著しかった女子短大は82校まで減少している。

男女平等な教育制度が定着するにしたがって，私立はさておき，国公立において，男子が入学できない大学があるのは男性差別ではないかという声が聞かれるようになった。2015年には入学願書が受理されなかった男性が公立女子大を訴える訴訟も起こった。1990年に31校あった国公立の女子大学・女子短大は2022年には6校まで減少しているが，その背景には共学が好まれるようになっただけではなく，各自治体で公立女子大の存在意義が問われたという事情もあるだろう。

その中で，お茶の水女子大学と奈良女子大学（いずれもその前身は，戦前の女子高等師範学校）は，伝統があり高い教育水準を保つ大学として，今も存在感を発揮している。だからこそ，せめて大学院だけでも男子学生を受け入れるべきではないかという議論が高まった時期もあったが，2023年の時点ではまだ学部・大学院ともに受け入れていない。

だが，性別違和を抱える若者の権利に対する関心の高まりを背景に，男性から女性へのトランスジェンダー学生をお茶の水女子大学と奈良女子大学はともに2020年度から受け入れている。私立でもすでに受け入れを始めた女子大，検討中の女子大など，同様の動きが活発化している。現在，入学資格における性別の境界線もまたゆらぎつつある。

1999年に男女共同参画社会基本法（「男女共同参画」は日本政府による造語。対外的にはgender equality〔ジェンダー平等〕と英訳されている）が制定され，21世紀の重要施策としてジェンダー格差の縮小が国家政策に掲げられている。男女雇用機会均等法の改正によって，雇用の場における性差別の禁止が強化され，セクシュアル・ハラスメント防止も謳われた。2015年には労働力不足を背景に女性活用の努力を企業に求める女性活躍推進法が10年の時限立法で成立している。さらには，ドメスティック・バイオレンス（配偶者・恋人への暴力）やストーカー被害，児童ポルノ，性暴力被害などに対応する法制度も整えられてきている。育児介護休業法をはじめとした，働く女性（共働き家族）の子育て・介護支援も推進されつつある。

しかしながら，国連など国際機関によるジェンダー平等に関する指標では，日本の状況は決してよくないことが知られている。2022年に公表された国連のジェンダー開発指数（GDI）では日本は191か国中76位，2023年に公表された世界経済フォーラムのジェンダーギャップ指数（GGI）では146か国中125位であった。日本が肩を並べていると自負する「先進国」の中では圧倒的に劣位であり，そのニュースは国内外で衝撃をもって迎えられた。

雇用や政治の場における男女の不均衡や，男女の差異化を促す教育上のジェンダー・バイアスは，グローバル資本主義のもとでは経済成長の阻害要因として認識されるようになっているが，日本はその流れの中では周回遅れの位置にあるようだ。

Part Ⅲの冒頭で「ポストフェミニズム？」との問いを掲げたが，「男女平等は進んだ」というイメージとは裏腹に，20世紀末から現在までの間に生じたジェンダー規範の流動化に比べて，賃金，雇用形態，政治参加，無償労働（不払い労働）などにおける男女間格差の改善はとぼしいといわざるをえない。いまもなお女性が引き受けざるをえない不利益は厳然と存在し，コインの両面のように男性にのしかかる「男らしさ」の重圧も続いている。さらにいえば，性別二分法によって，「男」か「女」かを強いられることそのものが問い直されている。性別違和やセクシュアル・マイノリティの人たちが直面している問題は，性別二分法に基づく性差別の理解なしには解決されない。

二分法で考えるジェンダー概念はすでに「用済み」ではないかとの意見もあろう。しかし，二分法の暴力をあぶりだすためには，それを告発するジェンダー概念がまだまだ必要だ。今後，ジェンダーを，固定的な状態をあらわすものではなく，境界線を引く行為として（動詞として）考えることがますます重要になってきている。性差別や性別二分法はもちろん，二分法に基づくセクシュアリティも相対化される未来を見通すために，今後も，ジェンダーの視点から教育は分析されていくだろう。

Think yourself

1 ジェンダーの視点からの学校の歴史について，何か興味が惹かれる点があったら，自分でもっとくわしく調べてみよう。たとえば，男子大学の存在，男女別体操服の成立，歴史教科書で取り上げられる人物の変遷など，ポイントをしぼって考えると興味深いテーマになりうる。

2 ジェンダーのあり方について，戦前における図式と21世紀の今日的図式の共通点と差異を考えてみよう。

3 学校教育，家庭教育，マスメディアなど，ジェンダーの視点から変化が感じられる点について，事例をあげながら説明してみよう。なにかしらの未来予測を含めて考えてみるのも有意義だろう。

知識編

「ジェンダーと教育」の社会学・入門

「女性と教育」研究から「ジェンダーと教育」研究へ

ジェンダーと教育に関する社会学的な研究の源流は，女性学（women's studies）にある。女性学とは，女性の地位向上や女性の解放を掲げたフェミニズムの思想や運動から生まれた知的活動である。

女性学は，従来の学問が研究の担い手／研究の対象／研究内容のすべてにおいて男性中心であったという批判的視点から出発し，女性研究者が中心となって女性の社会的位置や行動・意識に焦点を当てる分析視点を発展させた。近代以降の「社会」なるものを研究対象として隆盛した社会科学は，暗黙のうちに男性イコール人間と捉え，男性を対象とすることで人間社会を分析することができると前提してきたのではないか。その結果，人間の半数を占める女性を無視ないしは軽視してきたのではないか。イギリスの社会学者サンドラ・アッカーは，社会学におけるそうした状況を批判して，「女性のいない世界（No-Woman's-Land）」［Acker, 1994］と呼んだ。研究主体としても研究対象としても，もっと女性が主役になっていくべきだ。女性学によるそうした気運の高まりは，多くの国々で学術や高等教育の世界を変えていった。

教育社会学においても，女性学的な研究が蓄積されるようになる。当初は，これまで軽視されてきた女性に焦点を当てることが目指されたため，「女性と教育」研究と名づけることがふさわしいものが多かった。この歴史を把握するときに留意すべきなのは，女性学が男性を視野から排除したわけではなく，「女性」として成長する／教育される社会現象を分析する中で，男性と女性の社会的関係性を問い直してきたという点であろう。結果として男性が置かれた状況についてもより適切な解明が可能になっていった。

やがて必然的に，女性学に呼応する動きとして男性学（men's studies）が誕生する。男性学は女性学同様，社会の変革運動として歩みを進めてきた。よって，男性学の核心は男性を対象とすることにあるのではなく，社会システムにおいて「男性」や男性性がいかに位置づけられているのかという視点を持つことにある［多賀，2019］。

女性学と男性学の隆盛を背景にジェンダーという概念が活用されるようになり，〈ジェンダーと教育〉研究は，〈女〉および〈男〉に向けての社会化（socialization）プロセスと，それによって成り立つ社会システムやダイナミズムを探究する学問として発展してきた［多賀・天童，2013］。

以下，ジェンダーの観点から教育を社会学的に考える場合の研究方法と，結果として何がみえてくるのかについて，これまでの研究を概観する。

学校教育における性差を認識する：既存の統計を読み解く

ジェンダーの観点から教育をみるときの最初の課題は，そこに生じている「男」「女」間のギャップを明らかにすることにある。日常生活において，「今や教育上男女は平等だ」「すでに女性のほうがよりよい教育達成を実現している」，あるいは「男性のほうがやはり優秀だ」，もしくは「女性は十分に力を発揮できていない不利な状況のままだ」といった漠然としたイメージが語られる場合は少なくない。研究としては，たんなる印象や感覚ではなく，実証的に明らかにすることが必要となる。自分で研究テーマを立ててオリジナルに調査を行う前に，公的統計など既存の調査をもとに，教育現象のさまざまな側面について性差を確認しておこう。

***Stage* 1** で就学経路上の性差の現状を概観したが，ここではさらに，時系列の変化をみていこう。

就学経路上の性差を考えるうえで基本的なデータとして，まず進学率を取り上げる。戦後の教育改革によって，戦前の男女別学・別体系の複線型を脱し，男女ともに同じ学校種で教育を受ける6・3・3・4制という単線型の教育制度が確立され，進学における性差は大きく変化してきた。9年間の義務教育以降の後期中等教育や高等教育機関への男女の進学率の変遷をたどろう。

図Ⅲ-4，**図Ⅲ-5**，**図Ⅲ-6** は，1950年から2021年までの高等学校進学率および短期大学と4年制大学それぞれの進学率，両者

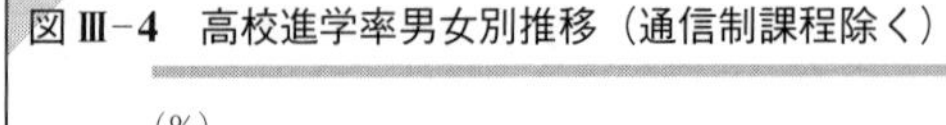

図 Ⅲ-4　高校進学率男女別推移（通信制課程除く）

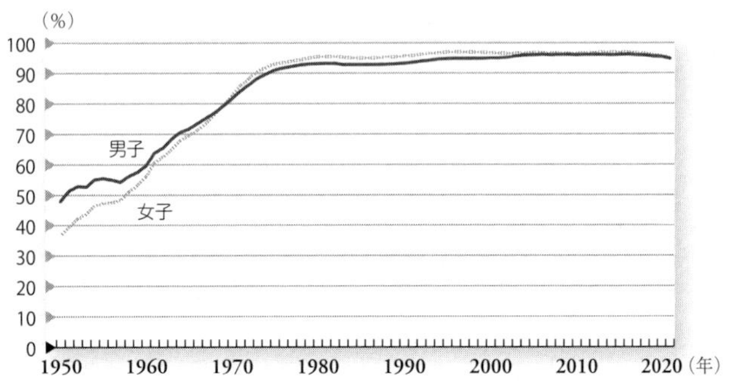

（注）　高等学校等への進学率：中学校卒業者および中等教育学校前期課程修了者のうち，高等学校等の本科・別科，高等専門学校に進学した者（就職進学した者を含み，浪人は含まない）の占める比率。

（出所）　文部科学省「学校基本調査」。

図 Ⅲ-5　大学（学部）と短大（本科）の進学率男女別推移

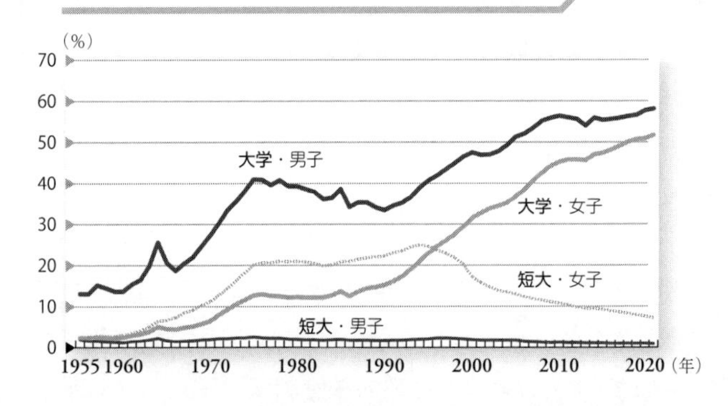

（注）　大学（学部）・短期大学（本科）への進学率（過年度高卒者等を含む）：大学学部・短期大学本科入学者数（過年度高卒者等を含む）を３年前の中学校卒業者数および中等教育学校前期課程修了者数で除した比率。

（出所）　文部科学省「学校基本調査」。

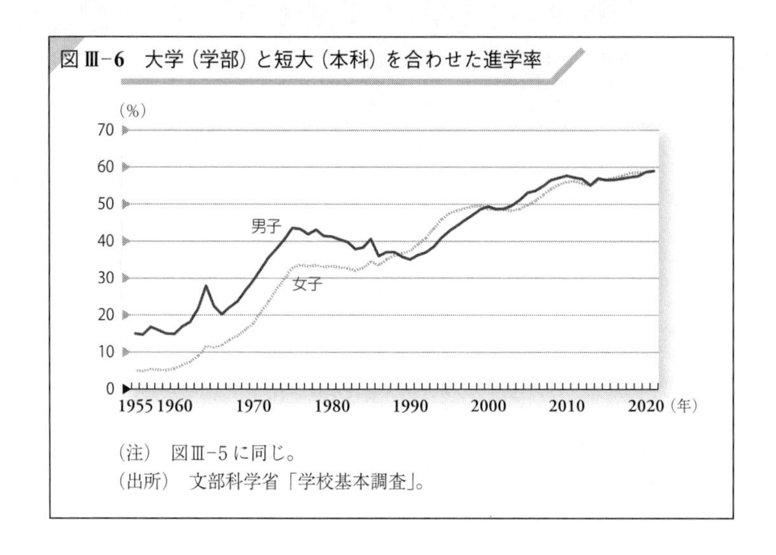

図Ⅲ-6　大学（学部）と短大（本科）を合わせた進学率

（注）　図Ⅲ-5に同じ。
（出所）　文部科学省「学校基本調査」。

を合わせた進学率の男女別推移を示したものである。これらをみると，戦後しばらくは高等学校と短大・大学の進学率はいずれも男子のほうが高く，男女の間に格差があったことがわかる。しかしその後，高度経済成長を背景とした全般的な進学率上昇の中で，戦前に進学の道が閉ざされていた女子は男子以上の高い伸び率を示し，男子に追いつき，やがて追い越していく。進学率に関する逆転はあざやかな形で3つの時点において生じた。まず，高等学校への進学率は60年代末に，短大と4年制大学を合わせた進学率もまた80年代末に，女子の進学率が男子のそれを上回る。さらには女子向けの高等教育機関として発達した経緯のある短期大学は，1990年代に主たる進学先の地位を4年制大学に譲ったのである（図Ⅲ-7）。高等学校および高等教育機関という大きなカテゴリーでみると，就学上の女子の不利な立場は解消されているようにみえる。

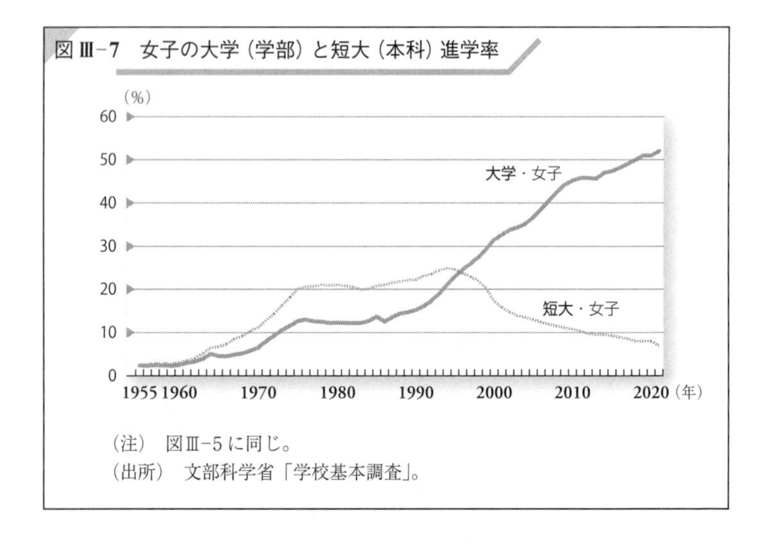

図 III-7　女子の大学（学部）と短大（本科）進学率

（注）　図 III-5 に同じ。
（出所）　文部科学省「学校基本調査」。

しかし，進学率は上昇したものの，その進路の内実をみると男女間にはいまだに差異が存在している。***Stage* 1** でみたように，女子の場合は短期大学への進学者が多く，4 年制大学で比較するとまだ男子が数のうえで優勢である。大学院の進学率（学部卒業者のうち卒業後ただちに進学した者の比率）の推移をみてみよう（**図 III-8**）。大学院への進学率は大学院拡充の教育政策がとられた 1990 年代・2000 年代には，男女ともに飛躍的に上昇しているが，女性の進学率は常に男性の半分に届いていない。これを大学院に在籍の学生数でみると，大学院全体の女子比率は修士課程 31.9%，博士課程 34.1% で約 3 分の 1 となる（2021 年度）。女子よりも男子のほうが就学年数は長く，より高い学歴を取得しているのである。

分野別の男女比の偏りも ***Stage* 1** で触れたが，ここでは高等学校や専修学校（専門課程）も含めて，時系列の変化を追っておこう。

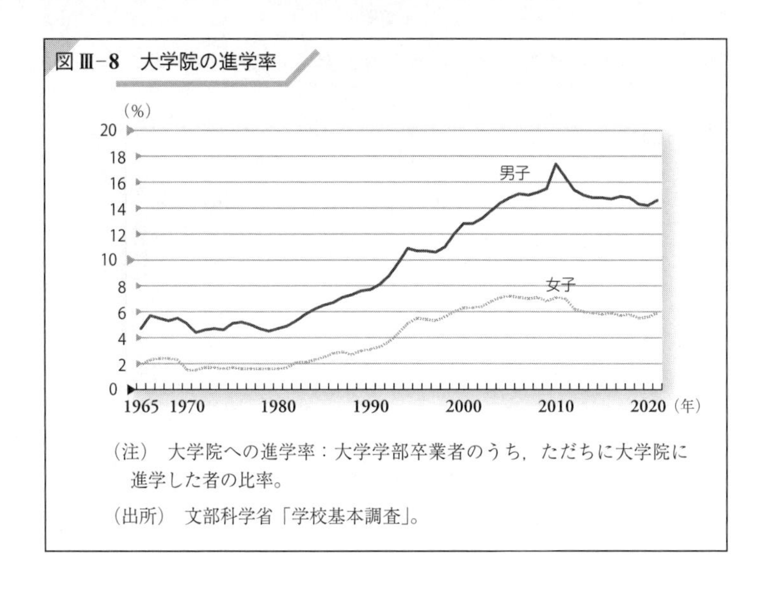

図 III−8　大学院の進学率

（注）　大学院への進学率：大学学部卒業者のうち，ただちに大学院に進学した者の比率。

（出所）　文部科学省「学校基本調査」。

1980 年度と 2020 年度について，高校と専修学校の学科別の男女比率を表したものが**図 III−9** と**図 III−10**，4 年制大学の学部別の男女比率を表したものが**図 III−11** である。1980 年度と比べるとこの 40 年の間に，もともと男子が多かった学科学部に女子が増え，逆にほぼ女子に独占されていた分野に男子が進出するなど，男女比率のアンバランスが縮小してきた分野が多いことが読み取れる。とはいえ，依然として後期中等教育および高等教育段階において，理工系や社会科学系には男子が，人文系や教育・家政系には女子が多いという，それぞれの性別に「ふさわしい」とされる進路選択ルートが存在していることがわかる。戦後の後期中等教育・高等教育の大衆化は，男女で適性や能力が異なることを前提とした性別分化を構造的に組み込みつつ展開されてきたといえよう。

さらに今度は，教員の側に視点を転じて，教員構成における性差をみてみよう。**図 III−12** は，小学校から大学までの本務教員と

図 III－9　高等学校学科別女子比率（1980 年と 2020 年の比較）

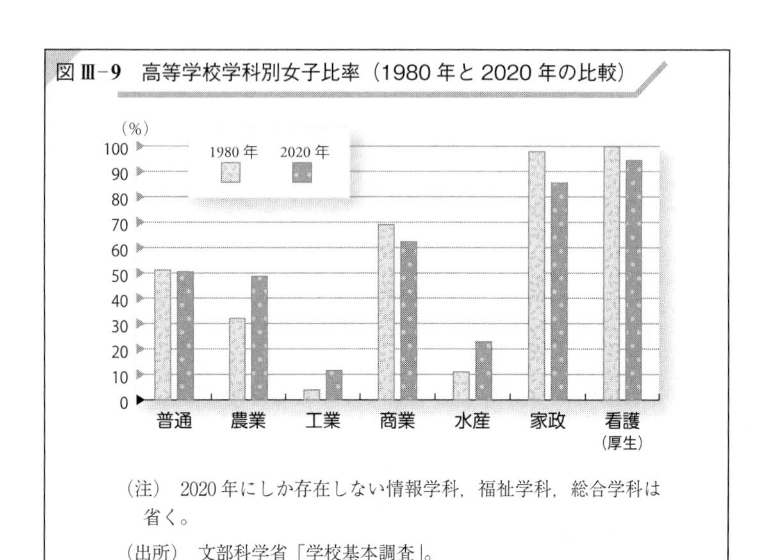

（注） 2020 年にしか存在しない情報学科，福祉学科，総合学科は省く。

（出所） 文部科学省「学校基本調査」。

図 III－10　専修学校（専門課程）学科別女子比率（1980 年と 2020 年の比較）

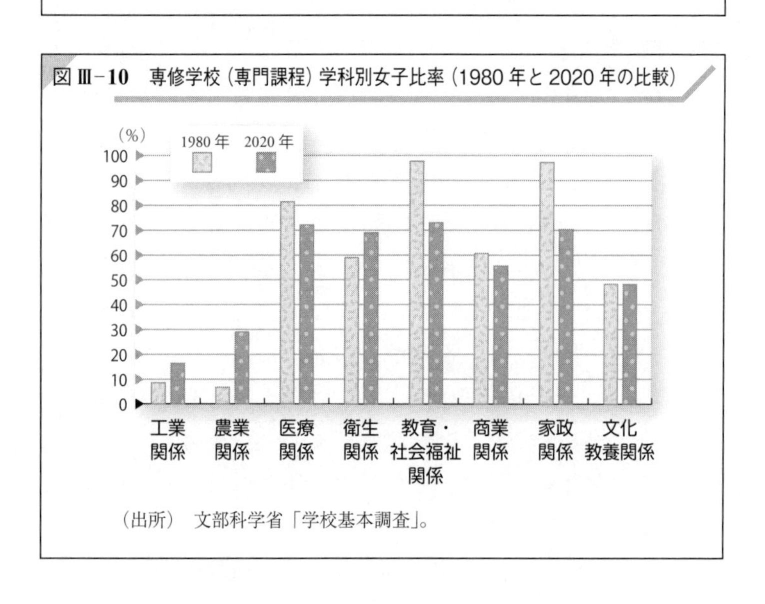

（出所） 文部科学省「学校基本調査」。

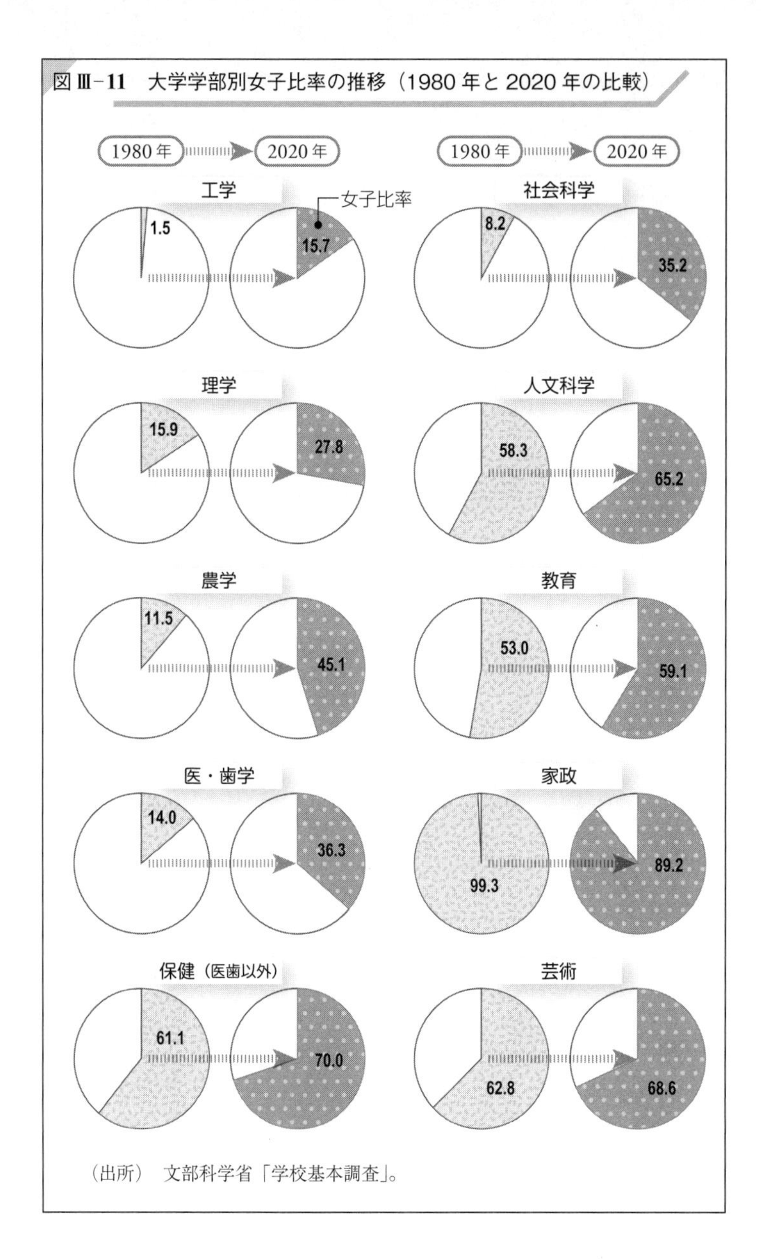
図Ⅲ-11　大学学部別女子比率の推移（1980年と2020年の比較）
1980年
2020年
1980年
2020年
工学
女子比率
1.5
15.7
社会科学
8.2
35.2
理学
15.9
27.8
人文科学
58.3
65.2
農学
11.5
45.1
教育
53.0
59.1
医・歯学
14.0
36.3
家政
99.3
89.2
保健（医歯以外）
61.1
70.0
芸術
62.8
68.6
（出所）　文部科学省「学校基本調査」。

図 Ⅲ-12　教員・学校管理職における女性比率（1980 年と 2020 年の比較）

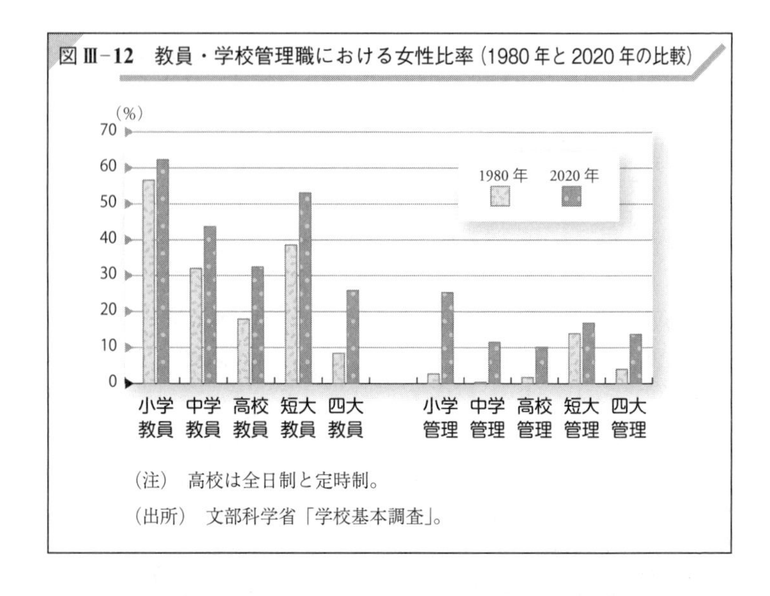

（注）　高校は全日制と定時制。

（出所）　文部科学省「学校基本調査」。

管理職における男女比率を示したものである。小学校から大学へと，学校段階が上がるにつれて，教員における女性の比率が低下していくことが読み取れる。また，校長・教頭という学校における管理職の地位についている女性の割合は圧倒的に少ない。ただ，ここにあげた 1980 年度と 2020 年度を比較すると，この 40 年の間に，高等学校以上の教育段階の女性教員比率は大幅に上昇しており，管理職の女性も増えつつあることがわかる。しかしながら，教職という職業階層における女性の地位が相対的に劣位にあるという構造は基本的に変わっていない。学校が社会の縮図として子どもたちの目に映るならば，教員構成における男女の不均衡は彼／彼女たちの意識に影響を与えずにはおかないだろう。

性差にかかわる要因をさぐる：質問紙調査・インタビュー調査

前項では，学校基本調査のような公的統計を用いてジェンダーの問題を浮き彫りにしようとしたが，さらに問題を深めるためには，独自の質問紙調査やインタビュー調査によってオリジナルなデータを収集することが必要となる。問題意識に即した調査を計画・実施することによって，既存の統計調査だけでは明らかにできない点を追究しうる。就学系路上の性差にかかわる要因をさぐり出すために，さまざまな調査が行われている。詳細なデータ分析によって，なぜ進学におけるジェンダーギャップが生じるのかを明らかにしようとする研究は，この20年の間に大きな進展を遂げている［尾嶋・近藤，2000；小林，2008；日下田，2020；伊佐，2022など］。

それらの調査が指摘するのは，まず，女子よりも男子のほうが進学希望，とりわけ4年制大学への進学希望は高いこと，保護者もまた男子のほうに高い期待を寄せる傾向があることだ。また，自分の学力についての評価や自尊感情のあり方を，男女で比較する試みもなされている。これまでの調査では，自分の学力についての評価には，女子よりも男子のほうが楽観的な傾向がみられることが報告されている。つまり，「成績」として現れる数字が同程度であっても，女子の場合はそれを相対的に低く見積もり，男子の場合は相対的に高く見積もる者が多いという。***Stage* 1** で触れたSTEM分野への女子の進学率の低さについては特に，ステレオタイプな性別特性観による影響がくわしく検討されている［村松，2004；河野，2018］。

男子には受験浪人をしても希望の大学に進学しよう／させようという力が働くのに対して，女子の場合は現役合格や自宅通学が重視される傾向があることも指摘されている。進学に必要な経済的負担に配慮するのも女子に多い［小林，2008］。特に大学が多い都市圏ではない「地方」に在住する女子にはより多くの「足枷」があるとの指摘もなされている［寺町，2022］。

さらに，女子の進路選択や将来展望にかかわる価値観として，性役割意識や職業アスピレーション（就職や職業選択に向けての意欲）について調査した研究も多い［中西，1998］。「男は仕事，女は家庭」といった性別分業についてどう考えるか，将来どんな働き方がしたいのか――結婚・出産退職，中断再就職，職業継続などの選択――を少女たちにたずね，そうした意識がいつごろからどのように形成されているのか，また，少女たちの間にある意識の多様性を規定する要因は何なのかなどが検討されてきた。女子の意識に影響を与えるものとして，家庭要因が注目され，保護者が抱く進学期待（どこまで進学してほしいか）や，保護者，とりわけ母親の職業や性役割意識なども研究の対象となってきたのである。

それらの研究の蓄積によって，女子の進路選択のプロセスには，固定的な性役割意識をはじめとするジェンダー要因が進路選択の幅を制限し，達成意欲を抑圧するメカニズムが働いていることが明らかにされつつある。21世紀の現在では，性別にかかわりなく教育達成をのぞむ傾向はかつてより強まっている。にもかかわらず，諸外国に比べて女子の4年制大学・大学院進学やSTEM分野への進出が遅れている背景には，***Stage* 3** でみたような，日本社会における雇用や政治の場におけるジェンダー格差が大きく影響していると考えられるだろう。

性差を生み出す学校内プロセスへの注目

教育現象にみられる性差に関して，社会学理論はどのような説明をしてきたのだろうか。社会構造との関係においての説明（マクロ理論）として代表的なものは，機能主義理論と葛藤理論・再生産理論の2つといってよいだろう（PartII，Part IVを参照）。

パーソンズの機能主義的学校論は，性別役割は社会システムの均衡と維持のために必要かつ合理的な分業であるという判断を前提に，学校が性別役割を再生産することは向社会的な機能だと捉える。それに対して，マルクス主義的な理論潮流を背景とする葛藤理論・再生産理論は，不平等を再生産するものとして学校を批判的に捉える。

しかし，そうしたマクロ理論による説明だけでは，学校内部における性差別の再生産プロセスはみえてこない。実際にどのように男女の差異が生み出されているのかは，学校の具体的な教育実践そのものを観察・分析することによって明らかにできよう。

性差がいかにして生まれるのかを明らかにするために提唱されたのが，解釈的アプローチや相互作用理論に基づくエスノグラフィックな学校研究である。学校の内部を詳細に観察・分析することによって，男女の進路分化や性別の社会化を生み出す学校内のプロセスを明らかにしていく。

そうした学校内部に入り込んでのエスノグラフィックな研究の中で注目されてきたのが，***Stage* 1** で述べた「隠れたカリキュラム」という概念である。学校には，公的なカリキュラム以外に，暗黙のうちに共有されたある種の「隠れたカリキュラム」が存在する。

「隠れたカリキュラム」とは，授業で教えられる教育内容そのものではなく，授業中や休み時間など日常の学校生活のさまざまな場面において，教師が1人ひとりの子どもにどのように接し，働きかけているのか，授業や課外活動など学校運営がどのように行われているのかということを通じて，目にみえない形で子どもたちに伝えられているメッセージの体系である。たとえばそれは，生徒としてのふさわしいふるまいに関するメッセージであったり，勉強ができる生徒はできない生徒よりも「えらい」という，成績による序列に関するメッセージであったりする。

「隠れたカリキュラム」という概念を教育社会学の領域で最初に使ったのは，P.W. ジャクソンである［Jackson, 1968］。ジャクソンは，学校の教室という空間では当然視されている日常をあらためて解きほぐしていく。学校には，公的なカリキュラム，3Rs（Reading, Writing, Arithmetic：日本語でいえばいわゆる「読み書きそろばん」）に代表される教科内容と対比させて，非公式カリキュラム，即ち「隠れたカリキュラム」の 3Rs（Regulations, Rules, Routines：規制・規則・慣例）が存在している。ジャクソンの考察では，「隠れたカリキュラム」の 3Rs によって，学校に通う子どもたちは，学校に適応し，ひいては学校卒業後の社会への適応の方法を学んでいく。フォーマル・カリキュラムの学習達成がうまく進んでいるかどうかはテストなどで評価されるが，「隠れたカリキュラム」の習熟度を測る明示的なシステムは構築されていないがために，通常は不可視化されている。だが，学校が求める規制・規則・慣例への適応度合いは，フォーマル・カリキュラムで測定される学力と強い関係性があり，進学行動にも影響をおよぼすことが推測される。

すでに述べたように，このような学校教育の「隠れたカリキュラム」には，性別に関するメッセージも含まれている。教師のなにげない言動の中に，また，あたりまえとされてきた学校運営の慣習の中に，「女の子はこうあるべき」「男の子はこうあるべき」という固定的な男女観が表現され，子どもたちは知らず知らずのうちにそれを学んでいる。

学校の中に，子どもたちを性別によって区別し，ステレオタイプの「男らしさ」「女らしさ」の期待に沿って社会化する (socialization) 機能が内在することを指摘する〈ジェンダーと学校教育〉に関する研究は，1970 年代から主としてインタビューや参与観察などの質的研究手法によって半世紀にわたり蓄積されてきた。学校が持つジェンダーの社会化機能を分析するための概念として，「隠れたカリキュラム」をキーワードとして，学校現場での参与観察およびインタビューも含めた，エスノグラフィックな実証研究が行われ，その実態が浮き彫りにされてきた［森，1995；藤田，2015 など］。

1990 年代後半以降，「女」集団と「男」集団の内部の多様性に目を向けること，さらには「女」「男」の二分法の枠組みからそもそも排除されてしまう子どもたち――たとえば，自らのジェンダー・アイデンティティに違和感を持つ子どもたち，同性愛指向を持つ子どもたちなど――の経験に注目する研究が発展しつつある。個々の子どもは，「男らしさ」や「女らしさ」に関する既存のジェンダー規範および異性愛を絶対視する考え方に対してさまざまな位置取りをしている。さらに，社会経済的な背景や，家庭のあり方，民族的立場，障害の有無など，複数の属性によって構成された特定の文脈にそれぞれが置かれていることも見逃せない。エスノグラフィックな手法は，学校の中の「隠れたカリキュラム」を顕在化させる目的のみならず，そうした「隠れたカリキュラム」に対して，時に抵抗し，時に順応し，あるいは一時的に対立や葛藤を回避したり，オルタナティブな道を模索したりするなど，個人がさまざまな行為を選択している様子を浮かび上がらせる。すべての子どもが，学校および社会全体の構造の中でサバイバルや抵抗のための戦略を行使する主体だ。子どもや青少年をめぐるエスノグラフィは，学校内外の文化や関係性のみならず，そこで生きる子どもたちの姿を読み解くためにも活用されつつある［上床，2011；佐藤（佐久間），2002；上間，2017 など］。

現在を問い直す史的探究：歴史社会学的手法

学校教育におけるジェンダー秩序は，どのようにして生まれ，発展してきたのか。それを歴史的な視野によって探究しようとする研究の流れもある。

社会学において，歴史的研究がさかんになるのは，欧米における社会史研究の影響が大きい。日本の教育社会学に大きなインパクトを与えた社会史研究はいくつかあるが，ここではその代表的なものとしてフィリップ・アリエスによる〈子ども〉研究を紹介しよう［アリエス，1980］。アリエスは，現代のわれわれが当然視している〈子ども〉概念が普遍的なものではなく，比較的最近になって社会的に構成されたものであることを，絵画や民衆文化などの従来あまり重視されてこなかった史料を駆使して明らかにしている。アリエスによれば，かつては「小型のおとな」とみられていた子どもが，近代の初期に「純粋・無垢」といった特性を持つ，おとなとは質的に異なる存在として認識されるようになったという。制度や著名な思想・人物などに焦点を当てるのではなく，普通の人々の**心性**〔★〕に注目し，その史的変遷を明らかにしようとしたアリエスの研究にはオリジナリティがあり，それが従来の研究状況に与えた衝撃は「アリエス・ショック」と呼ばれた。

アリエスなどアナール学派による社会史・心性史研究やミッシェル・フーコーの系譜学に刺激を受けて，日本においても，現在当然視されて「みえ」なくなっている学校特有の文化や慣習，学校教育にまつわるイデオロギーの形成についての歴史研究が進められている。

ジェンダーにかかわっての史的研究は，学校が求める，あるいは形成する〈女〉〈男〉および両者の関係性がいかなるものであったのかをたどろうとする。

教育政策や制度，フォーマル・カリキュラムを扱ったものとしては，戦前の女子教育を特徴づける良妻賢母主義に焦点を当てた研究［小山，1991］，女子教育のカリキュラムや教科書の歴史［片山，1984］，女子高等教育の成立と拡大［佐々木，2002］，教育政策にみる日本近代化の過程での「女性の国民化」に関する研究［小山，1999；金，2005；関口，2007］，女子体育や性教育など特定の教科や領域に関する研究［掛水，2019；田代，1993］などが蓄積され，国家が教育を通してジェンダー秩序の形成にどのように取り組んできたのかが浮き彫りにされている。

「隠れたカリキュラム」の面からジェンダーによる差異化の歴史を明らかにしたものとしては，制服やブルマー［桑田，1998；高橋ほか，2005］，校則としての服装・頭髪規制［佐藤，1996］，学生の風紀問題の扱われ方［澁谷，2013］など，従来の教育史では取り上げられなかったユニークな視点からの研究が，私たちの現在を解き明かす手がかりを与えてくれている。

さらに，学校教育やマスメディアの社会的機能を多角的に問い直す流れも進展している。近代日本において学歴が持つ意味が男女で異なっていたこと，婚姻市場における女性学歴の意味などを分析した天野［1986］を嚆矢として，その後も，中等教育機関である高等女学校の社会的機能を地域コミュニティや労働市場との関係で分析した研究［土田，2014］，男子学生／女子学生・「少女」に対する社会的視線やマスメディアが構成するイメージに注目した研究［稲垣，2007；今田，2007］など，近年の歴史社会学的な教育研究の中に，ジェンダー秩序形成の理解に寄与するものが多くみられる。

歴史を知ることで，現在みられるジェンダー差や役割分業などが生物学的に決められたものとはいいがたい社会的構築物であること，そうした構築のプロセスには男女のみならず社会階級や，政治的な対立，トピックごとの利害関係者など，種々の集団が葛藤し闘争する力学が内包されていることが読み取れる。これらの多様な視点による歴史研究は，私たちが立っている「現在」を照射し，「未来」を見通すための光として，知的関心を集めている。

引用・参考文献 REFERENCE

Acker, S. [1994] *Gendered Education: Sociological Reflections on Women, Teaching, and Feminism*, Open University Press.

合場敬子 [2020]「体育祭のダンスにおける異性愛の構築」『スポーツとジェンダー研究』18：6–19。

天野正子 [1986]『女子高等教育の座標』垣内出版。

アリエス, P. [1980]『〈子供〉の誕生――アンシャン・レジーム期の子供と家族生活』杉山光信・杉山恵美子訳, みすず書房（原著 1960）。

知念渉 [2018]『〈ヤンチャな子ら〉のエスノグラフィー――ヤンキーの生活世界を描き出す』青弓社。

コンネル, R. W. [2022]『マスキュリニティーズ――男性性の社会科学』伊藤公雄訳, 新曜社（原著 1995）。

Cortes,C.E. [1979] "The Societal Curriculum and the School Curriculum: Allies or Antagonists?," *Educational Leadership*, vol.36, no.7：475–479.

土肥いつき [2015]「トランスジェンダー生徒の学校経験――学校の中の性別分化とジェンダー葛藤」『教育社会学研究』97：47–66。

ファウスト・スターリング, A. [1990]『ジェンダーの神話――［性差の科学］の偏見とトリック』池上千寿子・根岸悦子訳, 工作舎（原著 1987）。

藤田由美子 [2015]『子どものジェンダー構築――幼稚園・保育園のエスノグラフィ』ハーベスト社。

ギーザ, R. [2019]『ボーイズ――男の子はなぜ「男らしく」育つのか』冨田直子訳, DU BOOKS（原著 2018）。

ホール, A. [2001]『フェミニズム・スポーツ・身体』飯田貴子・吉川康夫監訳, 世界思想社（原著 1996）。

橋本紀子 [1992]『男女共学制の史的研究』大月書店。

羽田野慶子 [2004]「〈身体的な男性優位〉神話はなぜ維持されるのか――スポーツ実践とジェンダーの再生産」『教育社会学研究』75：105–125。

林雄亮・石川由香里・加藤秀一編 [2022]『若者の性の現在地――青少年の性行動全国調査と複合的アプローチから考える』勁草書房。

日下田岳史［2020］『女性の大学進学拡大と機会格差』東信堂。
日下田岳史［2022］「なぜ女子は理系意識を持ちづらいのか――小学校5～6年生に焦点を当てて」『教育学研究』89(4)：603-615。
飯田貴子・井谷惠子編［2004］『スポーツ・ジェンダー学への招待』明石書店。
池田彌三郎［1962］「大学女禍論」『婦人公論』1962年4月号。
今田絵里香［2007］『「少女」の社会史』勁草書房。
稲垣恭子［2007］『女学校と女学生――教養・たしなみ・モダン文化』中央公論新社。
伊佐夏美［2022］「難関大に進学する女子はなぜ少ないのか――難関高校出身者に焦点をあてたジェンダーによる進路分化のメカニズム」『教育社会学研究』109：5-27。
井谷惠子［2005］「体育教師の男女不均衡を生み出すジェンダー・カルチャー」『教育学研究』71(1)：27-40。
井谷惠子・三上純・関めぐみ・井谷聡子［2022］「カリキュラムの多層性からみた『体育嫌い』のジェンダー・ポリティクス」『スポーツとジェンダー研究』20：6-19。
Jackson, P.W.［1968］*Life in Classrooms*, Holt, Rinehart and Winston.
掛水通子監修，山田理恵・及川佑介・藤枝由美子編著［2019］『身体文化論を繋ぐ――女子・体育・歴史研究へのかけ橋として』叢文社。
唐澤富太郎［1956］『教科書の歴史――教科書と日本人の形成』創文社。
片田孫朝日［2007］「男子たちのおばかな協同活動――学童クラブのおやつ時間の注意に対するふざけとからかいの集合的実践」『京都社会学年報』15：65-86。
片田孫朝日［2008］「『男子は4周を目標に』――体育授業の性別カリキュラムと男女生徒への性差別」木村涼子・古久保さくら編『ジェンダーで考える教育の現在――フェミニズム教育学をめざして』解放出版社。
片山清一［1984］『近代日本の女子教育』建帛社。
加藤千香子［2014］『近代日本の国民統合とジェンダー』日本経済評論社。
加藤慶・渡辺大輔編［2012］『セクシュアルマイノリティをめぐる学校教育と支援――エンパワメントにつながるネットワークの構築にむけて』開成出版。

河野銀子［2018］「文理選択」河野銀子・藤田由美子編『新版 教育社会とジェンダー』学文社。
風間孝・河口和也［2010］『同性愛と異性愛』岩波書店。
金富子［2005］『植民地期朝鮮の教育とジェンダー――就学・不就学をめぐる権力関係』世織書房。
キムラ, D.［2001］『女の能力, 男の能力――性差について科学者が答える』野島久雄・三宅真季子・鈴木眞理子訳, 新曜社（原著 1999）。
木村涼子［1999］『学校文化とジェンダー』勁草書房。
木村涼子［2016］「ジェンダー秩序をめぐる教育のポリティクス」佐藤学・秋田喜代美・志水宏吉・小玉重夫・北村友人編『岩波講座 教育 変革への展望 6 学校のポリティクス』岩波書店。
木村涼子［2020］「ジェンダーを学ぶ――性別子育てのカリキュラム」中澤渉・野村晴夫共編『シリーズ人間科学 4 学ぶ・教える』大阪大学出版会。
木村涼子・小玉亮子［2005］『教育／家族をジェンダーで語れば』白澤社。
小林雅之［2008］『進学格差――深刻化する教育費負担』筑摩書房。
近藤凜太朗［2022］「『生命（いのち）の安全教育』とは何か？――文科省『性犯罪・性暴力対策』モデル教材の両義的性格」『教育学研究』89(4)：642–654。
小山静子［1991］『良妻賢母という規範』勁草書房。
小山静子［1999］『家庭の生成と女性の国民化』勁草書房。
小山静子［2009］『戦後教育のジェンダー秩序』勁草書房。
桑田直子［1998］「女子中等教育機関における洋装制服導入過程――地域差・学校差・性差」『教育社会学研究』62：69–91。
三上純［2020］「運動部活動におけるホモソーシャリティの形成――『セクシュアリティ・ジョーク』と『恋愛指導』に着目して」『スポーツとジェンダー研究』18：20–34。
三宅大二郎・平森大規［2021］「日本におけるアロマンティック／アセクシュアル・スペクトラムの人口学的多様性――「Aro/Ace 調査 2020」の分析結果から」『人口問題研究』77(2)：206–232。
宮田りりぃ［2017］「性別越境を伴う生活史におけるジェンダー／セクシュアリティに関する意識」『教育社会学研究』100：305–324。
宮崎あゆみ［1993］「ジェンダー・サブカルチャーのダイナミクス――

女子高におけるエスノグラフィーをもとに」『教育社会学研究』52：157-177。
森繁男［1995］「幼児教育とジェンダー構成」竹内洋・徳岡秀雄編『教育現象の社会学』世界思想社。
森山至貴［2017］『LGBTを読みとく――クィア・スタディーズ入門』筑摩書房。
村松泰子編［2004］『理科離れしているのは誰か――全国中学生調査のジェンダー分析』日本評論社。
中西祐子［1998］『ジェンダー・トラック――青年期女性の進路形成と教育組織の社会学』東洋館出版社。
中内敏夫［1988］『軍国美談と教科書』岩波書店。
尾嶋史章・近藤博之［2000］「教育達成のジェンダー構造」盛山和夫編『日本の階層システム4　ジェンダー・市場・家族』東京大学出版会。
大東貢生［2003］「男性にとってのジェンダーフリー――運動音痴の男の子の視点から」『解放教育』33(1)：23-28。
サドカー，M.，サドカー，D.［1996］『「女の子」は学校でつくられる』川合あき子訳，時事通信社（原著1995）。
佐倉智美［2006］『性同一性障害の社会学』現代書館。
佐々木啓子［2002］『戦前期女子高等教育の量的拡大過程――政府・生徒・学校のダイナミクス』東京大学出版会。
佐藤秀夫編［1996］『日本の教育課題2　服装・頭髪と学校』東京法令出版。
佐藤（佐久間）りか［2002］「『ギャル系』が意味するもの――〈女子高生〉をめぐるメディア環境と思春期女子のセルフイメージについて」『国立女性教育会館研究紀要』6：45-57。
セジウィック，E. K.［2001］『男同士の絆――イギリス文学とホモソーシャルな欲望』上原早苗・亀澤美由紀訳，名古屋大学出版会（原著1985）。
関口すみ子［2007］『国民道徳とジェンダー――福沢諭吉・井上哲次郎・和辻哲郎』東京大学出版会。
澁谷知美［2013］『立身出世と下半身――男子学生の性的身体の管理の歴史』洛北出版。
周司あきら・高井ゆと里［2023］『トランスジェンダー入門』集英社。
多賀太［2019］「男性学・男性性研究の視点と方法――ジェンダーポリ

ティクスと理論的射程の拡張」『国際ジェンダー学会誌』17：8–28。
多賀太・天童睦子［2013］「教育社会学におけるジェンダー研究の展開――フェミニズム・教育・ポストモダン」『教育社会学研究』93：119–150。
高橋一郎・萩原美代子・谷口雅子・掛水通子・角田聡美［2005］『ブルマーの社会史――女子体育へのまなざし』青弓社。
竹内洋［1997］，『立身出世主義――近代日本のロマンと欲望』日本放送出版協会。
田邉和彦［2023］「なぜ女子中学生は自分を『理系』と評価しにくいのか――文理意識の性別間文化メカニズム」『教育学研究』90(2)：285–297。
田代美江子［1993］「近代日本における産児制限運動と性教育――1920～30年代を中心に」『日本の教育史学』36：109–123。
寺町晋哉［2020］「女子のトラブルを『ドロドロしたもの』とみなす教師のジェンダー・バイアス――関係性への焦点化に着目して」『宮崎公立大学人文学部紀要』27(1)：103–119。
寺町晋哉［2022］「大学進学における『地方』と『性別』の『足枷』」『学術の動向』27(10)：76–83。
暉峻康隆［1962］「女子大生世にはばかる」『婦人公論』1962年3月号。
Thorne, B.［1993］*Gender Play: Girls and Boys in School*, Rutgers University Press.
土田陽子［2008］「男の子の多様性を考える――周辺化されがちな男子生徒の存在に着目して」木村涼子・古久保さくら編『ジェンダーで考える教育の現在――フェミニズム教育学をめざして』解放出版社。
土田陽子［2014］『公立高等女学校にみるジェンダー秩序と階層構造――学校・生徒・メディアのダイナミズム』ミネルヴァ書房。
上間陽子［2002］「現代女子高校生のアイデンティティ形成」『教育学研究』69(3)：367–378。
上間陽子［2017］『裸足で逃げる――沖縄の夜の街の少女たち』太田出版。
上床弥生［2011］「中学校における生徒文化とジェンダー秩序――『ジェンダー・コード』に着目して」『教育社会学研究』89：27–48。
渡辺大輔［2005］「若年ゲイ男性の学校内外での関係づくり――学校空間が持つ排除と分断の政治の検討にむけて」『教育学研究』72(2)：210

-219。
ウィリス，P.［1996］『ハマータウンの野郎ども——学校への反抗・労働への順応』熊沢誠・山田潤訳，筑摩書房（原著 1977）。
山中恒［1989］『ボクラ少国民』講談社。
Young, I.M.［1990］*Throwing Like a Girl: And Other Essays in Feminist Philosophy and Social Theory*, Indiana University Press.

➲ M. デュリュ＝ベラ『娘の学校――性差の社会的再生産』中野知津訳，藤原書店，1993（原著 1990）。

学校がジェンダーを再生産するという観点からの社会学的著作。フランスの研究であるが，英米圏の先行研究を多く取り入れ紹介している。欧米でのジェンダーと教育研究の基本をおさえるために，現在も有効な 1 冊。

➲ 小山静子『良妻賢母という規範』勁草書房，1991。

従来の良妻賢母主義研究を再検討したうえで，良妻賢母思想を欧米の近代国家や戦後日本社会にも共通する近代的な産物として捉え直す視点を提起している。戦前の女子教育の理解には欠かせない著作。

➲ 橋本紀子『男女共学制の史的研究』大月書店，1992。

近代学校教育制度の成立から戦後の教育改革を経た現代までの，1 世紀近いタイムスパンの中で，男女共学制がいかに展開してきたかを，丹念に集めた史料をもとに明らかにしている。歴史研究の範となる労作。

➲ 木村涼子『学校文化とジェンダー』勁草書房，1999。

戦後の教育制度や学校の中の文化を，ジェンダーの観点から見直した教育社会学研究。理論的整理とともに，参与観察や質問紙調査による実証データを用いて考察を行っている。具体例を参照しながら，自分の経験を見直すこともできる。

➲ 広田照幸（監修）リーディングス 日本の教育と社会，木村涼子編『第 16 巻　ジェンダーと教育』日本図書センター，2009。

1990 年代以降の研究を中心に，ジェンダーと教育に関する重要な論文を収録している。テーマごとに解説も書かれているので，ジェンダーと教育研究の動向をしっかり学びたい人には有益な本。

- 飯田貴子・井谷惠子編『スポーツ・ジェンダー学への招待』明石書店，2004。

スポーツをジェンダーの視点で分析・考察する研究の本格的な展開の幕開けとなった著作。スポーツの歴史，スポーツ文化，身体の捉え方，体育やスポーツ指導などのテーマごとにわかりやすく解説した入門書。種々の知的刺激にも満ちている。

- 森山至貴『LGBTを読みとく――クィア・スタディーズ入門』筑摩書房，2017。

英語圏ではLGBTQ＋に関する研究をクィア・スタディーズと呼ぶ流れがある。クィア（queer）とは「風変わりな」「奇妙な」という意味の英語であり，かつてはセクシュアル・マイノリティを侮蔑するような文脈で使われる言葉でもあったが，マイノリティの側があえてポジティブに捉え返す形で用いるようになった。クィア・スタディーズについてわかりやすく学べる入門書。

- ギーザ，R.『ボーイズ――男の子はなぜ「男らしく」育つのか』冨田直子訳，DU BOOKS，2019（原著2018）。

カナダのジャーナリストである著者が，心理学・教育学・社会学などの学術的な知見をていねいにふまえながら，21世紀の今，男の子が「男」になるメカニズムとその中で男の子たちが経験する困難や葛藤を，友情・学業成績・スポーツ・ゲーム・セックスなど種々のテーマごとに解き明かしている。

Part Ⅳ

「大衆教育社会」の変貌と教育の不平等

Part Ⅳ

Introduction

2つのキー・コンセプト

この本を読みながら，教育の社会学を学んでいる方々にとって，今の日本の社会や教育はどのように見えるだろうか。日本の社会と教育は今後どのような方向に変化していくと思えるだろうか。現在の趨勢がそのまま将来まで続く保証はない。それでも，今の趨勢の理解なしに，未来の日本がどのように変わっていくかを考えることは難しい。さらにいえば，過去から現在に至る歴史の流れを理解することで，現在についての理解も深まるはずだ。Part Ⅳ では，教育における（不）平等の趨勢というテーマを中心に，このような課題に迫っていきたい。

戦前の日本は，農業に従事する人々が人口のおよそ半数を占めていた。しかもそのうちの多くは小作農，すなわち地主から土地を借りて農耕する貧しい農民であった。この農業人口が戦後急速に減少し，今度は雇用者（企業などに雇われる人）が中心の社会ができあがる。日本社会にとって大変動ともいえる変化だった。その過程で，教育もまた大きな変貌を遂げた。1つは量的な拡大である。戦前に中等教育（現在の中学校や高校）レベルの教育を受けた人々の割合は，現在の大学教育を受ける人々の割合の半分もなかった。つまり，大半の人々は初等教育（小学校）だけを終えて仕事に就く社会だった。もちろん，農業人口の減少と教育の拡大とは密接に関係し連動しつつ，戦後の日本社会を作り出していった。「教育の機会均等」を掲げた戦後の教育改革（いわゆる6・3・3制）もそこに大きく寄与した。

やがて戦後の日本は高度経済成長といわれる時代を迎えた。1950年代後半から70年代半ばまでのおよそ20年間である。この時代に日本社会は戦前に比べはるかに豊かになった。所得の面でも平等にもなった。教育について見れば，高校に進学する人々の割合が同年代の90%を超えたのは1974年である。すでに戦後の改革で中学校は義務教育になっていたから，戦後世代のほとんどが中等教育を受けるようになったのである。1940年の中等学校（中学校，高等女学校，実業学校等）への進学率が20%台（男子28%，女子22%）であったことと比べれば，中等教育の機会ははるかに拡大した。

そして1970年代の日本は「一億総中流社会」と呼ばれるようになった。その実態はともかく，人々の意識の上では「みんなが中流」という認識を持つようになった時代である。それだけ日本は平等な社会だという認識も広まった。だが，そこに教育はどのようにかかわったのだろうか。そのような社会を作り出すうえで，教育の役割はどのように人々に意識されたのか。

今からおよそ半世紀も前の時代に目を向けるのは，現在に至る趨勢を理解するためである。2000年代に入ると「格差社会」という言葉が広まり，今では日本を「総中流社会」だと見る人はほとんどいなくなった。一方，教育の拡大はその後も続いている。一億総中流といわれた時代の4年制大学進学率が25%前後であったことと比べれば，今では同世代のおよそ半数が大学に進学する。教育機会の広がりが格差を縮小するものだとすれば，教育は拡大したのに，格差が広く意識されだしたことは奇妙な現象に見える。そこには教育と社会のどのような関係があったのか。流行語として捉えれば，「一億総中流社会」から「格差社会」への変化の中で，教育はどのような役割を担ってきたのか。教育は，社会の平等化に寄与するのか。それとも不平等を促し，固定化してきたのか。Part Ⅳでは，このような問題を考えることで，教育を社会学的に理解するための知識を学んでいく。

このPart Ⅳで用いる2つの鍵となる言葉＝概念（キー・コンセプト）を紹介しよう。1つはメリトクラシーである。能力主義や業績主義と訳されることもある言葉だが，ここではあえてカタカナのまま用いる。近代と呼ばれる時代や社会は，人々の能力や業績に応じて地位や報酬を与えるようになったといわれる。英語のmerit（メリット）という言葉には，賞賛や報酬に値する優秀さといった意味がある。持って生まれた身分や血筋などでなく，それぞれの個人の優秀さ＝メリットに価値を置く，そのような考え方や社会を編成する原理をメリトクラシーと呼ぶ。社会学の用語を使えば，「属性主義」から「**業績主義**」〔★〕への変化である。

「優秀さ」を評価し認定するうえで，教育という制度や仕組みは，近代と呼ばれる時代に発展し，「近代社会」で重要な役割を果たすようになった。教育が育成し，評価し，資格を与える「メリット」を社会が重視することが，属性主義に代わる社会を作り出すと考えられたからである。その点で，教育とメリトクラシーとは近代社会の中で親密な関係にあった。それゆえ，メリトクラシーの概念によって捉えることのできる社会と教育の特徴とその変化を論じることで，「一億総中流社会」から「格差社会」への変化の中で教育の果たした役割に迫ることができるだろう。

もう1つのキー・コンセプトは，「大衆教育社会」である。これは1995年に筆者が作り出した造語である。その詳しい内容については ***Stage 2*** で論じるが，教育の大衆的な拡大を通じて作り出された大衆社会という特徴を持つ，1980年代の終わりごろまでの戦後日本社会を描写しようとしたのが大衆教育社会の概念だった。この概念を使って捉えることのできる日本社会の変化を分析することで，メリトクラシーという社会編成の原理＝イデオロギーがどのように日本社会に根づいていったのか，またそれがどのような役割を果たすようになったかを理解することができる。ひいては，現在に至る日本の教育が果たしてきた役割についての理解につながるはずだ。

Stage 1 完璧な能力主義社会は可能か？

●時事通信フォト

『メリトクラシーの興隆』

1958年，イギリスで社会科学SF（social science fiction）ともいうべき1冊の本が出版された。2034年を現在と見立て，20世紀後半から21世紀にかけて，イギリス社会で何が起きたのかを，当時（2034年）の社会学者が，「歴史」として分析する。そういうスタイルをとったSF小説である。この本を書いたのは，実在の社会学者でマイケル・ヤング，そして本のタイトルは，『*Rise of the Meritocracy*（メリトクラシーの興隆）』（邦訳では

『メリトクラシー』）である。

教育の社会学では，「教育と階層」「学力と階層」といったテーマで，この「メリトクラシー」という用語がしばしば登場する。しかし，よく使われるわりには，ヤングのもともとのSFのストーリーとあわせて，この言葉の意味が説明されることはあまりない。SFの醍醐味をそこなわずに要約することは難しい（ネタバレにもなる）。だが，それを承知のうえで，ここでは『メリトクラシーの興隆』を手がかりに，教育と社会の関係を考えていくことにしよう。まずは，ストーリーのあらすじを紹介する。

著者は，メリトクラシー以前のイギリス社会を次のように描き出す。

人々がどのように職業につくか。そこにはさまざまなやり方がありうる。イギリスでは，1870年代後半まで，公務員といえども，親や親せきなどの「コネ」がものをいう仕組みを採用していた。それ以外の職業，たとえば農業（地主）や工業（産業資本家）の場合には，コネだけではなく，親から子どもへの遺産相続を通じた「世襲制」が長い間幅を利かせていた。縁故（コネ）や世襲が職業を決める重要なルールだったのである。

職業の世界だけではない。どれだけの教育を受けるか，どこの学校に行くのかにも，コネやお金がものをいった。その結果，「次官になる能力を持つ一部の子供が15歳で（学校を：引用者注）卒業して，郵便配達夫にならざるを得な」いような場合や，裕福な家庭の子どもの中には「能力は乏しくても」有名な大学を卒業して「成人した暁には，高級官吏として海外勤務についている」［ヤング，1982：15］ような場合もあった。能力と学歴とが，ほとんど結びつかない社会だったのである。

ところが（そして，ここからがSFとなるのだが），1989年に，

表 IV-1　各タイプの中等学校における知能分布の比較

中学のタイプ	生徒の知能指数水準	教師1人あたり生徒数	教師の知能指数水準
E・S・N（教育上水準以下の学校）	50〜80	25	100〜105
セカンダリー・モダン・スクール	81〜115	20	105〜110
セカンダリー・グラマー・スクール	116〜180	10	135〜180
寄宿制（ボーディング）グラマー・スクール	125〜180	8	135〜180

（出所）　ヤング［1982：71］。

心理学の大躍進が起こった（もちろん本当には起きていない）。「人工頭脳学者」の研究の進歩によって，知能を完璧に測定できるようになった。そして，**表 IV-1** に示すように，子どもの知能に応じてどのタイプの中等学校に行くのかが決められるようになった。この表からもわかるように，知能指数の高い（未来の）子どもは，その教師たちの知能も高く，教師１人あたりの生徒数も少ない，恵まれた環境の学校で，優れた教育を受けることになった。

さらには，知能テストと並んで，人々の適性を見分ける適性テストの精度が格段に上がった。そして，知能テストと適性テストを使えば，それらの得点によって，人々が職業についた場合，どれだけの能力を発揮できるのか（すなわちメリット）を正確に予測できるようになった。その結果，これらのテストの得点を使って，人がどの職業につけるのかを決めることが可能になった。こうして，知能と適性とを完璧に測定できるテストの発明によって，どの職業につくのかは，個人のメリット，いいかえれば，仕事にどれだけ貢献できるのかを示す能力（小説の中では，国家認定知能指数と呼ばれる）によって決められる社会が出現した。

このように，より高いメリットを持った人々が，より高い地位につく社会の仕組みを「メリトクラシー（メリットを持った人々による支配)」と呼ぶ。世襲制に基づく貴族制（アリストクラシー）や，多数決（選挙）に基づく民主制（デモクラシー）とは異なり，本人の知的能力に基づいて社会経済的地位が決まる社会の仕組みである。そして，経済や軍事面での国際競争が，メリトクラシーを生み出す原因になったと，ヤングはその背景を説明する。

メリトクラシーは何をもたらすか

それでは，メリトクラシーは，どのような社会を生み出したのか。本のストーリーをさらに追う。

ヤングによれば，メリトクラシーが実現した社会は，メリットの違いによる不平等を容認した社会である。メリットの高い人が優遇される社会であり，けっしてだれもが同じ処遇を受ける平等な社会ではない。しかも，それをだれもが納得している。

さらに，メリットが正確に測定されるようになり，それが何世代にもわたって行われるようになると，上層階級（高いメリットを持った人たち）と下層階級（メリットの低い人たち）との間に，知的能力の格差が広がっていく。コネや世襲が支配した時代には，能力はあっても高い地位につけない人々が下層階級の中にはいた。反対に，能力はなくても，親からの相続やコネで高い地位につく人もいた。階級と能力との間には，あまり関係がなかったのである。

ところが，メリットが完璧に測定され，それに基づいて地位が決められるようになると，下層階級の出身であっても，能力のある人は高い地位につくようになる。その結果，残された下層階級の人々の能力はますます低下し，かつては労働組合や労働党のリーダーとなっていたような優秀な人材も下層階級からいなくなってしまう。メリトクラシーが実現したことによって，「階級〔★〕間の断層は必然的に大きなもの」になったのである［ヤング，1982：128］。

しかも，知的な能力は遺伝や家庭の環境を通じて次の世代にも伝達される。そのため，下層階級の子どもたちは，メリットの点でも親と同様に下層階級の仕事にとどまることが多くなる。もちろん，遺伝や家庭環境の影響が完全ではないことから，上層階級の子どもであってもメリットが低いために下層階級へと転落する場合や，それとは反対に下層階級出身でもメリットが高いために上層に上昇する場合がないわけではない。ただし，多数はメリットを通じて，親と同じ階級にとどまることになった。つまり，遺産の相続や縁故の影響がまったくなくなった社会が出現したにもかかわらず，長い年月の間に，かえって成り上がりや没落といった階級間の移動が少なくなっていったのである。

ヤングの描き出すメリトクラシーには，一見補足的に見えるが，次の3つの仕掛けも組み込まれている。ストーリーからはややはずれるが，以下の議論では重要なポイントとなるので，押さえておこう。1つは，地域の成人教育センターである。メリットは年齢とともに変化するかもしれない。より高いメリットを証明してもらうために，学校卒業後にも，5年ごとにこのセンターでテストを受けることができる。そして，その結果によって，別の職業につくチャンスもある[1)]。つまり，制度のうえでは，チャンスはだれにでも，いつまでも開かれていることになっている。

2番目は，年功制の廃止である。メリットの測定が正確になれば，メリットの低い年長者が年齢という理由だけで高い地位につく理由はなくなる。つまり，メリトクラシーの完成は，年功による昇進を排除し，個人のメリットのみによって地位が決まるような仕組みをつくり上げたのである。

第3のしかけは，女性の処遇をめぐるルールである。ヤングの描いたメリトクラシー社会では，メリットによらず女性は結婚後は仕事を続けることが許されない。子どものメリットを上げるためには母親の役割が大切であるという考えが強かったということもあるが，男性とは異なり女性の社会進出は許されないルールを持つ社会として描かれていることに，ヤングの描くメリトクラシー社会の限界もある（本書 PartⅢ参照）。

このような特徴を備えたメリトクラシー社会は，どのような様相を持つことになったのか。メリトクラシーの完成した社会を，ヤングは次のように描写する。

> 1990年ごろまでに知能指数125以上のおとなは，すべてメリトクラシー（メリットによる上層階級）に属するようになっていた。知能指数125以上の子供の大多数は，同じ指数のおとなの子供であった。今日のトップ層が，明日のトップ層を生み出す度合いは，過去のどのときより高くなっている。エリートは世襲になろうとしている。世襲の原理とメリットの原理が一緒になろうとしている。2世紀以上要した根本的変化が，いま完成しようとしているのだ。［ヤング，1982：214］

そして，下層階級となった人々は，「過去におけるように機会が与えられなかったからではなく，自分が本当に劣等であるという理由で，自分の地位が低いのだということを認めなくてはならないのだ」［ヤング，1982：130］となる。

ところが，メリトクラシーは永遠に安泰な社会ではなかった。ヤングの小説では，2034年の5月に，メリトクラシーに反対する人々の暴動が起き，作者と見立てた社会学者が殺されてしまう。暴動を起こしたのは，知能の高い女性たちをリーダーとする，下層階級の人々であった。暴動の原因はいくつかあげられている。そのうちの1つは，保守派のエリートたちが，メリット原理が世襲原理とほぼ重なり合うようになったことを理由に，メリットの測定をやめて本当の世襲制に戻ることを提案したこと，もう1つは，学校卒業後にもメリットの再測定を可能にしていた地域成人教育センターを，実際には十分な役割を果たしていないことを理由に廃止しようとしたことである。これらの提案に反対した「人民党」が，有能な女性たちに率いられて暴動を起こしたのである。

1989年がメリトクラシー完成の年だとすれば，完璧に見えたメリットによる支配は，半世紀も経たずに終焉を迎えた。ただし，小説の中では，暴動の後にどのような社会が誕生したのかは描かれない。それでも，世襲制度に代わったはずのメリトクラシーが世襲制度と同じように階級を固定化してしまう，悲劇的な結末をヤングが描いたことは重要である。メリトクラシーはユートピアではなく，ディストピアとして描かれていたということだ。

メリトクラシー「その後」：現実の世界で

小説に出てくる1989年はすでに過去になった。暴動が起きる2034年ももうすぐである。実際の世界ではもちろん，ヤングが描いたような社会は完璧には実現しなかった。それでも，メリトクラシーという言葉や思想は一人歩きを始めた。この概念は否定的・悲観論的な意味合いを一度アメリカで脱色した後，この言葉を生んだ母国イギリスに逆輸入された。

労働党が政権をとった第1次トニー・ブレア政権（ニュー・レイバーと呼ばれた）の誕生につながった1997年の総選挙で，ブレアが行った有名な演説がある。

新しい政府が優先する3つの政策が何かを私に尋ねてみてください。答えは，教育，教育，教育です（拍手）。（中略）子供たちのために根本的な改革と改善を行おうではありませんか。（中略）私はイギリスの公教育制度がとても優れ，魅力的であることを望んでいます。それによって私立と公立の教育間のアパルトヘイトを過去のものにしていこうではありませんか。この階級間の分断を打破する以外に，私は21世紀の近代国家はありえないと信じています。［トニー・ブレア，1996, Leader's speech, Blackpool］

「教育，教育，教育」――「階級間の分断を打破する」手段として，教育政策の重視は強く期待されていた。しかも，その政策を支えたのは，楽観論として衣装替えしたメリトクラシーのアイデアだった。政権の2期目を目指して2001年2月に行ったブレア首相の演説を紹介した新聞（Independent紙）は，「私は適者生存ではなく，メリトクラシーを求める」という見出しで彼の主張を要約した。演説の一部を引用する。

1つの国家として，われわれはあまりに多くの人々のあまりに多くの才能（talent）を無駄にしている。第2期の使命は，したがって，次のことでなければならない。すなわち，人々を縛りつけている障害を取り除き，本当の社会的上昇移動を作り出すこと，真に人々のメリットに基づき，そのすべてに価値を与える，開かれた社会を作り出すことである。［Independent, 2001, 2月9日付］

「メリットに基づき」，人々に「社会的上昇移動」の機会を与えることが，「開かれた社会」，すなわち「階級間の分断」を打破する政策としてあらためて強調されたのである。もちろん，その鍵とされたのが教育政策であった。メリトクラシーという，悲観的・否定的な意味を担っていたはずの同じ言葉が，ブレアの演説においては楽観的・肯定的な意味合いで使われた。

2001年のブレアの演説から4カ月後に，メリトクラシーという語の生みの親であるマイケル・ヤングが『ガーディアン』紙に「メリトクラシーを打倒せよ」という見出しの寄稿をした。そこには次の表現がある。

> 従来型の能力は，かつては多かれ少なかれ階級間で無作為に分配されていた。それが，いまでは，教育というエンジンによって，はるかに高度に一部に集中するようになった。教育という狭い範囲の価値観に従って，人々をふるいにかける仕事に学校と大学を縛りつけることによって社会革命は達成された。驚くほど多くの資格と学位を自在に扱えるようになることで，教育は少数者に承認の印を押す。他方，7歳になるかどうかという若い年齢で，底辺に押しやられることで輝きを失う大多数の人々には，不承認の印を与えるようになった。新しい階級は，自分たち自身を再生産するための手段を手にし，しかもそれをほとんどほしいままに操ることができる。[Young, 2001]

労働党の支持者でもあったヤングは，メリトクラシーをあまりに楽観的に政策の要に位置づけたブレア政権に警鐘を鳴らしたのである。重要なのは，メリトクラシーが「新しい階級」を生み出すとヤングが指摘した点である。

実際にその後のイギリス政府は，教育の拡充によって**社会移動**〔★〕(教育を終えた後でどのような職業につくか，あるいは所得を得るか）の機会を広く平等に提供することで，社会の不平等を解決することができると考え，教育への公的投資を拡大していった。教育→機会の平等→社会の平等という連鎖を想定した教育-社会政策である。1997年までの保守党政権下の18年間で教育予算の増加はわずか1.4%であったのに対し，労働党政権の8年間では年率4.4%で教育予算が増加した。児童生徒1人あたりで約2500ポンドから約5000ポンド（1ポンド＝160円の換算で80万円）と，1997年に比べ2倍近くに増えた［山口，2005：49］。

保護者や家族への支援を含む幼児教育（4，5歳児）への支出も大幅に拡大した。1997年に9億ポンドだったのが，2008／9年度には23億7000ポンドへと2倍以上に増額された。総額としての幼児教育への公的支出は，1998年にはGDPの0.5%だったのが2013年までに0.8%へと拡大した。また，最も恵まれない家族や子どもへの支援であるSure Startプログラムを例にとれば，1997年の500万ポンドから2006年には14億ポンドに増額された［Social Mobility Commission, 2017: 19］。教育→機会の平等→社会移動という連鎖の中で，初期段階の教育における不平等の是正にこれだけの公的資金が投下されたのである。

このような教育への大幅な投資拡大にもかかわらず，その後の研究が示したのは，教育機会の拡大や教育を通じた社会移動の促進が期待されたとおりに進まなかったという残念な結果であった。主に2000年代以降のこのような政策の効果を評価するために，2010年に「社会移動委員会」という政府から独立した公的な諮問機関が作られた。その報告書『変化の時代：1997−2017年の社会移動に関する政府の政策評価』では，さまざまな実証研究の成果を用いながら，政策の効果について評価をした［苅谷，2020］。ここでこの報告書の全体像を紹介する余裕はないが，たとえば幼児教育や貧困家庭への支援政策について，「初期段階の教育への何十億ポンドの投資が行われたことを考えると，この20年間の政策には失望を禁じえない。貧困家庭の子どもとより恵まれた家庭の子どもとの格差への目立った影響は見られなかった」［Social Mobility Commission, 2017: 84］との評価を下した。

社会移動にとってより重要な大学入学の際に参照されるAレベル試験〔★〕については，「全体的にこの間の改善が見られず，貧困家庭の子どもの成績はきわめて限定的な改善にとどまり，両者の格差も22パーセント・ポイントのままで最小限の改善しか見られない」[Social Mobility Commission, 2017: 36] と評している。これらをふまえ，「中等教育は生徒たちにとって鍵となる段階だが，無償の学校給食の受給資格を持つ家庭（貧困家庭の1つの定義：引用者）の子どもとそれ以外の子どもとのギャップは社会が受け入れられないほどの広がりを持ち，初等教育段階よりもはるかに拡大している」[Social Mobility Commission, 2017: 47] と結論を下した。

19歳時点での高等教育進学資格を持つ若者の割合を見ても，無償学校給食の受給資格を持つ家庭出身者の場合，2005年の19.9%から2016年には36.2%へと急拡大した一方で，こうした貧困家庭とそれ以外の家庭の格差の推移は2パーセント・ポイントしか縮まらなかったと指摘する [Social Mobility Commission, 2017: 50–51]。しかも，大学進学機会は拡大したが，より選抜度の高い（入学の難しい）大学への進学機会は，貧困家庭出身者の場合，2006年の2.3%から2016年の3.6%へとわずかに増えただけだった。高等教育への進学率はたしかに拡大したが，不利な家庭環境の出身者にとっては選抜度の低い機関への進学が多くを占めていた。

どのような職業につくかは，社会移動にとって1つのゴールとなる。しかし，高度なスキルが要求され報酬も恵まれている専門・管理職への参入において，英国全体でこの職業につく人々が1997年の34%から2014年には42%へと拡大したのにもかかわらず，親が専門・管理職以外の職業であった人々のチャンスは

2005年から2014年の間にわずか4パーセント・ポイントの増加しか見られなかった［Social Mobility Commission, 2017: 76−77］。

以上の要約からわかるように，1997年以後，労働党の「教育，教育，教育」政策を嚆矢に，教育政策を要においた教育＝社会政策は，投入された公的資金の大きさに比して，社会移動や「開かれた機会」という点では期待された成果を上げることができなかった。2001年にヤングが発した警告がまるで現実になったかのような悲観的な結果だと見ることもできる[2)]。

メリトクラシーによる社会の平等化，さらにはそこで期待される教育の役割は無力なのだろうか。いや，無力どころか，かえって不平等を促し固定するような役割を果たしてしまうのだろうか。

メリトクラシーと教育，そして平等を結びつける論理

イギリスの政策から見えてくるのは，教育が社会移動を促す「機会」とみなされているという前提である。この前提をもとに，教育の機会を平等にすることが，誰にでも広く社会移動のチャンスを提供することにつながるだろうという期待が生まれる。教育→機会の平等→社会移動という連鎖を前提とした教育−社会政策である。だが，それがメリトクラシーと関連づけられるためには，さらにいくつかの前提が社会で認められなければならない。

第1の条件は，教育可能性，すなわち教育という働きかけによって個人に変化を及ぼすことができるという信仰が広く人々に受け入れられていることである。個人のメリット（社会的に評価され価値を持つ優秀さ）が，遺伝的影響を含む「出自（生まれ）」によって大きく規定され，その後の教育によっても変化させることが難しいと考えられていれば，教育機会の平等が社会・経済的平等をもたらすと考えることはできなくなる。遺伝にとどまらず家庭環境などの「出自（生まれ）」の影響を打ち消すだけの教育の働きかけによって，個人を変化させることができる可能性への信頼であり，信仰が必要だということである。

しかし，それだけでは十分でない。第2に，教育によって変化した結果が，職業的な機会（社会経済的な資源獲得のチャンス）に結びつくという現実が出現し，それを受け入れ信じる信念が社会全体に広く行き渡る必要がある。教育が機会として認められ，教育によって育成され認定された「メリット」が，職業的あるいは社会経済的な成功に結びつくことへの信仰である。このようにして，教育機会の平等化は社会の平等化と結びつけて考えることが可能になる。これらの条件がそろうことで，教育→機会の平等→社会移動の連鎖を根幹とする「教育，教育，教育」政策は受け入れられる。

ここで重要なポイントは，教育が育成すると期待された能力やスキル（≒教育の可能性）がメリットとして社会で賞賛され価値を持つ「優秀さ」を示すはずだという前提を社会が受け入れていることである。メリットにそのような価値を認めることで，教育機会の拡大は，個人に社会移動のチャンスを広げるだけでなく，メリットを持った人々を増やすことで，社会や経済の成長・発展にも寄与するはずだというもう1つの前提が生まれる。経済学の用語を使えば，**人的資本**〔★〕への投資の拡大によって，それぞれの個人にメリットの発達（development）の機会を与えると同時に，社会全体のメリットの総量を増やすことで社会や経済の発展（development）をも促すというWin-Winの関係を前提とした政策が「教育，教育，教育」だった。社会や経済の発展につながるはずの，「役に立つ」能力やスキルを高めることがメリトクラシーのもとでの教育に求められた。そのような前提のもとで，教育の平等化が社会や経済の発展と社会的・経済的平等を実現するはずだという期待・理想が，これらの政策を支える論理となった。その意味で，メリトクラシーとは，すぐれて現代的な，とりわけ私たちが信奉する新自由主義的な考え方と馴染みやすいイデオロギー——社会の原理として人々の認識を枠づけ，その社会原理の適用がもたらす結果を正当化する——であるということだ。

だが，すでに述べたように，イギリスで重視され，拡充された教育政策は，教育や社会の平等化という面で期待された結果を生み出すことはできなかった。メリトクラシーは，ヤングが警告したように「新しい階級」を生み出しただけなのだろうか。そこで教育はどのような役割を果たしたのか。

Think yourself

1 メリトクラシーが完成した社会の特徴を，4つないし5つにしぼってまとめるとどうなるか。自分でノートを取り出して，ポイントを箇条書きにしてほしい。

2 次に，それぞれの特徴について，あなた自身，そのような社会をどのように思うか，賛成か反対か，好きか嫌いか，また，その理由は何かを，それぞれの特徴ごとに考え，書き出してみよう。どうしてこのような社会を，いいと思うのか，あるいは悪いと思うのか，そう考える根拠を考えてみるのである。

3 それでは，この小説が，あくまでもフィクションであると思えるところ，つまり，現実離れしているところはどこだろうか。

4 メリトクラシーは，なぜ暴動を引き起こしたのか。女性たちが暴動のリーダーとなったのはなぜだろうか。Part Ⅲ も参考にしながら考えてみよう。

5 この小説のストーリーやイギリスでの政策展開を見た後で，日本の教育や教育政策について考えてみよう。ヤングの描いたメリトクラシーと日本の教育との類似点はどこか。また異なる点はどこかを書き出してみよう。そこから日本の教育はメリトクラシーといえるかどうかを議論してみよう。

Column ⑭ グローバルメリトクラシーの展開

21世紀は，教育，とりわけ大学教育の世界でグローバル化が顕著に進んだ時代であった。1999年におよそ200万人だった世界全体の留学生の数は，2014年にはおよそ430万人にまで膨れ上がった。わずか15年で2倍以上の拡大である。その背景にあったのがメリトクラシーのグローバルな展開である。それは国際語としての英語がまさに「英語帝国主義」と呼ばれるまでに定着したプロセスと重なった。留学生の引受先の大学の多くが，アメリカ，カナダ，イギリス，オーストラリア，ニュージーランドといった英語圏にあったからだ。

経済のグローバル化の進展は新たな市場を求めて貪欲な資本主義が拡張する過程でもあった。そうした中で，多国籍企業は英語のできる「優秀な人材」，すなわちグローバルメリットの採用を拡大した。たとえば，そのような企業の1つ，British Petroleumの社長は，「われわれは，グローバルなメリトクラシーの構築を目指しています。年齢，性別によらず，あらゆる人種，国籍，身体能力，宗教，性的指向やアイデンティティなど，あらゆる背景を持つ人々を歓迎します」という発言を残している［Brown & Tannock, 2009］。

このように，国際的に認められ高い評価を受けている英語圏の大学を中心に，グローバルな学歴取得競争が激化した。大学教育と労働市場が歩調を合わせてグローバル化したことで，地元に残るしかできない人々と，自分の望みや必要に応じて簡単に国境を越えて移動できる人々との分断が生じている。このようなグローバルに展開するメリトクラシーの文脈では，それが1国内で生み出す階級の分断のようなことは問題にされない。そこに参加するのは高いモチベーションと資力と知的能力と英語力を備えた人々に限られるからだ。このような文脈で日本の教育を理解すると，どのような特徴が浮かび上がるだろうか。

Stage 2

大衆教育社会・メリトクラシー・日本の教育

●時事通信フォト

大衆教育社会の特徴

日本の社会と教育における（不）平等というテーマを論じるために，筆者は1995年に出版した著書『大衆教育社会のゆくえ』で，戦後の日本社会を「大衆教育社会」として理解することを提唱した［苅谷, 1995］。

大衆教育社会の特徴について簡単に説明しよう。1995年の著書では，大衆教育社会には次の3つの特徴があるとした。①教育の大衆的な拡大，②メリトクラシーの大衆的状況，③大衆から学歴によって選ばれたエリート＝「学歴エリート」の支配である。教育が「大衆的」な規模で拡大することで日本は「**大衆社会**」〔★〕になったこと，その過程でメリトクラシーが「大衆的」な規模で拡大したこと，さらには「大衆」から選ばれた学歴エリートの特徴について論じた。と同時に，そのような大衆社会は平等な社会ではないこと，にもかかわらずその時代の日本では社会や教育の不平等が表立って論じられることがなかったこと，そしてなぜそのようなことが生じたのかを明らかにした。

戦後の日本社会が教育の大規模な拡大を遂げたことはすでにIntroductionで触れたとおりである。しかし，量的な規模の拡大は，厳密にいえば「大衆的」拡大と同じではない。中学校卒業者の90％が高校に進学するという量の拡大を，「大衆的」拡大とみなすためには，日本社会において「大衆」とは何だったかという議論を挟まなければならないからだ。同じことは，メリトクラシーの大衆的状況についてもいえる。メリトクラシーの原理が多くの人々に共有され量的に拡大することと，それを「大衆的状況」として理解することとの間には微妙だが重要な違いがある。このような指摘は1995年の著書では論じなかった。しかし，大衆教育社会の成立と「その後」の変化を理解するためには，とりわけ格差社会への移行をより深く理解するためには，大衆（的）や大衆社会，大衆化という言葉にこだわる必要がある。大衆という概念は，この後に詳しく論じるように，階級という概念との比較において理解する必要があるからだ。そしてそのことが，日本における教育と社会の関係の理解にもつながる。

Stage **1** で見たブレアの演説では，イギリス社会を描くのに「階級間の分断」という言葉が使われた。イギリスにおいて教育→機会の平等→社会移動の連鎖を通じて乗り越えようとしたのは，

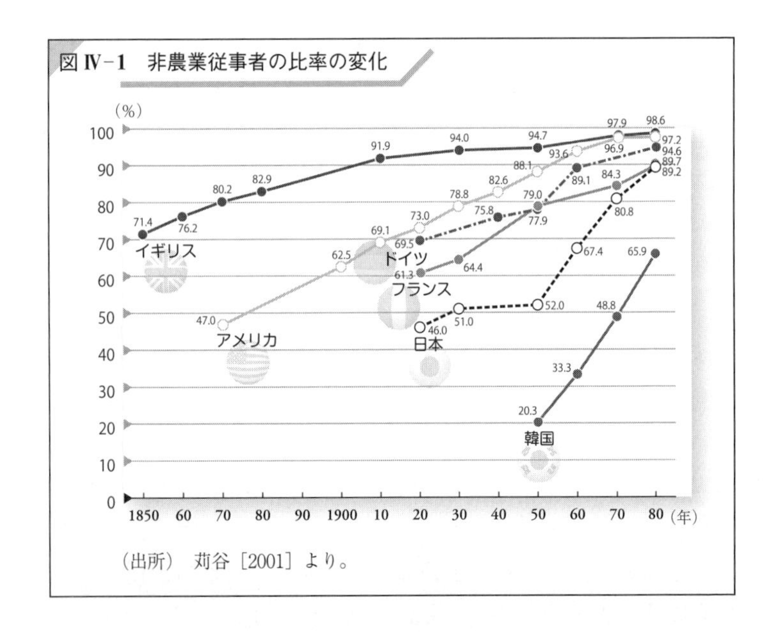

図 IV-1　非農業従事者の比率の変化

（出所）　苅谷［2001］より。

「階級間の分断」であった。階級というカテゴリーによって把握された社会の状態を前提に，教育による社会の平等化＝「階級間の分断の打破」が目指されたのである。イギリス社会におけるこのような教育を通じた社会の平等化，さらにはそこで楽観的に解釈されたメリトクラシーというイデオロギーの役割は，階級社会を前提にしていた。

この点を背景におくと，それとの対比で日本社会をどのように認識するかという問題が浮かび上がる。そして，この問題を検討するうえで重要となるのが，近代化や産業化の歴史の違いであり，そこでの「階級」や「大衆」のあり様とその認識である。

図 IV-1 は，全就業者のうち非農業従事者の割合の推移を 100 年以上にわたって示したものである。最初に産業革命を起こしたイギリスに見るように，他の先進国では農業従事者の割合（100%

から非農業従事者の割合を引いたもの）は，長い年月をかけて漸次的に進行した。日本や韓国が急速に農業従事者の減少を体験したのとは大きな違いである。たとえばイギリスでは，非農業従事者が71%から90%を超えるまでに約60年を必要とした。それに対し，日本では67%から89%までの上昇にわずか20年しかかかっていない。この差が，「階級」というカテゴリーを中心に社会構造を理解する際の違いと関係する。

マルクス主義の影響を受けた階級の捉え方では，生産手段を持たない賃金労働者を労働者階級とみなす。そのことを前提とすれば，イギリスのように産業化が早くスタートした国ほど，製造業に従事する非農業従事者≒賃金労働者がすでに何世代にもわたって存在し続けたということである。そのような社会ほど――階級間の分断が改善されなければ――代々（祖父母も親も，あるいはその前の世代も）労働者階級であった人々が多くいたことになる。その結果，世代を貫いて同じ階級に属することで明確な（労働者階級であるという）階級意識が形成された。階級というカテゴリーによって社会の（分断という）特徴を把握する認識もそれだけ広がった。

それに比べ，産業化が遅く始まった日本のような社会では，製造業に従事する賃金労働者の多くは農民から輩出された。イギリスのように代々工場労働者だったというケースは少なく，親や祖父母の世代の大多数は農業に従事していたということだ。このような産業化の歴史の違いが階級意識に影響したと考えることができる。明確な階級意識が形成された社会（イギリス）とそれが成立する前に急速な産業化や近代化を遂げた社会（日本）との違いである。

もう1つ重要なのは，このような産業化の進展と教育の拡大が

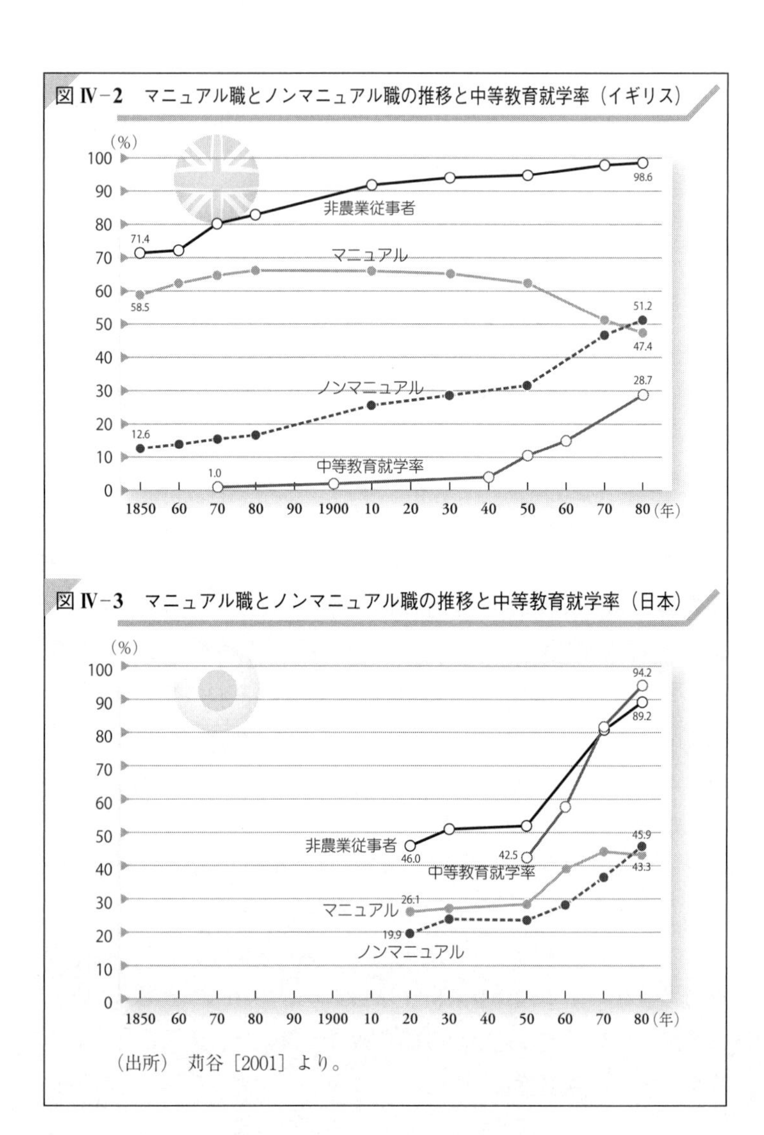

図 IV−2　マニュアル職とノンマニュアル職の推移と中等教育就学率（イギリス）

図 IV−3　マニュアル職とノンマニュアル職の推移と中等教育就学率（日本）

（出所） 苅谷［2001］より。

どのように関係したかである。**図IV−2**はイギリスについて，**図IV−3**は日本について，マニュアル職（主に製造業に従事する労働者）とノンマニュアル職（専門・管理・事務職，サービス・セールス職などのホワイトカラー）の比率の推移と中等教育就学率の推移を併せて示したものである。イギリスの場合，マニュアル職が減少の兆しを見せ，ノンマニュアル職が増大するときに中等教育就学率が上昇している。中等教育修了者がノンマニュアル職に従事していったこと，いいかえればノンマニュアル職に就くために中等教育が求められるようになった傾向を示している。それに対し，日本の場合，中等教育の拡大はマニュアル職とノンマニュアル職がともに増大することと同期している。つまり，農業従事者の減少は，その子弟が中等教育を受けることで，マニュアル職であれノンマニュアル職であれ，雇用者という近代部門へと移動することでこのような同期が生じたと考えられるのである。教育の拡大と社会の産業化・近代化とがほぼ同時に生じていたということであり，中等教育以上の教育を介して雇用者となる社会が短期間で生まれたのである。**圧縮された近代（化）**〔★〕である。

この2つの社会をこのように長期的なスパンで比較すれば，「階級間の分断」がより鮮明に現れる社会と，それが曖昧であった社会との違いが明らかとなる。さらには，そのような違いを背景におくことで，教育が果たした役割についても，それを社会がどのように認識するかをめぐっても，違いが現れることが想像できる。このような議論をふまえると「階級社会」として認識されなかった日本社会の特徴が浮かび上がる。

それでは，そのような社会は「大衆社会」とみなすことができるのだろうか。その場合の「大衆」とはそもそも何を指すのか。

曖昧な「大衆」と総力戦体制

英語の mass, masses の訳語である「大衆」は，1920 年代に登場し，広まっていった［有馬，1999］。この語を「発明」したといわれる高畠素之は，国家社会主義の運動にかかわった人物である。その仲間の 1 人であった人物がのちに高畠による「大衆」について，

> 一つの大集団としてみた国民の大多数者，少数特権者に対する大多数民という意味がある。それには勿論，工場労働者，農民，小商人，安月給取りも一時的に含まれる。（中略）平民，民衆，労働者，下層階級，労働階級，等々の語はあっても，何れにも適切にマッスの意味に当て嵌まらない。そこで高畠さんは，かなり長い間（恐らく 2，3 年はかかったようだ）色々と考えた末，遂に古書などに見える「大衆」という言葉を採用するに至った。［有馬，1999: 274。もとは「『大衆』主義」『急進』1929 年 6 月号に掲載］

と回想している。古書にある「大衆」とは仏教用語のダイシュ（多くの僧）である。そこからの転用でそれとはまったく違う意味を持つマス＝「大衆」をタイシュウとしたというのだ。

「平民，民衆，労働者，下層階級，労働階級」では把握できない「一つの大集団としてみた国民の大多数者」を大衆として把握することが，階級間の分断とは異なる社会認識であることは明らかである。しかし，少数特権者以外を大雑把に大衆とみなすことで，階級間の分断は認識のうえで曖昧にならざるをえなかった。いや，大衆はその後広く使われるようになることで，その言葉の意味を曖昧化していく（たとえば大衆文学，大衆演劇，大衆食堂など）。大衆は，少数特権者以外の何もかも，すなわち「あれもこれも」のその他大勢を包含できる，境界の曖昧な大ぐくりのカテ

ゴリーになったのである。a（階級社会）でもb（平等社会）でもない曖昧さ（aでもbでもない；ambiguity）を特徴とする概念として使われるようになっていく。それゆえ，階級のような明確な社会的カテゴリーをもとに社会を認識し，それについて分析し論じることと比べ，境界の曖昧な大衆によって認識された社会は，その曖昧化の力が増すほど，明確な社会的カテゴリーによる社会認識から遠ざかっていく。

第1次世界大戦を契機に日本の産業の重工業化が始まった。『工場統計表』によれば1909年に80万人だった「職工」数は，1919年には152万人に拡大した。工業化に伴い，人口の都市集中も進んだ。たとえば東京都市部の人口は1920年の336万人が30年には499万人，1940年には678万人へと急速に拡大した。20世紀初頭に生じたこのような日本社会の変化は，「大衆」の出現を印象づけた[3)]。

曖昧な対象である大衆は，曖昧さゆえにその大多数を誰がどのように利用するかという問題を引き起こした。動員の対象としての大衆という問題である。それを推し進めたのが1925年に制定された普通選挙法である。男性のみに限られたとはいえ，選挙人資格から納税額が撤廃されたことによって「国民の大多数者」を政治的に取り込むことが政党や社会運動家にとって重要な課題になった。大衆を味方につけることで，大衆運動をおこし，さらには国会に進出する。大衆の力によって社会変革を目指そうとしたのである。

動員の対象として大衆を見たのは政党や社会運動家だけではなかった。日本がやがて戦時体制に突入する中で，大衆は政府＝行政にとっても動員の対象となっていく。そしてそこには，戦後の「大衆教育社会」の成立につながる，平等についての考え方の転換が埋め込まれていた。

戦時体制（1930年代〜45年まで）について詳述する余裕はここにはないが，戦後の大衆教育社会の成立を考えるうえで重要な部分だけを指摘する。それは，「総力戦体制」のもとで進められた日本社会の近代化と平等化というテーマである。

近代戦とも呼ばれる20世紀の戦争を遂行するためには，国の総力を挙げた体制を作り出さなければならない。第1次世界大戦の経験を通じて参戦国が作り上げた総力戦体制の必要性は，日本にも伝わった。1930年代から本格化する「総力戦体制」を作り上げるうえで，大衆を「国民」として国家に統合することを目指すと同時に，戦争を完遂するために必要な社会の仕組みを作り上げることが急務となった。今日知られる国民健康保険や年金といった社会保障制度や，地域間の格差（義務教育費を含む）是正を目指した制度の端緒は，戦後改革ではなく，戦時体制下で作られた[4)]。

ここでは，戦時下での変化を「1940年体制」として見た経済学者，野口悠紀雄の研究から重要な部分を要約する。野口によれば，1940年体制のもとで導入された税制（とりわけ世界で初めての源泉徴収制度）や土地制度（地主の権限縮小）が「地主のいない大衆社会」[野口，2008] の実現と，低生産性部門への再分配を可能にした。経済の高度成長の基盤となったのは，戦後の諸改革（農地解放，税制改革，財閥解体）よりも，戦時下で作られた「間接金融」の仕組み（株式市場を通じた投資による金融機関からの資金供給）や土地制度，食糧管理法であったと野口はいう。

なかでも重要なのは，間接金融の仕組みであった。野口［2008］によれば，「仮に戦前の（株式で資金が調達される：引用者）金融システムが継続していたなら，少数の裕福な資産家が株保有を通じて企業を支配したのみならず，経済成長によって株式価値を増大させ，巨額の富を蓄積していただろう」という。このようなことが起こらなかったために，「戦後の日本には，『資本家階級』は存在しなかった」というのだ［野口，2008：102］。つまり，戦時体制以前の「戦前日本」は，大地主も大資本家も存在し影響力を持った「階級社会」だった――ただし前述のように必ずしもそのようには認識されなかった。

さらに，より理論的に総力戦体制を論じた山之内靖によれば，「戦時動員体制が日本社会の構造転換に果たした役割は大きかった。（中略）そのことによって，日本社会に付きまとっていた伝統的な――あるいは近代的な――生活の格差は公開の場へと強制的に引き出され，質的に均等化されるとともに水準化された」［山之内，2015：208］。

山之内はその過程をドイツの総力戦体制の研究に倣（なら）い「強制的均質化」と見た。山之内の議論を要領よくまとめた桑野弘隆の表現を借りれば，「強制的均質化」とは「近代化のプロセスにおいて，なお残っていた身分制や階級対立といった国民的統合を妨げる諸要因を，国家による強制的介入によって解体したりシステムへと包摂したりするものであった。強制的均質化は，住民を国民として平準化するとともに，戦争という国家プロジェクトに大規模に動員した」［桑野，2013：184］。「住民」という現代語が使われているが，ここでの文脈に照らせばそれは限りなく大衆に近い。つまり大衆を「国民」として国家（総力戦体制）に動員し統合するために，社会の分断（身分制や階級対立）を是正する，それが国民の均質化であり水準化であった。

戦後への連接：大衆教育社会の誕生

従来の議論の多くは，GHQ（連合国軍最高司令官総司令部）が主導した戦後改革（農地改革，財閥解体，労働立法，教育改革など）や日本国憲法を礎とする戦後民主主義が戦後日本を作り上げたと見る。そこに一部戦前との連続性を認めるとしても，戦時体制下とそれ以前を厳密に分けて論じることは少ない。しかし，「大衆」概念の特徴を視野に入れつつ，前述の総力戦体制のもとでの諸改革の影響を見ると，戦後の高度経済成長やその成立過程で登場した大衆教育社会について，従来とは違った見方で理解することができる。

1つは野口のいう戦前の「階級的分断」を消去するうえで，戦時体制下で準備された諸制度の果たした役割である。戦中戦後を通じて，実態として，社会経済的資源の配分における階層的格差がどれだけあったか，またその階層性が流動性のないどれだけ固定的なものであったかという実証の問題は残る。それでも，「戦後日本は『一億総中流社会』であった——少なくとも国民のほとんどが自らの生活程度を中流であると認識できるような社会がかつての日本に成立していたという認識」[森，2008：235] は，戦後一時期，日本を平等な社会とみなす見方（＝誤認）に寄与した。[5)]

2つ目は，高度成長を可能にしたもう1つの立役者，「日本型企業」(終身雇用，年功序列賃金，企業別組合，経営者の内部昇進制) についてである。野口によればそれもまた戦後の産物ではなく，戦時体制下で準備された [野口，2010：2章]。この日本型企業への参入（＝入社・就職）をめぐる競争は，就職を有利にするとみなされた偏差値の高い高校や大学を目指す受験競争を惹起した。また，就職後の昇進競争は，長期雇用と年功制と内部昇進が描くキャリアパターンを理想的なモデルとして提示した。「一流の塾へ行き，一流の中学・高校を出て，一流の大学に入る。そうすれば，一流の企業に就職して幸せな人生を送ることができる」[苅谷，1995：i] ――教育に水路づけられた「大衆教育社会」のサクセスストーリーである。

さらにいえば，総力戦体制下で行われた税制改革や土地改革は，戦後において農業を中心とした低生産性部門への再分配を可能にした（所得保障としての農業補助や地方交付税交付金や補助金，公共事業による兼業農家への雇用機会の提供など)。日本型企業内部での賃金格差の是正と併せて，これらの再分配がなければ，教育の大衆的な拡大も実現ははるかに遅れただろう。もう少しで手の届く学歴上昇としての高校進学が1970年代前半に90％に達するためには，とりわけ農家出身者の進学率の伸びが不可欠であった［苅谷，2001]。「多くの人びとが長期間にわたって教育を受けることを引き受け，またそう望んでいる社会」＝「大衆教育社会」[苅谷，1995] を実現するうえで，所得保障に加え，大地主や大資本家のいない「大衆社会」[野口，2008] のイメージ（みんな高校に行く！）を作り出すことも一役買った。

日本型企業に教育を接続させる新規学卒就職の仕組みもまた戦時体制下で強化された。とりわけ，戦後の「新制中学校」の卒業生が，地方（農村）を離れ都市へと大量に流入した際の「新規学卒労働市場の制度化」の端緒は戦時体制下にあった［苅谷・菅山・石田編，2000]。この仕組みのもとでは学校卒業と同時に職業生活が始まる。日本に特徴的な一斉就職という学校から職業への「間断のない移動」[岩永，1983] の源流である[6)]。

たしかに，動員を指令し統制する戦時体制は戦後に消滅した。だが，大衆を国民として「動員されるべき社会的資源」とみなす考え方は，経済成長を目指す戦後でも生き延びた。明示的に上から命じられなくても，個人が主体的に，その仕組みや制度を利用しようとする。個人にとっての利益を誘導するインセンティブ（誘因）の動線を通じて，さまざまな制度間（中学校と高校，高校と大学，さらには学校と企業とのリンケージ）をつなげば，その誘因にみずから主体的に従っていくこの仕組みは，政府による上からの指令や統制がなくても機能的には動員と同じように働く。経済の高度成長という国を挙げての目標（みんなが豊かになる！）に向けて作動した疑似的な動員の仕組みである。

そこでは経済成長は，豊かさを求める人々の欲求に翻訳された「共通の目的」＝インセンティブとなった。学歴社会がもたらす受験競争と学校から職業への「間断のない移動」とが接続され，サクセスストーリーに乗るための単線のレールはその可視性を高めた。すなわち，インセンティブの動線を明確に可視化した大衆教育社会の成立である。それは一億総中流社会という平等な日本というイメージを陰で支えたもう１つの日本社会の姿であった。

大衆教育社会とメリトクラシー

それでは，このような大衆教育社会において，メリトクラシーのイデオロギーはどのように働いたのか。階級社会を前提に編み出されたイギリス流の（楽観的な）メリトクラシーとは，どのような違いがあったのか。

戦前の日本においてもメリトクラシー的な考え方や仕組みがすでに発展していた。「立身出世主義」と呼ばれるイデオロギーであり，そのためにより高い学歴，より威信の高い学校や大学を卒業するために教育制度を利用することであった。このような立身出世主義が激しい受験競争を巻き起こしたことはすでに戦前の日本で広く知られていた［竹内，2005；天野，2006］。明治維新以前の封建的な身分制度が廃止され，職業選択の自由の考えが取り入れられ，近代的な学校制度が整備されていく。そのような中で，入学試験で試される学力≒能力が，上級学校（旧制の中学校，高等学校，大学）への進学の条件となった。しかし，上級学校への進学機会はきわめて限られていた。換言すれば，入試が学力を判定するという意味での能力主義（メリトクラシー）の側面を持ったとしても，その入試に参加できる人口は少数の特権者にほとんど限られた。

大学へとつながる学校系統は，男子だけが入学できる中学校を経たうえで，さらに門戸の狭い高等教育への入試を突破しなければならなかった。戦前の中学校に進学できたのは同世代の男子のわずか10%前後であり，女子は最初から排除された。家庭の経済力による制約も強く，さらには地域間の教育条件の差も大きかった（小学生1人あたりの教育費には府県間で大きな格差が存在した。それは教える教員の資格にも反映した［苅谷，2009］）。仮に入試での学力による選抜がメリトクラティックに行われていたとしても，そこに到達する以前にすでにメリット以外の要因が大きく影響していた。

戦後の教育改革がこのようなエリート主義的な仕組みを変えたことは間違いない。日本国憲法や教育基本法に「教育の機会均等」の理念が掲げられ，学校制度は6・3・3制となり，小学校の上に新たに設置された新制の中学校が義務教育に加わった。義務教育段階では男女共学も実現した。さらに新制の高等学校も男女共学が謳われ，戦前の旧制中等学校に比べればはるかに進学機会が拡張された。大学でも男女共学が認められた。さらには戦前の旧制専門学校や旧制高等学校であった教育機関の多くが統合され大学に昇格することで，進学率は戦前に比べ大幅に上昇した。各都道府県1校ずつの国立大学の多くは，こうした旧制の大学以外の学校を母体としてスタートした。

戦後の教育改革が教育機会の拡張にとって不可欠の条件であったことに議論の余地はない。新制の中学校自体，戦前に比べ3年間の義務教育の延長という教育機会の拡大であった。新制高校も，戦前の中学校や高等女学校，実業学校などを母体として新設された。1948年に発足した新制高校への進学率は1954年には50%を超え，1965年に70%を上回った。戦前の中等教育への進学率が30%に満たなかったことと比べれば，急速な拡大といってよい。しかも，その拡大のスピードは止まることなく，1970年に80%を超え，1974年には90%を上回った。高校教育は大衆的に拡大した。

こうした高校教育の量的拡大は，「メリトクラシー」の拡張とともに進行した。高校入学にあたり入学試験で測定される学力が重視されるようになったためである。1950年度から新制中学校で3年間学んだ卒業者が高校進学の年齢に達したこともあり，進学希望者が増大した。当初文部省は希望者全員の入学を前提に新制高校を発足させたが，すぐに学力検査（入学試験）による入学者選抜を認めるようになった。

しかも高校入学については，どの高校に進学するかをめぐる受験競争が存在した。旧制中学校を母体とする高校に人気が集まり，そこに試験の高得点者が集中するようになる。高校間の学力に応じた格差が鮮明になっていくのである。公立高校については都道府県が一斉に実施する入学試験によって，どの高校に進学できるかが決定された。それは競争試験の性格を持ち，学力による選抜が鮮明になった。このような過程で普及したのが偏差値である。実際の入試の前に民間団体が作成実施した「模擬試験」が普及するにつれ，そこでの点数を偏差値に換算することで，入学可能性を占う診断力を高めるテクノロジーが受け入れられ広まった。1970年代には多くの中学校が学内で民間の模擬試験を実施し，その結果が算出する偏差値を基準とした進学指導が普及した。

進学希望者の増大とともに高校の新増設も行われた。新設された高校の多くは，入学者の学力に応じて高校間の階層的な格差構造の中に（多くの場合下位に）組み込まれた。このように高校教育の量的拡大は，高校間の階層化と学力選抜による序列づけを伴って進行した。そして，高校教育の序列化の中で，より上位のランクに進学することが，大学進学（それもランクの上位校への進学）に有利になると信じられた。「一流の塾へ行き，一流の中学・高校を出て，一流の大学に入る。そうすれば，一流の企業に就職して幸せな人生を送ることができる」［苅谷，1995：i］という教育を通じたサクセスストーリーが広まっていった。

高校進学率の上昇は，このような高校入試に中卒者の90%近くが参加することになったことを意味した。『大衆教育社会のゆくえ』では，学力試験で測定される「メリット」に基づく競争・選抜がこうして大衆的な規模で拡張したことで，日本人の多くにメリトクラシーの心性（能力主義による選抜を肯定的に受け止め，そこに参加しようとする意識）を植え付けたと解釈した。これがメリトクラシーの大衆化状況である。

メリトクラシーの大衆化再考

しかし，ここで再び「大衆」の特徴に着目した議論を展開すると，このようなメリトクラシーの心性が広く広まった事態は，たんなる量的拡大にとどまらなかった。階級による分断を超えて，メリトクラシーの心性が広まったところに，メリトクラシーの大衆化の特徴があった。もちろん，この場合の大衆もきわめて曖昧なカテゴリーである。戦前のような特権層に限られたメリトクラシーの心性が，たんにそれ以外の層にまで拡張しただけではない。そのような量的拡大を大衆化として理解することによって，実際には存在したさまざまな社会的カテゴリー（出身階層・階級，地域，ジェンダーなど）による差を曖昧にして認識することを許す，境界の曖昧化を伴った量的拡張であった。

実証研究の成果によれば，どのような高校に進学するか，そのチャンスは戦後まもなくの頃から生徒の親の学歴や職業の影響を受けていた［苅谷，1995］。誰もが同じようにランク上位の高校を目指したわけではなく，すでに志望校を決める以前に，親の学歴や職業の影響が——その一部は生徒の学力を介して——作用した。その違いは，受験競争にどのような意識や意欲で参入するかの違いにも現れた。しかし，このような出身階級・階層[7]による差異を，大衆化という捉え方は消し去ってしまう。

さらには，高校間の学力による序列構造（階層性）がすでに早期から存在し，しかもほとんど放置され続けたことを認めると，教育機会の拡張がはたして「機会の均等」と呼べるものであったかどうかにも疑問符がつく。戦後日本における教育機会の拡張は，教育機会の平等化を通じて社会の平等化につながるはずだという，教育→機会の平等→社会移動の連鎖を前提としてはいなかったということだ。高校教育の大衆化は，名目的に高校としてひとくくりにされた，しかし実質そこでの教育に大きな違いを残す「高校教育」という大きな器に「みんな」を包摂した。どの高校に進学するかに，受験以前にすでに出身階層・階級による違いがあることには目を向けずに，「機会の均等」は高校教育の大衆化として実現した。長らく日本の教育界では，激しい受験競争を引き起こす原因として，高校間の格差自体は問題にされても，それが生徒の出身階層の影響を受けることには関心を向けなかった。それよりも，厳しい受験競争や学力だけで進学が決まる仕組みを「能力主義的差別」とか「差別選別教育」「詰め込み教育」として批判した［苅谷，1995］。

たしかに，学力による選抜とそれに基づく人々の（高校や大学を単位とした）序列化は，ヤングの描いたメリトクラシーに似ている。学力というある種のメリットによる選抜や序列化がその後のライフチャンス（就職，所得，結婚など）に影響するという面での類似性である。しかし，それはブレアが楽観的に解釈した教育→機会の平等→社会移動という連鎖を前提としたときのメリトクラシーとは異なる面をもつ。日本版「教育の機会均等」は限りなく教育機会の大衆化に近い。そこでの機会「均等」が含意する「平等」には，階級の分断を前提にそれを是正しようという積極的な意図は含まれない。「機会 opportunity」という言葉さえも，将来の成功につながるチャンスという意味より，教育を受ける「場」の提供といった程度の意味しか与えられなかった。階級の分断を前提に，それを是正するために社会移動のチャンスを与えるというように，「機会」が理解されたわけではないということだ。教育機会の均等によって社会の平等化を促す（ことを期待する）という意味で，教育におけるメリトクラシーが導入されたわけではなかったのである。

ただし，受験における形式的な平等については広く認知された。かつて筆者は『大衆教育社会のゆくえ』で，次の指摘をした。

> 戦後の日本では，入学試験の厳密さが，選抜の公平さを保証すると見られるようになった。（中略）だれもが，同一条件の試験に臨む。その結果に違いが出ても，試験という評価方法の形式的な平等性が，選抜の公平性を保証する。このような選抜の形式的な平等性の確保が選抜の公正さを生みだしているという信念が，

> 形成されたのである。したがって，たとえ結果的には特定の階層出身者に有利な結果になったとしても，手続き上の公平さが，結果の不平等を容認する基盤をつくりだす。そうした意味において，戦後徹底した教育における平等主義は，競争以前に生じる社会的不平等を不問に付す役割を演じたといえる。[苅谷，1995：193]

ここに示された平等主義を支えていたのは，「みんな」を同じにする均質化を平等とみなす考え方であった。それは戦時体制下で均質化や水準化として理解された平等が戦後の平等観に与えた影響だと解釈できる。教育に引きつけていいかえれば画一化と呼ぶこともできる。

個人の違いを際立たせることなく「均質化」を通じて教育における平等の実現を図る，そのような考えを筆者は「面の平等」と呼び，個人間の差異を認めたうえでの平等主義との違いを指摘した［苅谷，2009］。融通無碍の曖昧なカテゴリーである大衆による社会の把握は，面の平等と馴染みやすい。「階級間の分断」を視野に入れ，出身階級によるスタート時点での不平等を前提に個人間の差異を見極めようとすれば，当然そこでは社会経済的な出自やそれを認識するためのより明確な社会的カテゴリー（階層・階級）の問題と直面せざるをえないからである。ところが，戦後日本の教育界では，長い間，個人間の差異，とりわけ学力の違いを際立たせることを嫌った。能力の違いを前提にした，教育における差異的処遇は，長い間，「能力主義的差別」と批判された［苅谷，1995］。さらには，子どもたちの出身階層に目を向けてそこに教育における不平等の原因を見るという見方も，特殊な事情を除けば，長い間封印された。子どもたちに劣等感・被差別感を与えるのではないかと危惧されたからである。アメリカやイギリスのように個人の異質性や多様性を前提とし，出身階層・階級や人種に由来するスタート時点の不平等を認め，そこへの「差異的処遇」によって「結果の平等」を生み出そうとする平等主義とはかけ離れた平等の理解，それが面の平等であった。

個人間の能力の違いを表に出すことなく，「みんな同じ」を平等とみなすことで「みんな」に等しい環境や条件を提供する。「大衆教育社会」を支えたのは，階層や階級のような社会的カテゴリーの差異には目を向けない教育の平等主義（面の平等）であった。

均等化とメリトクラシー

このような平等主義に支えられた「教育機会の均等」は，量的拡大によって「形式的な平等性」は保障できても，実質的な平等の実現（「結果の平等」）については長い間無関心だった。入試における「手続き上の公平さ」を前面に押し出す形式的な平等性も，入試以前に生じる格差には無自覚だった。

形式的な平等性のもとでのメリトクラシーは，「手続き上の公平さ」は確保されているのだから，その結果は正当だとみなす見方を許した。その結果，スタート時点での不平等に目をつむることで，そこで生じる不平等な結果を問題視する視線は遮られた。たしかに入学試験は，手続き上は公平に行われていると信じられた。誰にでも同じ条件で試験が行われること，受験場での環境を均質化することが，形式的な平等性を支えた。均質化（みんな同じ！）＝平等のもう１つの形である。「手続き上の公平さ」への信頼が高いほど，入学試験以前に生じていた不平等も，その結果として生じる不平等も，試験の形式的な平等性を経ることで正当化された。

しかも，受験で試される学力は，多くの場合，個人の努力の結果だとみなされた。「誰でも頑張れば百点が取れる」という努力信仰である。その努力が家庭環境（出身階層・階級）の影響を受けることには注意が及ばなかった。誰でも頑張れば，みんな同じに100点が取れるという理想論を支えたのは，努力平等主義というもう1つの均質化（みんな同じ！）の思想だった［苅谷，2001］。

こうして，形式的な公平さと努力信仰の組み合わせによって形成された入学試験というメリトクラシーの測定装置は，個人間の（努力＝がんばり）競争という面を強調することで，個人が帰属する社会的カテゴリーを後景に退けた。ヤングのメリトクラシーが階級間の分裂という結果をもたらすことでディストピアとなったことを思い起こせば，大衆化や均質化を中心に置いた日本型メリトクラシーとの違いがもう一段明らかとなる。努力平等主義は，メリトクラシーをイギリス以上に個人化した努力競争に転化することで，社会の平等化という目的自体を，階級のような明確なカテゴリーによって把握することを妨げたのである。個人化された努力競争を個人の帰属する社会的カテゴリーから切り離すうえで，均質化（みんな同じ！）という平等理解に基づく「手続き上の公平さ」が作動し続けた。

このような教育機会の大衆化に伴う日本型メリトクラシーの大衆化は，入学試験をめぐる1つのパラドクスを生み出すことになった。受験競争に参加する人の数が増えていくことで，その大多数を満足させる知識の価値（≒メリット）が自明のものではなくなったのである。

ごく限られたエリートしか入学試験を経験しない時代には，受験で問われる知識がたとえ暗記だ，詰め込みだといわれても，そこで試される知識は，入学後の学習で必要とされる知識の基盤とみなされた。下級の学校での知識習得が不十分であれば，上級学校に進学後の学習に支障を来す。そのことに疑問を持たれることは少なかった。戦前の大学が権威を持ちえた理由は，そこへの到達（選抜）が難しかったことだけではない。大衆の知りえない知識を獲得していることへの社会的な承認が，受験知識を含め知識の価値，あるいは（少数者のみが特権的に獲得できる）知識の秘匿性を持ちえた。詰め込まれた知識であっても，そこに価値があることは否定されなかった。それどころか，高等教育で得られる知識は，教養主義として賞揚されるものでさえあった［竹内，2003］。

しかし，戦後のメリトクラシーの大衆化状況は，知識の秘匿性が保持してきた価値を奪った。とくに受験で試される知識の有用性への疑義が広まり，強まっていった。「受験に役立つだけの知識」の烙印である。それゆえ，そのような役に立たない知識の暗記競争の勝利者とみなされた「学歴エリート」は，受験競争の勝者ではあっても，メリット（仕事にどれだけ貢献できるのかを示す能力）の持ち主として認められたわけではなかった。学歴と実力の乖離を問題視する見方が，ある時代まで通用したのである。その意味で，大衆化したメリトクラシーは，入学試験での形式的な公平さによる正当性は得ても，メリットの中身については疑念が持たれたのである。

このようなメリトクラシーは，「学歴社会」の編成原理とみなされた。受験競争を能力主義による選抜とみなすことで，そこを勝ち抜いて得た学歴によって職業や所得，さらに結婚相手などに差が生じる「学歴社会」という社会の見方である。階級・階層という社会的カテゴリーに代わって，「学歴」というカテゴリーによって社会の不平等を見る，「学歴格差」や「学歴差別」が問題とされる社会認識であった。そこでは学歴取得後の不平等には関心が持たれたが，学歴を取得する以前に生じる教育の不平等（出身階層・階級の影響）については目が届かなかった。学歴社会が大衆社会と相性がよかったのは，高い学歴を得るうえでのチャンスは誰にでも開かれていると信じられていた努力平等（頑張れば誰でも100点が取れる！）信仰と結びついていたからである。受験の形式的平等性（みんな同じ！）も，階級間の分断を認めない，曖昧な「大衆」による理解と相性がよかった。

Think yourself

1. 戦後の日本における教育の機会均等の特徴についていくつかの論点を取り出して論じてみよう。
2. 大衆教育社会が成立していた時代の日本は，客観的には階級社会だったのか。客観的に社会を論じることと，人々が自分たちの社会をどのようにみなしていたかという主観的な社会観を論じることとの間には，どのような違いがあるか論じてみよう。
3. 均質化による平等のよい面と悪い面について書き出し，それぞれについて考えてみよう。
4. 階級社会と学歴社会という社会観の違いについて考えてみよう。

Column ⑮ 学歴社会と学歴分断社会

大衆教育社会は筆者の造語だが，それより頻繁に使われた類縁の言葉の1つは学歴社会だった。学歴社会とは，学歴の違いによって，人々の社会経済的地位やライフスタイルの違いを捉えようとする見方だった。大卒，高卒，中卒といった学校段階による学歴の違いにとどまらず，どんな高校や大学を出ているかといった校名の違い（学校歴）にも目が向けられた。階級や階層に比べ，目につきやすいカテゴリーとして学歴の違いが注目されたのである。

ほとんどの人が高校を卒業するようになり，その半数が大学に進学するようになると，高校卒か大卒かの違いが，社会の分断を示すものとして見られるようになった。吉川徹のいう「学歴分断社会」の登場である。それは，一定程度の高学歴化が進んだものの，大学進学率が50％前後で停滞したことで，高卒・大卒の違いがいっそう可視化した学歴による分断（吉川はそれを「学歴分断線」と呼ぶ）を意味した。

吉川の研究では，格差社会や教育格差の背後に学歴分断社会があると見る。社会経済的地位を構成する要因の中で，親の学歴の影響に着目する見方である。その理由として吉川は「日本社会では学校教育と階級の働きの重要性が，欧米社会とは根本的に逆転していると言われるからです」[吉川 2009：124-125] と指摘する。階級による分断線より，学歴による分断線が前面に出るという，日本社会の特徴を捉えた見方である。

Stage 3

大衆教育社会から格差社会へ

メリトクラシーの変節

●時事通信社提供

画一教育から個性重視の教育へ

教育の大衆化を教育機会の均等と誤認することで，日本における平等主義もメリトクラシーも，戦後日本の教育に重要なかかわりを持った。1つには，大衆という曖昧なカテゴリーを社会に当てはめ，階級（クラス）・階層という明確なカテゴリーによる理解を妨げた。もう1つには，均質化を平等とみなす見方を定着させたことで，教育の標準化や画一化を進めた。しかも，詰め込み教育を助長するとみなされた受験競争による能力主義的（メリトクラティック？）な選抜は，社会で役立つ，それゆえ賞賛されるメリットの認定とはみなされなかった（学歴エリートの特徴）。

均質化による教育の標準化や画一化は，個性の尊重とは相容れないという考え方が次第に広まっていった。詰め込み教育，画一教育から個性重視の教育へ――1980年代の臨時教育審議会での提言を嚆矢に，教育の大転換を図る教育改革がその後，今日まで続くようになったのである。

それまでの教育を背後で支えてきた均質化という平等原則からいかに脱するか，それによって教育の個性化・個人化をどのように進めるかという教育の原理原則の変更におよぶ改革が始まった。均質化・画一化・詰め込み教育から脱却し，個性重視の教育への移行を目指した教育改革は，その時代の日本社会の認識をもとにしていた。1980年代後半の臨時教育審議会（臨教審）の時代認識を引用する。

> 明治以来，我が国は，欧米先進工業国に追い付くことを国家目標の一つとし，教育もこの時代の要請に沿った人材を養成することに努めてきた。このため，政府は学校教育制度を政策的に整備し，すべての国民に共通した基礎学力を身に付けさせ，また，広く人材登用を可能にして，社会を活性化した。このことが，我が国の社会経済の発展のエネルギーになったことは評価すべきである。［臨時教育審議会編，1985：33］

明治以来の日本を追いつき型とみなし，教育もまた，追いつき型近代化に組み込まれていたと見る。そして，追いつき型近代化というレンズを通して見ることで，日本の教育の問題は次のように認識され，それを正すことが「教育改革」の目標とされた。

> 欧米先進工業国の進んだ科学技術，制度などの導入，普及を急

速に推進するために効率性を重視し，全体としてみれば，その内容，方法などにおいて，画一的なものにならざるを得なかった。[臨時教育審議会編，1985：17]

これまでの我が国の教育は，どちらかといえば記憶力中心の詰め込み教育という傾向が強かったことは否定できない。[臨時教育審議会編，1985：22]

子どもの心の荒廃をもたらした大人社会の病因は，近代工業文明，追い付き型近代化ならびに戦後日本における高度経済成長の「負の副作用」，とりわけ人間の心身両面の健康への悪影響，人間と人間の心の触れ合いなどの人間関係への悪影響，文化・教育面への負の副作用などの発見と対応が遅れたことと深くかかわっているという反省の視点が重要である。[臨時教育審議会編，1986：11]

日本の教育が「創造性」や「個性」の尊重・育成に失敗してきたこと，さらにはその直接的原因として，「詰め込み教育」や「画一教育」「学歴社会」や「受験競争」が，当時の教育問題とみなされた。大衆教育社会における平等主義と能力主義がもたらした教育の特徴である。そして，それを支える時代認識が「追いつき型近代化」であった［苅谷，2019］。そこでは欧米先進国からの知識や技術の導入・模倣に順応する，そのための効率性を重視した教育が求められ，国家の主導によってそれが実施された。それゆえこれらの教育問題が発生したと見たのである。

そして，「近代化（産業化，欧米化）を達成し，高度産業社会として成熟した日本は，もはや追いつく目標とすべきモデルがなくなった。これからは，自分で進むべき進路を探っていかなければならない」（大平政策研究会［苅谷，2019］）として，「追いつき型近代化」が終わった以上，これからは「自分で進むべき進路を

探っていく」ことのできる日本人の育成が目指された。臨教審答申を引用すれば，

> これからの社会においては，知識・情報を単に獲得するだけではなく，それを適切に使いこなし，自分で考え，創造し，表現する能力が一層重視されなければならない。創造性は，個性と密接な関係をもっており，個性が生かされてこそ真の創造性が育つものである。[臨時教育審議会編，1987：19]

と個性重視の教育がその後の教育改革の基本方針となった。

臨教審答申を受け，個性重視の教育を基本原理とする改革が今日まで続いている。年表風に示せば，「自ら学び，自ら考える」「新しい学力観」に立った教育改革（1991年），「生きる力」の育成を謳った「ゆとりの教育」(1998年)，さらには2018年改訂の学習指導要領で謳われた「主体的な学び」「対話的な学び」「深い学び」といった改革である。2021年に発表された中央教育審議会答申『「令和の日本型学校教育」の構築を目指して』ではさらに，1人1台の情報端末の利用をもとに進められる「個別最適な学び」が改革の中心的理念となっている。それぞれの時代によってキャッチフレーズを埋める言葉は変化した。しかし，そこでの基本原則は，教育の個別化・個人化（individualisation）ということでは変わりはない。

「格差社会」の出現：大衆教育社会の終焉か？

日本では21世紀に入るころから「格差社会」という言葉が使われ出した。そのきっかけの1つが，2001年に成立した小泉純一郎内閣が推進した「構造改革」の日本社会に及ぼす影響をめぐる議論だった。さまざまな規制緩和政策，とくに雇用制度に関する改革は，非正規雇用を拡大するものとして理解された。大型店舗への規制撤廃は，中小の販売・サービス業にとってビジ

ネスの機会を奪うことにもなり，しかも大型店では非正規雇用の従業員を拡大した。公共事業への予算も大幅に縮小し，それが実質的に担っていた地域間の所得格差を是正する機能が縮小された。こうした改革は，規制のない市場における競争の効率性を信じる新自由主義の考え方に導かれたと理解された。「自己責任」という言葉が頻繁に使われるようになったのも2000年以降のことである。

2000年以後の日本社会の変化を格差社会の出現とみなす見方はたしかに広まっていった。1998年には橘木俊詔の『日本の経済格差――所得と資産から考える』，2000年には社会学者・佐藤俊樹の『不平等社会日本――さよなら総中流』がベストセラーとなった。さらに2004年には山田昌弘の『希望格差社会――「負け組」の絶望感が日本を引き裂く』，2005年には三浦展の『下流社会――新たな階層集団の出現』がそれに続いて注目を集めた。それぞれのタイトルが示すように，21世紀の日本は，もはや「一億総中流社会」ではなく，格差や不平等を問題とすべき社会として認識されるようになった。

格差や不平等への関心は，教育の世界にも現れた。2001年に出版した拙著『階層化日本と教育危機』では，生徒の学習時間や学習意欲が親の学歴や職業によって影響を受けること，その影響が1979年から1997年までの間に強まったことを示した。そして，そのような研究が2010年を過ぎると目立って行われるようになる。学力格差，教育格差の実態を捉えようとする研究である。1990年代まではこうした家庭環境の影響に注目さえしてこなかった文部科学省も，問題の存在を認めた。2013年には，その年に行われた全国学力・学習状況調査の対象となった児童生徒の一部に対し，その保護者の調査を追加することで，家庭環境（家庭の所得，父親の学歴，母親の学歴）が子どもの学力テストの結果や学習意欲・態度などに及ぼす影響を捉えるための調査をお茶の水女子大学に委託した。家庭の社会経済的背景（socio-economic status; SES）と学力との関係を捉えようとした文科省にとって初めての試みだった。

格差社会という言葉がすでに社会に定着したこともあって，教育の分野でも「格差」の言葉で教育の不平等を理解するようになった。2019年には松岡亮二著『教育格差』がベストセラーとなった。その本の中で松岡は教育格差を次のように定義した。

> この社会に，出身家庭と地域という本人にはどうしようもない初期条件（生まれ）によって教育機会の格差がある（中略）この機会の多寡は最終学歴に繋がり，それは収入・職業・健康など様々な格差の基盤となる。つまり，20代前半でほぼ確定する学歴で，その後の人生が大きく制約される現実が日本にあるのだ。[松岡，2019：15]

社会経済的背景（SES）の違いによって生じる学力の格差や，その結果ともいえる高校進学や大学進学の機会の格差を見極めようとする研究が広まっていった。

しかし，21世紀に入りこのような研究が登場したのは，格差が目立って拡大したからだとはいえない。調査方法の精緻さに欠けるところはあったとはいえ，『大衆教育社会のゆくえ』では，1950年代から行われたさまざまな調査の結果を検討し，学力と「生まれ」の関係はすでに1950年代の調査で発見され，その関係の強さは大きく変わることなく1980年代末まで続いたことを指摘している。方法的により精緻化されたその後の研究でも，SESと学力や最終学歴との関係が際立って強まったという結果は示されていない。SESと学力の関係がやや強まったことを示す研究があるものの，多くの研究を突然惹起するほどの大きな変化とはいえない。そうだとすれば，教育格差や学力格差がSESとの関係で注目されるようになったのは，社会の認識のしかたの変化に伴い，それが教育の分野にも応用されるようになったからだと見ることができる。

その背景には，すでに述べたようなさまざまな改革があった。新自由主義的とみなされた「構造改革」や，個性尊重という名の教育の個人化を押し進めた教育改革も，従来の均質化原則からの脱却を目指す点では一致した。「みんな同じ」をやめて，1人ひとりの違いを尊重する，さらにはその結果を個人の責任とみなす見方が社会に受け入れられるようになった。

たしかに，雇用の規制緩和がもたらした非正規雇用の拡大は，とりわけ若者の雇用機会に大きな影響を及ぼした。正規・非正規という明確な社会的カテゴリーの出現が，格差社会という社会認識に影響を及ぼした。教育の出口が雇用と直接つながる，「間断のない移行」を特徴とする日本では，この明確なカテゴリーの出現は教育の問題としても認識されるようになった。

「圧縮された近代」の終わり

それにもまして重要と思われるのは，2000年代以降の日本社会の構造的な（不）変化であった。石田浩［Ishida, 2018］や数土直紀［2010］が指摘したように，社会変動の幅が縮小し，職業や学歴という面での社会構造の安定性が増していったのである。数土を引用すれば，

> 今や農林漁業に従事する人の数は十分に減少し，またホワイトカラーとして働く人の割合も安定してきている。高校への進学率は90パーセントを超えて久しく，大学への進学率も50パーセントに達してその世代の多数派を形成するようになった。社会構造

の変動する余地がなくなっており，社会構造は戦後直後から数十年で体験した急激な変化と比較すればはるかに安定したものになってきている。（中略）また社会の変化が激しいときにはその姿を正しく理解することが難しかったとしても，社会が落ち着き安定するようになると，その姿を正しく理解することが容易になるだろう。［数土，2010：199-200］[8)]

（285～287ページの）**図IV-1**，**IV-2**で示した「圧縮された近代」の終焉である。別の言い方をすれば，大学に進学するとか，大企業に就職するとか，ホワイトカラーの職につくといったチャンスの量が拡大しなくなったということである。しかも日本経済の長期にわたる停滞によって人々の賃金は実質的に低迷し続けた。日本全体が貧しくなる中で職業や学歴構成といった面での社会構造の安定化が進んだのである。

社会の変化が激しい時代（1960～70年代）には，新たに登場したブルーカラーやホワイトカラー，サービス・セールス職といった多様な人々を「大衆」という曖昧なカテゴリーに包摂することが容易だった。規模の面だけでなく変化のスピードも，社会の実像を捉えることを難しくした。大衆という曖昧なカテゴリーは，厳密に定義されることなく都合よく使えるカテゴリーとしてその時代にマッチした。その中の格差や差異に注目することなく，「みんな同じ」に豊かになっていく「一億総中流社会」という認識を支えた。

しかし，次の**知識編**でも見るように，社会移動という点でも，学力や学歴達成という点でも，SESとそれらのチャンスとの相対的な関係には――1970年代にやや弱まったという指摘はあれ――大きな変動はないというのが実証研究の教えるところである。にもかかわらず，社会構造の安定化は，社会全体が徐々に貧しくなっていくことと重なり合うことで，意識の面では，人々の間に格差に敏感になる条件を生んだ。多くの人々を曖昧に包摂する大衆というカテゴリー（みんな同じ！）の現実味がなくなる一方で，個別化・個人化を肯定的に促す言説が受け入れられ，その広がりが「大衆」を枠組みとした社会認識を解体していった。その一翼を担ったのが，自己責任という，結果を個人に帰責するイデオロギーの普及だった。それによって，格差の存在もしばしば正当化された。

そこにはメリトクラシーの変化も付随した。大衆教育社会の時代には，詰め込み教育と揶揄された暗記型の学習成果を測り選抜に使う受験競争がメリトクラシーの装置とみなされた。しかし2000年以降になると，こうしたペーパーテストで測られる学力に加え，個性や意欲や態度，対人関係能力などの個人のパーソナリティも評価し，学習成果の評価や入学者選抜に使おうとする動きが広まった。本田由紀のいう**「ハイパー・メリトクラシー」**〔★〕［本田，2005］である。狭義の学力に基づくメリトクラシーに比べ，個人の内面の特徴まで拡張し全人的に個人を評価しようとする試みである。テストで測られる学力以外に学習の過程で示される意欲や態度，コミュニケーション・スキルなどの「非認知的能力」を学校での評価に取り込もうとする動きも広まった（文部科学省の提唱する「学力の三要素」〔「知識・技能」「思考力・判断力・表現力」「主体性を持って多様な人々と協働して学ぶ態度」〕）。しかしその評価は主観的にならざるをえない。しかも，そこで評価される個人の個性や行動・態度などが「生まれ」の影響を受けることには注意が払われない。狭義の学力以外を評価に取り入れることは，全人的な教育や学びの個別化の理想と共鳴しつつ，社会的セーフティネットのないまま，メリトクラシーの全域化を進めようとしている。

格差社会の出現は，大衆教育社会の溶解を意味した。しかし，大衆という曖昧なカテゴリーによる社会認識が後退する中で，階級のような明確なカテゴリーによる社会認識を経ることなく格差社会という認識が広まった。

しかし，カテゴリー間の関係（資本家階級と労働者階級，あるいは中間階級）を基軸に構成され，それゆえ社会構造の特徴を示す「階級」という概念とは異なり，格差や格差社会といった言葉は，相対的な差異に注目することで，社会構造に埋め込まれた（階級間のような）関係性を捉えるのに失敗している。格差は，階級が含意する階級カテゴリー間の対立，抑圧，搾取，同調といった関係性を含まず，関係性を含意する明確な社会的カテゴリーにはなっていないということだ。格差は，もともとは違いや差異といった意味しか持たない言葉である。それをSESと関連づけて見る見方は社会科学に特有の意味づけにとどまり，広く普及したわけではない。階級やジェンダーのようなカテゴリー間の差異を不公正なものとみなす「不平等」とは異なり，価値判断を含んだ言葉でもない。それゆえに何と何との格差なのかを明確にしないまま違いだけに焦点づけられることで，曖昧さを残した社会認識を提供している。

SESとの関係を見る見方がある一方で，個人間の意欲や努力や能力の差として，むしろそれを歓迎する見方も共存する（小泉元首相の国会発言！「私は格差が出るのは別に悪いこととは思っておりません。」平成18年参議院予算委員会）。その共存が許されるのは，「格差」の曖昧さにある。大衆から格差への社会認識のキーワードの交代は，その意味で曖昧さの継続を意味した。社会の不平等への視線を弱める大衆による社会認識が薄れるとともに，不平等への視線を強めるはずの格差による社会認識もまた，社会的カテゴリーによる把握という面で曖昧さを残した。[9] 階級が含意する，集団（階級）間の社会的関係——対立や葛藤，相互無関心など——を顕在化させるわけでもなかった。

教育の世界でも，学習の個人化を進める動きが加速する一方で，その結果がどのような不平等を生み出すかという視点で政策を捉える視点は依然として弱い。社会全体としても，自己責任を認める見方が広まることで，所得の再分配政策などの社会的セーフティネットを整備しようという方向には向かわない。大企業の正社員や公務員になることで安定したキャリアを獲得できる人たちが一定数存在し続ける中で，安定とはほど遠いキャリアを選ばざるをえない人々が増えつつある。そのことが，教育における全人的な選抜競争の早期化をもたらし，さらにそこでのSESの影響が強まっている可能性がある。それが明白な社会の分断に至るのか，それとも自己責任と結びつきやすい格差といった曖昧な言葉での認識が続くのか。曖昧であることをしっかり認識し，その原因を探り，それを取り除いていくのが社会科学の役割だとすれば，教育の社会学においても，私たちの社会認識に埋め込まれた曖昧さを誘発する仕組みに目を向ける必要がある。その意味で，大衆教育社会から格差社会への移行という変化は，格好のテーマとなる。

Think yourself

1 文部科学省が2021年1月に提出した中央教育審議会答申『「令和の日本型学校教育」の構築を目指して』を文科省のウェブサイトからダウンロードし［中央教育審議会，2021］，そこでは「個別最適な学び」と「教育格差」との関係がどのように論じられているかを検討してみよう。とくに両者の間にどのような矛盾がありうるか，その矛盾を答申ではどのように認識しているかを考えてみよう。さらに，この提言では情報通信技術（ICT）の活用が，学習の個別化を進めるうえでどのように考えられているか，教育格差への配慮がどのように行われているかを取り出し，論じてみよう。

2 このような政策が取り入れられることで日本における教育の（不）平等がどのように変わっていくかを考えてみよう。

知識編

教育と（不）平等の社会学・入門

実証研究の成果

2010年に発表した『教育の社会学〔新版〕』以降，教育格差をテーマとした実証研究は質量ともにそれ以前に比べ大きく発展した。1つには全国的な傾向を把握できる**ランダムサンプリング**〔★〕による調査が蓄積されてきたことがある。国際比較のデータの蓄積もそこに加えることができる。そしてもう1つには，数量的なデータを分析する際に，より精緻化された統計手法による分析が進んだことである。ここではそれらを網羅的に紹介することはできない。精緻化された統計手法の複雑さや一般の読者にとっての理解のしにくさを考慮に入れると，限られた研究にしか言及できない。くわしくは「図書紹介」で挙げた文献を参照してほしい。

(1) 学歴に見る教育格差

個人が最終的にどのような学歴を得るか。社会学ではそれを教育達成（educational attainment）と呼ぶが，それがどの程度「生まれ」の影響を受けているか，またそれがどのように変化してきたかを分析した研究がある。1つは，最新（2015年）の全国調査「社会階層と社会移動に関する全国調査 SSM2015」〔★〕を用いた分析である。

図IV-4，5は，松岡［2019］の研究から男女別・年齢層別に父親の学歴が大卒以上か否かと，本人の最終学歴（男性の場合は大卒以上の割合，女性の場合は短大以上の割合）を示したものである。父親の学歴はSESを代表する指標とみなされている。濃い線と薄い線との差が点線で示されている。最終学歴を得た年齢が（日本の場合）若いときとすれば，年齢層別に見ることで，父親の学歴と本人が大卒（短大）以上の学歴を得たチャンスとの関係の変化とみなすことができる。年齢が若いほど（最近になるほど）大学や短大への進学率は拡大しているが，父親の学歴による差を見ると，20代から70代まで多少の変動はあるが大きくは変わっていない。父親が大卒である家庭に生まれ育った子どもほど大学進学のチャンスが大きく，その傾向は時代を超えてほぼ一貫している。2015年の調査であることから，20代が最終学歴を得たのは2000年以後であると類推できる。とすれば，近年（格差社会）になって父親の学歴の影響が大きく強まったという傾向も見られない。安定した関係である。

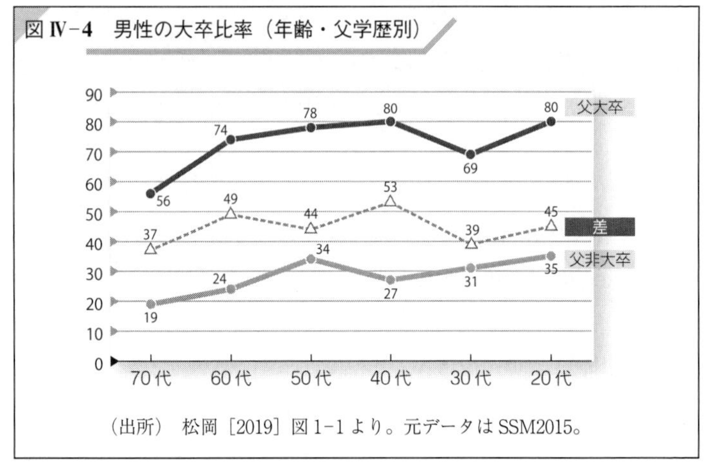

（出所）　松岡［2019］図1-1より。元データはSSM2015。

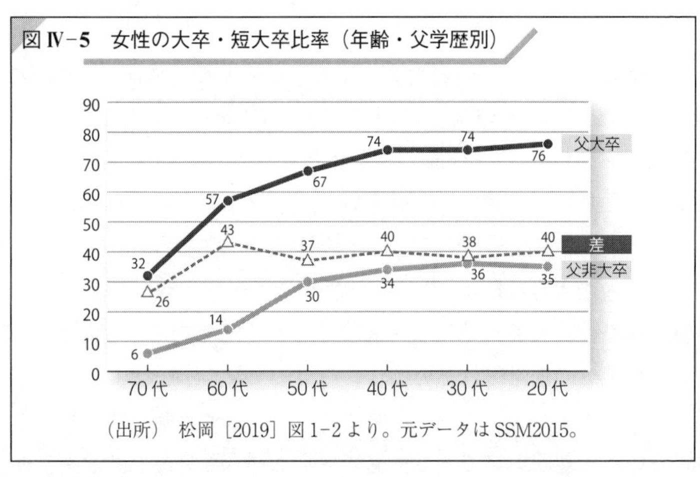

（出所）　松岡［2019］図1-2より。元データはSSM2015。

松岡の研究ではわかりやすい指標（大学ないし短大以上の学歴を取得したかどうか）を使っているが，より複雑な統計手法を使い「相対的な学歴」とSESとの関係を見た研究もある。相対的学歴とは，社会全体が高学歴化（より多くの人が大学に進学するように

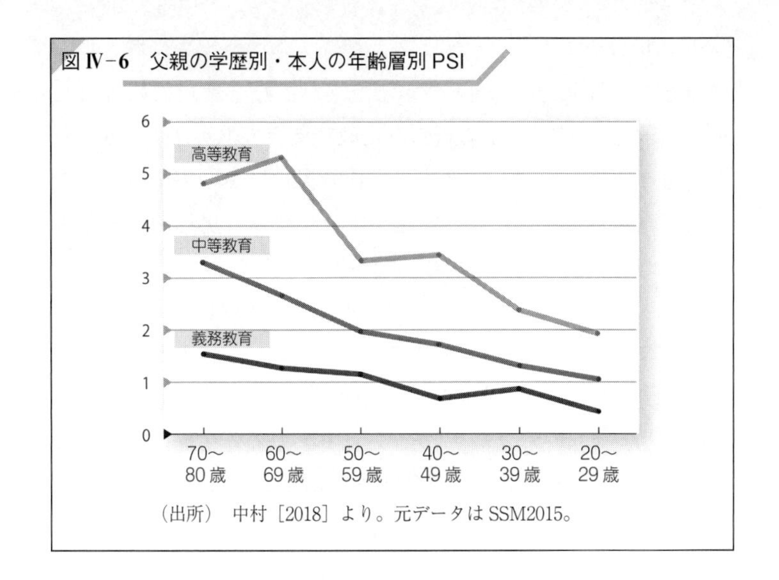

なる）したとしても，その影響を取り除いて，相対的に高い学歴を得るチャンスが，SES とどのように関係したのかを見る研究である。その 1 つ，中村高康の研究を紹介する。

中村は，SSM2015 のデータを使い，相対的な学歴として PSI (Positional Status Index) と呼ばれる指標を用いた分析を行っている。この指標は，「学歴を序列的にとらえ，本人学歴より下に位置する人の割合と本人学歴以上の人の割合の比（オッズ）をとった指標である」［中村，2018：263］。いいかえれば，ある学歴に到達した人にとって，そこに到達するまでの相対的な難しさ（チャンスの多寡）を示す指標と見ることができる。

図 IV−6 は，父親の学歴別・本人の年齢層別に PSI を見たものである。ここでも年齢層は，その時代の教育達成の様子を見るために用いられる。この結果をもとに中村は，「世代間で格差が急激に縮まったというようにみることはできない」［中村，2018：

270］と指摘する。さらに，より複雑な，他の要因の影響も加味した分析を行った結果，「こうした相対的な学歴指標によって2015 年 SSM データから得られた教育機会の趨勢は，おおむね安定的に推移しており，最若年世代の男性において格差拡大の傾向が観察される」という結論を下している。男性の最若年世代（つまりより最近の教育達成）において格差拡大の傾向があると結論づけてはいるが，慎重な表現が必要だとも付け加える。さらに中村は，自分の分析結果（「安定的な推移」）が他の研究の結果とも一致するという。先の松岡の研究とあわせて見れば，親の学歴が子の学歴取得に及ぼす影響は，「おおむね安定的に推移」してきたということであり，教育格差の議論以前と以後との間に大きな変化がなかった（あるいは若干の格差拡大が認められた）ということである。なお，ここでは紹介する余地はないが，教育達成にとどまらず，職業達成（どのような職業につくか）についても，出身SESの影響が安定的に推移しているという研究成果がある［Ishida, 2018］。格差社会の言説が広まる前から，SESに影響を受けた教育達成や職業達成の構造がほとんど変わらずに続いてきたということである。[10)]

⑵ 学力格差

学力テストの結果として把握できる「学力（テスト得点）」とSESとの関係について，その全国的傾向が理解されるようになったのは2013年以後である。前述の文科省の全国学力・学習状況調査の対象者の一部に保護者調査を加えたデータによる分析である。この委託調査を実施した耳塚寛明・浜野隆らの研究をもとに，ここではSESと学力との関係を見よう。

表Ⅳ-2，3は，浜野の研究から引用した全国学力・学習状況

表Ⅳ-2　家庭の社会経済的背景（SES）と子どもの学力（2013年度調査）

	小6				中3			
	国語A	国語B	算数A	算数B	国語A	国語B	数学A	数学B
Lowest	53.9	39.9	68.6	47.7	70.0	58.9	53.0	30.5
Lower middle	60.1	46.1	75.2	55.1	74.5	65.2	60.8	37.7
Upper middle	63.9	51.4	79.2	60.3	77.8	69.4	66.4	43.5
Highest	72.7	60.0	85.4	70.3	83.1	76.2	74.5	54.4

表Ⅳ-3　家庭の社会経済的背景（SES）と子どもの学力（2017年度調査）

	小6				中3			
	国語A	国語B	算数A	算数B	国語A	国語B	数学A	数学B
Lowest	68.0	48.4	69.7	36.3	70.4	63.1	52.8	38.8
Lower middle	72.7	54.5	76.2	42.3	75.6	70.0	61.5	44.9
Upper middle	76.6	59.7	81.0	47.7	78.9	74.3	67.4	49.7
Highest	82.0	67.4	87.6	57.7	84.8	81.4	77.1	58.9

（出所）耳塚・浜野・冨士原編［2021］：浜野の序章「『学力格差への処方箋』に向けて」より。

調査のテスト得点と，この研究で測定された保護者の社会経済的地位を示す得点（SESスコア）との関係を2013年，2017年の調査について示したものである。この結果から，保護者のSESとテストの得点との間には教科や学校段階を問わず，SESが高いほどテスト得点も高くなるという正の関係が見られる。そして，少なくともこの4年間ではその関係の強さには大きな変化がないこ

表Ⅳ-4　小4の算数・国内偏差値と偏差値60以上の割合

親の大卒者数	国内偏差値平均	偏差値60以上の割合（%）
いない	46	7
1人	49	12
2人	54	26

（出所）松岡［2019］表3-7より。元データはTIMSS 2015。

ともわかる。この間に文科省の政策が大きく変わった事実がないことを考慮すれば，ここにもSESと関連した学力格差の安定的な関係が示されている。

浜野の分析は小学6年生と中学3年生を対象にしたものだが，SESと学力の関係はそれより早い段階から存在する。国際学力調査の1つであるTIMSS 2015〔★〕のデータを分析した松岡は，**表Ⅳ-4**のように，親の学歴と算数の得点（日本の調査に限定して偏差値に換算）との関係を示している。両親とも大卒の親を持つ子どもの得点ほど高く，偏差値60以上の割合も多くなる。このような結果から松岡は，「10歳（小学4年生）の時点で『生まれ』（親の学歴）による学力格差が傾向として存在する」［松岡，2019：120］と指摘する。

(3) 高校ランクと学力格差

Stage **2**でも述べたように，メリトクラシーと関連する日本の教育システムの特徴の1つは，中等教育が義務教育段階の中学校と

表IV-5　高校のランク（偏差値）とSES

高校ランク（偏差値）	母大卒割合（%）	父大卒割合（%）	両親大卒割合（%）	本の平均冊数
40以下	24	20	12	96
40以上50未満	33	33	20	119
50以上60未満	49	48	34	144
60以上	68	67	54	187

（出所）松岡［2019］表5-1より。元データはPISA2015。

その後の高校とに分かれ，高校入学に際して，どの（ランクの）高校に入学するかを決める入学者選抜の仕組みが介在することである。それによって高校の間に入学時の学力や卒業後の進路における格差が存在する。

それでは，高校のランクとSESとの間にはどのような関係があるのだろうか。松岡の研究ではOECDが実施している**PISA**〔★〕と呼ばれる学習到達度調査（16歳が対象）を用いた分析が行われている。**表IV-5**は，高校のランク（PISAのテスト得点の各学校の平均点を偏差値に換算した分類）ごとに，生徒の保護者の学歴（父親，母親の大卒者の割合）や家庭が所持する本の冊数の平均を示している。両親とも大卒の比率が高いのも，本の冊数が多いのも，偏差値60以上の高校である。ここには高校の偏差値が高い（PISAの平均点が高い学校）ほど，親の学歴が高くなり，本の冊数が多くなるという関係が示されている。

このような高校ランクとSESとの強い関係は，生徒の学力へ

表Ⅳ-6　高校1年生の学力のマルチレベル分析

	非標準化係数	標準化係数
切片	530.252（3.594）**	
学校レベル変数		
高校タイプ（職業科ダミー）	15.574（7.760）*	0.068
学校 SES	111.173（7.382）**	0.596
生徒レベル変数		
男性	16.964（2.520）**	0.086
SES	2.877（1.433）*	0.029
学校内分散	4637.4	

（注）　学校数 143，生徒数 4557。**P<.01，*P<.05 括弧内はロバスト標準誤差。
（出所）　多喜［2020］：表 4-4 をもとに筆者作成。元データは PISA2003。

の影響のしかたとも関係する。それを示す 2006 年の PISA データの精緻な分析を行った多喜弘文の研究がある［多喜，2020］。多喜は高校間には生徒の出身 SES の構成比の大きな違いがあることに着目して，生徒個人の出身 SES が学力（PISA の数学リテラシーの得点）に及ぼす影響と，学校ごとの SES の違い（調査対象となった全生徒の SES スコアの平均）の影響とを峻別する分析を，**マルチレベル分析**〔★〕と呼ばれる統計手法を用いて行った。ここではすべての変数を加えた分析結果だけを**表Ⅳ-6** に示す。

1つの知見は，生徒個人の SES の影響よりも，学校 SES（その学校の生徒集団の平均的な SES の高さ）の影響のほうがはるかに強いことである。この結果から多喜は，「日本において出身階層が学力に及ぼす影響は，高校段階ではほとんど通う学校の違いに変換されている」と指摘する［多喜，2020：126］。さらに職業高校に進学していることがプラスの影響を及ぼすことに注目し，学

Column ⑯ 入試改革の頓挫

2020年前後に盛んに議論され，実際に政策として提言もされた大学入学者選抜の改革は専門家の会議（有識者会議）を経て中止ないし延期が2021年に決まった。その改革では，英語の読み，書き，話す，聞くの「4技能」を評価するために民間の英語の試験が取り入れられること，国語と数学で表現力や思考力を測るための記述式問題を共通テストに取り入れることが提案された。さらには日常の学習を詳細に記録し，「主体的な学び」を生徒が実践しているか，授業に限らず課外活動などにどのように参加しているかなどを日常的に記録するe-ポートフォリオと呼ばれる方式を入学者選抜に取り入れることにも文科省は積極的だった。その前提となる考え方は，入試を変えることで高校での普段の学び方も変わるはずだといった期待であった。さらにここには，従来の学力観に代わって提唱された「学力の三要素」(「知識・技能」「思考力・判断力・表現力」「主体性を持って多様な人々と協働して学ぶ態度」）を入学者選抜での評価に取り入れようという意図があった。e-ポートフォリオの導入には，学習成果にとどまらず日常生活における「主体性」を評価の対象にしようとする意図がうかがえた。

結局は計画自体にさまざまな瑕疵があることが指摘され，社会からも批判を受けたために，専門家の会議を開き，中止ないし延期を決めたが，近い将来，また同じような改革が提言される可能性もある。メリトクラシーの質的な変化は，実際の入試改革にも表れている。

校間のSESの違いを統計的に統制した（その影響が等しいとした）場合に，職業科に進学した生徒のほうが，普通科より約15点得点が高くなることを発見した。多喜によればこれは，「出身家庭の社会経済的地位が低いと，同じくらいの学力でも職業科を選ぶ傾向がある」[多喜，2020：126] からだと解釈する。

このように，日本の教育に特徴的な高校入試や，そこでの得点の違いによって形成された高校の序列化の構造は，生徒の社会経済的な背景の影響を受けつつ，高校間の学力格差を可視化する装置として働く。しかし，***Stage* 2** で見たように，入試の形式的な公平さの影響で，このようなSESの影響は問題にされにくい。それと比べ，SESの影響が見えやすいのは，国立や私立の中学校（そのほとんどが中高一貫校）への進学機会の格差である。濱本真一の研究では，ベネッセ教育総合研究所が2009年と2013年に行った『学校外教育活動に関する調査』のデータ（母親が調査対象）のうち，小学4～6年生と中学生の子どもを持つ親のケースを用いて，国私立中学校への進学の意思の有無，進学する意思を持ったうえで実際に進学したか否かについての分析を行った。結果を示したのが**表Ⅳ-7**である。

進学意思の有無については，親の学歴，年収，兄弟姉妹数といった家庭の社会経済的な要因がどれも強い影響を示していた。興味深いのは，意思を持ったうえで実際に進学したかどうかを見た表の右側の結果である。ここでは親の学歴の影響は統計的に有意でなくなり，年収についても800万円以上を除いて有意差が消える。親の学歴の影響は国私立中学を受験するかどうかの意思には影響するが，実際の進学にはその影響がなくなるということである。家庭の年収の影響について濱本は，「中学受験を通過するための準備や，学費などの直接コストの面から，実際の進学にはより大きな経済的バリアが存在する」と指摘する [濱本，2022：89]。中高一貫校を経て，大学進学に有利なルートになるとみなされる国私立中学への進学においては，子ども本人の学力だけで

表Ⅳ-7　国私立中学校受験の意思と実際の進学についての同時推定の結果

	受験意思有り			国私立中学進学		
	Coef	(s. e.)		Coef	(s. e.)	
母年齢	0.044	(0.011)	**	−0.005	(0.044)	
男子ダミー	−0.046	(0.077)		0.204	(0.302)	*
兄弟姉妹数	−0.382	(0.058)	**	−0.421	(0.200)	
母フルタイム	0.387	(0.133)	**	−0.577	(0.412)	
母パートタイム	−0.065	(0.093)		−0.335	(0.353)	
父大卒ダミー	0.718	(0.088)	**	−0.878	(0.453)	†
母大卒ダミー	0.682	(0.097)	**	0.549	(0.428)	
収入階級400万円未満	−0.976	(0.099)	**	2.458	(1.787)	
収入階級400〜800万円（ref.）						
収入階級800万円以上	0.595	(0.104)	**	0.917	(0.358)	*
国私立中学優位地域	0.603	(0.080)	**	0.978	(0.296)	**
2013年度ダミー	0.027	(0.081)		0.665	(0.315)	*
定数	−3.601	(0.475)	**	0.928	(1.992)	
N	9974					
rank	24					
LogLikelihood	−3514.360					
chi2	730.999		**			
BIC	7249.706					

**: p<.01, *: p<.05, †<.10

（出所）　濱本［2022］：表3より引用。元データはベネッセ教育総合研究所『学校外教育活動に関する調査』(2009年，2013年)。

はいかんともしがたい経済的な影響が残るのである。

このように実証研究の成果をつなげて見れば，社会経済的背景（生まれ）→小学校段階からの学力格差→異なるランクの高校への進学機会→ランクの違いを含めた大学進学のチャンス→卒業後の就職機会の格差といった連鎖を読み取ることができる。そして，この連鎖をつなげる1つの媒介要因が「学力」である。ただし，その学力の違いを，「生まれ」の影響の及ばないメリットの違いとみなすことはできないこと，「生まれ」だけで個人の学力が決定されるわけではないことは知っておく必要がある。

メリトクラシーと教育の不平等に関する理論

(1) メリトクラシーの理論：技術機能主義と人的資本論

人々がどのような職業や仕事につけるのか，そのプロセスを「人材の職業配分」とか，簡単に**職業配分**〔★〕という。もし仮に，学歴や学校歴，あるいは学校での成績が，ヤングのいうメリットを表しているのだとしたら，それらの基準を用いて職業配分を行うことは，合理的で，効率的な判断といえるだろう。つまり，「能力に見合った人材」を探し出すうえで，学歴や成績が重要な手がかりとなるというわけである。

このような見方をとる社会学の理論を，「技術機能主義（technical functionalism）」と呼ぶ。「技術」という言葉がついているのは，教育を受けることで，職業に役立つ技術や知識を身につけているということを指す。また「機能主義」というのは，この場合，職業ごとに要求される技術や知識に見合った人材をリクルートすることが，その社会の存続にとって必要とされるというように，機能（つまり，どれだけ役立つかという働き）を通じた関係によって，人と職業とが結ばれていることに注目する見方である。したがって，技術機能主義の立場から見れば，ある職業で求められる技術や知識を持たない人がその仕事をした場合には，機能的ではないということになり，逆に，その仕事にふさわしい技術や知識を持った人が仕事をする場合には，機能的だということになる。

このように技術機能主義は，職業配分の原則（基本的なルール）の1つである。しかも，注目している組織（企業）や社会にとって，そのような職業配分のしかたが，効率的であるかどうかに着目したものの見方といえる。したがって，技術機能主義の立場に立てば，世襲やコネなどによって，技術も知識もない子どもがある職業についてしまうことは機能的ではないと判断される。ヤングの描いたメリトクラシー社会とは，その意味で，技術機能主義を体現した社会である。

技術機能主義という見方を採用すると，いくつかの問題に答えることができる。たとえば，なぜ，ある職業についた人々は他の職業についた人々よりも収入が多くなるのか。技術機能主義の立場に立てば，その社会の存続や発展にとってより重要で，かつ必要とされる技術や知識が高度になる職業ほど，それに見合う能力の高い人々を必要とする，また，そのような職業についた人々はそれだけ社会全体により貢献していると見ることができる。だから，そのような職業についた人々への報酬がより多くなると説明されるのである。医者や弁護士の報酬が高いこと，同じ会社でも地位が高いほど給与が高くなることなどは，社会や組織にとっての必要性と貢献度の違いという点から説明できるというのである。

また，技術機能主義を使うと，産業化の進んだ社会ほど高学歴化が進むのはなぜかについても説明ができる。産業化が進むということは，より高度で複雑な技術を使ってモノやサービスをつくり出していくことである。こうした高度な産業社会では，そういう技術を開発する人材や，さらには複雑な技術を使う人材がより多く必要とされる。たとえば，綿や絹で繊維をつくることが産業の中心であった時代と，情報技術革命が進行しつつあるといわれる今の日本の産業を比べてみるといい。

一方，そうした技術や知識は，主に学校教育を通じて伝達される。仕事に直接役立つ技術や知識ではなくても，少なくともその基礎となるような技術・知識は学校で教えられる。このように学校の機能を見ると，高度な産業社会ほど，高い技術や知識が必要とされるのだから，それだけ高度な教育を受けた人材が社会にとってたくさん必要になると考えられる。したがって，産業化が進むほど，学歴の高い人が増える高学歴化が進む，と技術機能主義は説明する。

このように，社会からどのような技術や知識，あるいは能力が必要なものとして要請されているか，それらの技術・知識・能力の働きが社会の存続や発展にとって，どのように役立ち貢献するか，という点から，社会と教育との関係を見ようというのが技術機能主義の考え方のポイントである。メリトクラシーは，ある意味で，技術機能主義の理想にかなった社会であるといえるだろう。

その経済学版が「人的資本論」である。そこでは教育は個人や社会全体の人的資本（経済成長に資する知識やスキル）を高めるものと考えられる。このような考えをもとに，経済成長を促すためには人的資本に投資することが必要だとして，教育への公的支出が認められる。個人のレベルでも人的資本を高める投資（経済的なものに限らず，努力なども含める）は，その投資に見合った収益（生涯賃金）をもたらすと考える。人的資本論をもとにした研究では，投資の差異が結果（収益）の差異を生むと見る。

⑵　教育の不平等に関する理論

①葛藤理論

技術機能主義の説明は，なるほど，産業化の進んだ社会では受け入れやすい議論である。しかし，こうした見方は，社会の不平等を正当化するものではないか。そのような立場から異論を唱えたのが，「葛藤理論」と呼ばれる理論的立場に立つ論者である。

『資格社会』という本を書いたR. コリンズ［1984］は，その代表的な論者である。コリンズは考える。低い教育しか持たない人々は，それゆえに，低い地位に甘んじなければならない。技術機能主義の見方は，このように，既存の階層的な社会秩序を正当化しているのではないか。それに対して，教育と職業との関係は，そのように技術や知識を媒介とした機能的な関係としては認めがたい部分がある。教育の拡大は，むしろ，社会の中でより優位な地位を占めようとする，さまざまな身分集団間の葛藤によって生じたものである。学校は，職業に役立つ技術や知識を教える場であるよりも，人種，民族，宗派などに代表される，それぞれの身分集団の文化を伝達する場所なのではないか，と。

このような見解を突きつけることによって，コリンズは，技術機能主義の現状肯定的な見方を批判した。つまり，問題は，学校教育が職業において役立つ知識や技術を教えているというよりも，すでに有利な地位にあるさまざまな身分集団が，自分たちの文化に適合した人々を選び出すのに寄与していると見るのである。身分集団間の葛藤に焦点を当てて，学校の文化伝達という役割の重要性を指摘しているところに，コリンズの議論の特徴がある。

こうした問題の立て方は，マルクス主義的な立場に立つ葛藤論者にも共有される。教育が職業に役立つ知識や技術を教えているのではなく，むしろ，階級的地位に応じたパーソナリティ特性を伝えているとして，教育と職業の関係を問題にしたS. ボウルズとH. ギンタスの議論［ボウルズ＝ギンタス，1986：87］はその代表的なものである。ボウルズとギンタスによれば，学校は，将来支配的な階級につくような支配階級出身者には，自律的であることをよしとする価値を伝える。それに対し，労働者階級の出身者には，将来の従属的な地位にふさわしい，従順といった価値を伝える。こうして，職業に役立つ知識や技能を教えるよりも，学校がそれぞれの生徒の出身階級に見合ったパーソナリティ特性を教え，それに基づく選抜を行っていると彼らは見るのである。ボウルズとギンタスにおいても，問題とされるのは，学歴取得以前の不平等がいかに教育を通じて正当的に再生産されているかである。

②文化的再生産論

もう1人，葛藤理論の代表的論者をあげるとすれば，フランスの社会学者，ピエール・ブルデューだろう［ブルデュー＝パスロン，1991］。ブルデューは，文化資本やハビトゥス（「心の習慣」という訳があてられることがある）といった概念を用いて，家庭で身につけた階級文化が，学校での成功のチャンスを左右し，それによって学校は文化を通じた階級の再生産に寄与していると見る。その理論の特徴は，フランス社会に顕著に見られる階級間の文化的資源の差に着目したことにある。複雑な言語体系を操る言語能力や，社会で高い価値を持つ正統的な文化（クラシック音楽や高尚な美術・芸術といった上級文化）への接触機会の違いが，人々の性向の違いを生み，それが「文化資本」として他の資本（経済資本や社会関係資本など）に転換されることに注目した理論である。

文化資本に着目して階級間の再生産を論じたブルデュー理論の登場以降，文化資本をどのように理解するかをめぐっていくつかの理論が展開した。ここでは多喜［2020］の研究をもとに2つの理論に触れる。

1つはポール・ウィリスが着目した労働者階級の文化の影響を捉えたエスノグラフィー『ハマータウンの野郎ども』である（→Part I図書紹介）。イギリスの労働者階級出身の少年たちは，その階級にふさわしい男らしさの価値を尊ぶ文化を内面化することで，男らしさの象徴である肉体労働に価値を見出し，みずから労働者階級への道を選ぶ。そこにおいて，学校で成功しようとする態度は女々しさと映り，避けられる。階級的な分断の明確なイギリス社会を背景に登場した文化的再生産論の1つといえる。

もう1つは，アメリカ社会を前提にしたラローの文化資本論である［Lareau, 2011］。ラローは，保護者の社会経済的地位によって異なる子育てのしかたや学校への働きかけ，子どもの教育に有利になる情報収集など，家庭内で生じる文化的実践の差異に着目して文化資本の概念を拡張する。多喜によれば，そのような概念の拡張には教育のアメリカ的な特徴が反映している。「アメリカではどのような行動が学校において有利に働くかが自明ではない」［多喜，2020：50］。「教育システムの役割に関する標準化された理解が共有されにくい自明性の低いコンテクストを文脈としている」［多喜，2020：52］。その曖昧な状況を有利に読み解き働きかけるための，中間階級と労働者階級との間の子育て実践の違いを，文化資本論に位置づけたのである。

ペアレントクラシー，リスク回避仮説，社会関係資本（つながり仮説）

文化資本論と関係しつつ発展した別の理論の系列がある。1つは，ペアレントクラシーと呼ばれる見方であり，イギリスの教育社会学者，P. ブラウンが提唱する理論である［Brown, 1990］。ブラウンによれば，1970年代以降のイギリスでは，保護者が子どもの通う学校を選ぶ学校選択制のような制度が導入された。その結果，公教育の世界にも，新自由主義的な考え方に基づく市場原理が導入されることとなった。ペアレントクラシーとは，このようなイギリス的文脈のなかで，子ども自身の努力と能力（＝メリット）で学校や社会での成功が決まるのではなく，親の経済力（富）と子どもの教育への期待感，さらにはそれらと関係する，どのような教育を選んで子どもに提供するか，という親による選択が重要になっているという考え方である。子ども本人の努力や能力によるよりも，親＝ペアレントの力が子どもの成功を左右するという考え方であり，葛藤理論がいう階層や階級の再生産のメカニズムに，イギリスに典型的に見られる，教育の市場化が進む社会における親の役割の変化を付け加えたイデオロギーであり理論であると見ることができる。日本でも大都市圏では，義務教育段階に学校選択制を導入するところが出てきている。さらには，公立学校より私立を選ぶという選択も，ブラウンのいうペアレントクラシーの考えに通じるところがある。文化資本論などと違う点は，たんに家庭的な背景が文化的な資源の伝達を通じて子どもの有利・不利に影響すると見るのではなく，教育もまた公共サービスの一貫として市場化し選択の対象になっているために，親の判断や親の役割の影響力が強まる点を含めて，親による支配＝ペアレントクラシーの社会と呼ぶのである。イギリスの教育システムの特徴を背景に，そこで生じたイデオロギーの変化を，メリトクラシーからペアレントクラシーへの変化とみなした理論であることには注意が必要である。

このほかにも「相対的リスク回避仮説」[Breen and Goldthorpe, 1997] や「学歴下降回避仮説」[吉川，2006，2009] といった考え方が出ている。これらの見方によれば，親は子どもに，自分と同じかそれ以上の階層的地位に到達することや学歴を取得することを期待する。しかし，上位の地位や学歴に到達することに伴うリスクには，親の階層や学歴によって違いがある。相対的に見れば，高い階層や学歴の親にとってのリスクのほうが小さい。低い階層や学歴の親たちにとって，上位の階層的地位や学歴に子どもが達するほうがより難しいし，それだけその難しさに伴うリスクが大きくなるという見方である。自分たちの地位や学歴より，子どものそれが下回るのを「合理的」な選択として回避しようとする結果，親の学歴や階層によって子どもへの期待が異なるようになり，それゆえ，相対的に見れば，親の世代と子の世代とで，階級・階層的地位や学歴の差が縮小しないという説明である。こうした仮説の特徴は，出身階級・階層や親の学歴によって，子どもの取得する学歴に格差が生じ，それが進学率の上昇などによっても縮小しない理由を，親たちが下す合理的な選択の結果に求める点にある。この場合も，教育選択におけるリスクの大きさは社会によって，さらにはそこにおける教育システムの特徴によって異なる。たとえば，進学にかかるさまざまなコストはどの社会でも同じではない。コストが大きいほどリスクも大きくなる。

親から子への直接的な影響とは異なるルートで，階層・階級の再生産や教育における不平等を説明しようとする理論に社会関係資本（social capital；社会資本，社会的資本とも訳される）論がある。さまざまな社会学者が社会関係資本について言及しており，その理論の内容にも微妙だが重要な違いがある。しかし，いずれもが人とのつながりや関係性，さらにはそれらが生み出す資源を「資本」とみなし，教育の文脈でいえば，子どもの学校での成功を左右する要因の1つと見る。その特徴は，経済資本や人的資本が，個人を単位にその「所有」を見ようとするのに，個人を超えた社会関係に注目している点である。この理論の提唱者の1人，アメリカの社会学者ジェームズ・コールマンの言葉を引けば，「人的資本は点にあたり，社会的資本は点を結ぶ線にあたる」[コールマン，2004：478]。

日本でこの概念を実証研究にまで高め教育格差の問題を論じてきたのが志水宏吉である。志水らは社会関係資本を「つながり」という日本語で捉え直し，「つながり格差」が学力格差に影響しているかどうかを検討している。志水らは，社会関係資本に「類縁性をもつ」と見る「つながり」を，家庭内でのつながり（親との同居，家族内のコミュニケーションなど），地域とのつながり（自治会の活動への参加，地域内に子育てに関する相談相手がいるか，子どもを預かってくれる人がいるかなど），子どもと学校のつながり（保護者の学校行事やPTAへの参加など）の3種に分け，それらが子どもの学力に及ぼす影響を見る。家族自体が「つながり」の場であり，その家族を含め，親と子どもが地域社会や学校という社会とどのような関係を結んでいるか，その影響を見ようというのである。そして，「豊かなつながり」を持つほど高い学力を得ることができるという「つながり仮説」が提唱され，その検証が行われている。そこでは社会関係資本を社会による介入の可能な資源と捉え，格差を是正する可能性をそこに見出している［志水，2014；志水・伊佐，2019］。

このように子どもの学力や学習意欲・態度などがSESと結びつくことを説明する理論はさまざまである。その多くは，ここでも見たように海外で生まれた理論を日本での研究に取り入れたものであることがしばしばである。理論の重要性は，たんに抽象的なレベルである現象を説明したり理解したりする助けとなるだけではない。理論は，現実を捉える際のさまざまな概念やその関連を明確に示すことで，私たちが日常の世界では見過ごしてしまう現象の側面に目を向けることを助ける。

その際に重要なのは，先に触れたように，理論が生まれた社会の背景と理論との関係に留意する必要があるということだ。ある理論やその理論を構成する諸概念は，その理論を生んだ社会に埋め込まれた**背後仮説**〔★〕の影響を受けている可能性がある。もちろん，社会の違いを超えて通用する理論の汎用性・普遍性という点も重要だが，海外で生まれ，広まっている理論を安易にそのまま援用するのではなく，その背後仮説を考慮に入れて応用する必要がある。

Think yourself

1 この知識編で取り上げた日本における実証研究について，1つでも2つでもそのもととなった論文や著書を読んでみよう。その際，実証研究を行ううえで理論がどのように使われているか，とくに鍵となる概念をどのように操作化してデータと結びつけているか，さらにはそこで明らかとなった実証研究の結果はどのように理論的に議論されているかを取り出し，その強みと弱みを検討してみよう。

2 ***Stage* 2**，***Stage* 3** で展開した「大衆」という概念に焦点を当てた日本の教育の理解のしかた（大衆教育社会論）は，理論としてどのような特徴を持っているか。そこにはどのような強みと弱みがあるかを論じてみよう。

注 note

1) 実際には若い段階での能力測定の精度が高いために，メリットの認定が変更されるチャンスは小さいということになっている。

2) イギリスでは政策の成果を実証的に検証する仕組みが社会に組み込まれている。そのために政府から独立した第三者委員会が組織され，そこに実証研究の成果が集められる。残念ながら日本の教育政策にはこのような政策評価の仕組みは備わっていない。

3) もちろん，戦前の日本には困窮する農民（小作農）という明確な社会的カテゴリーが存在した。しかし，農民とそれ以外の人々との間の分断は明確でも，その分断を是正すべき不平等とみなし，平等化を図る政策は，後で見る総力戦体制下の「均質化」による国民統合が求められるまで政策の中心にはならなかった。その点では教育政策の面でも同様であった。

4) 文部省は1936年に「市町村立小学校教員俸給道府県負担について」を出し，市町村教員の俸給を市町村の負担から道府県負担に変えることを提案した。この制度は戦時体制下の1940年に実現した（実際には国と道府県が半分ずつ負担。そのため国庫負担金制度とみなされた）［苅谷，2009］。

5) 一億総中流社会としての日本をどのように理解するかをめぐって1970年代末に「新中間階層論争」が巻き起こった。その中心的論者の1人村上泰亮は70年代までに拡大した中流層を新中間階層とは呼ばずに「新中間大衆」と名付けた。村上によれば，当時の日本社会で進行していたのは階層構造の「非構造化」であった。その結果，「いわゆる『中流階級』についてはその崩壊であり，ふつういう意味での『新中間層』についてはその輪郭の溶解」であるとし，そこで登場したのが「新中間大衆」だというのである［村上，1984：172］。さらに階層構造の非構造化が進んだことを示しながら，「伝統的な意味での中流階級の輪郭は消え去りつつあって，階層的に構造化されない厖大な大衆が歴史の舞台に登場してきたようにみえる。今後の主役の役割を努めるのは，恐らくこの厖大な大衆であろう」［村上，1984：188］と，拡大したのは中間（流）階級ではなく，中間「大衆」であったとし，この曖昧な社会的カテゴリーを階層構造の非構造化の結果として位置づけた。

6) ここでいう「間断のない移動」は，教育と職業とを結びつける日本的特徴といえる。学校や大学を卒業後につく仕事（初職）が重要な意味を持つ仕組みであり，そこで就職に失敗することが，その後のキャリアに他の社会以上に影響を及ぼす。卒業後に学び直す機会が少ないことや，一度就職した後で退職して学び直した成果が再就職の際に評価されないことなどの弊害を生んでいる。こうしたセカンドチャンスの限られた仕組みをつくりだしているのがこの「間断のない移動」である。その結果として，どの高校や大学に入学するかがその後のキャリアに影響するというイメージをつくりだし，それを強化している。それが翻って入学試験の重要性を強く印象づける。その意味で，日本におけるメリトクラシーのイデオロギーは，受験における学力競争とその手続き的・形式的な公平性に支えられた学校（力）的なメリトクラシーと見ることができる。

7) PartⅣで階級・階層という場合，英語の class からの翻訳である。

8) 数土は，それまでの実証研究の成果をもとに1970年代に論じられた一億総中流意識の背景について，それと関連すると考えられた**地位の非一貫性**〔★〕と呼ばれる現象がどのように変化してきたのかをレビューした。その結果，学歴，職業，所得・資産，ライフスタイルなど人々の社会経済的地位の構成要素と見られるさまざまな「地位」がより一致していく傾向を見出し，その背景に社会構造の安定化があったと指摘した［数土，2010：4章］。

9) このような指摘とは異なる見方も存在する。独自の階級概念を用いて日本社会の階級構造を論じ続けてきた橋本健二の一連の優れた研究である。図書紹介で触れたように，橋本は，「アンダークラス」と呼ぶ新たな階級が拡大することで日本は「新しい階級社会」に変質したことを多様なデータの丹念な分析を通じて明らかにした。橋本は「格差と貧困の背後にある社会の構造そのものを問題とするためには，階級，そして階級構造という概念を使う必要がある」と主張する［橋本，2013：214］。

10) PISA や TIMSS などの国際比較調査の結果を丹念に分析した松岡によれば，日本における教育の不平等の程度は，他国に比べ強いわけでも弱いわけでもない。松岡はそのような日本を「凡庸な教育格差社会」と呼ぶ［松岡，2019：6章］。

天野郁夫［2006］『教育と選抜の社会史』ちくま学芸文庫。

有馬学［1999］『「国際化」の中の帝国日本 1905～1924』中央公論新社。

ブルデュー，P.，パスロン，J.-C.［1991］『再生産——教育・社会・文化』宮島喬訳，藤原書店（原著 1977）。

ボウルズ，S.，ギンタス，H.［1986，87］『アメリカ資本主義と学校教育——教育改革と経済制度の矛盾』（1，2）宇沢弘文訳，岩波書店（原著 1975）。

Breen, R. and J. H. Goldthorpe［1997］"Explaining Educational Differentials: Towards a Formal Rational Action Theory," *Rationality and Society*, 9(3): 275-305; reprinted in Grusky, D. B. (ed)［2001］*Social Stratification: Class, Race and Gender in Sociological Perspective*, Westview Press, pp.459−70.

Brown, P.［1990］"The 'Third Wave': Education and the Ideology of Parentocracy," *British Journal of Sociology of Education*, Vol.11, No.1, pp. 65−86.

Brown, P. & Tannock, S.［2009］"Education, Meritocracy, and the Global War for Talent," *Journal of Education Policy*, 24(4): 377−392.

中央教育審議会初等中等教育分科会［2021］『「令和の日本型学校教育」の構築を目指して』(https://www.mext.go.jp/content/20210126-mxt_syoto02-000012321_4.pdf)。

コールマン，J.［2004］『社会理論の基礎』上下巻，久慈利武監訳，青木書店（原著 1990）。

コリンズ，R.［1984］『資格社会——教育と階層の歴史社会学』新堀通也監訳，大野雅敏・波平勇夫訳，有信堂高文社（原著 1979）。

濱本真一［2022］「国私立中学校進学における不平等生成過程——階層効果の分解による受験格差と進学格差の分析」『応用社会学研究』64: 83−97（https://rikkyo.repo.nii.ac.jp/?action=pages_view_main&active_action=repository_view_main_item_detail&item_id=21794&item_no=1&page_id=13&block_id=49）。

橋本健二［2013］『「格差」の戦後史　階級社会　日本の履歴書〔増補新

版〕』河出ブックス。
橋本健二［2018］『新・日本の階級社会』講談社現代新書。
橋本健二［2020］『〈格差〉と〈階級〉の戦後史』河出新書。
本田由紀［2005］『多元化する「能力」と日本社会――ハイパー・メリトクラシー化のなかで』NTT 出版。
Ishida, H. [2018] "Long-Term Trends in Intergenerational Class Mobility in Japan,"（http://www.l.u-tokyo.ac.jp/2015SSM-PJ/03_02.pdf）
石田浩［2021］「世代間階層移動と教育の趨勢」中村高康・三輪哲・石田浩編『少子高齢社会の階層構造 1 人生初期の階層構造』東京大学出版会。
岩永雅也［1983］「若年労働市場の組織化と学校」『教育社会学研究』38：134−145。
苅谷剛彦［1995］『大衆教育社会のゆくえ――学歴主義と平等神話の戦後史』中公新書。
苅谷剛彦［2001］『階層化日本と教育危機――不平等再生産から意欲格差社会へ』有信堂高文社。
苅谷剛彦［2009］『教育と平等――大衆教育社会はいかに生成したか』中公新書。
苅谷剛彦［2019］『追いついた近代 消えた近代――戦後日本の自己像と教育』岩波書店。
苅谷剛彦［2020］「機会と教育との遭遇――人生前半の社会保障政策のこれまでとこれから」『社会保障研究』5(3)：272−286（https://www.ipss.go.jp/syoushika/bunken/data/pdf/sh20120102.pdf）。
苅谷剛彦・菅山真次・石田浩編［2000］『学校・職安と労働市場――戦後新規学卒市場の制度化過程』東京大学出版会。
吉川徹［2006］『学歴と格差・不平等――成熟する日本型学歴社会』東京大学出版会。
吉川徹［2009］『学歴分断社会』ちくま新書。
桑野弘隆［2013］「国民的総動員体制について」『専修大学社会科学年報』47 号：183−201。
Lareau, A. [2011] *Unequal childhoods: class, race, and family life*, 2nd edition, University of California Press.
松岡亮二［2019］『教育格差――階層・地域・学歴』ちくま新書。

耳塚寛明・浜野隆・冨士原紀絵編［2021］『学力格差への処方箋』勁草書房。
三浦展［2005］『下流社会――新たな階層集団の出現』光文社新書。
森直人［2008］「『総中流の思想』とは何だったのか――『中』意識の原点をさぐる」『思想地図』vol.2：233−270。
村上泰亮［1984］『新中間大衆の時代――戦後日本の解剖学』中央公論社。
中村高康［2018］「相対的学歴指標と教育機会の趨勢分析―― 2015年SSM調査データを用いて」『理論と方法』33(2)：247−260（https://www.jstage.jst.go.jp/article/ojjams/33/2/33_247/_article/ -char/ja/）。
野口悠紀雄［2008］『戦後日本経済史』新潮社。
野口悠紀雄［2010］『1940年体制――さらば戦時経済〔増補版〕』東洋経済新報社（初出1995年）。
臨時教育審議会編［1985］『教育改革に関する第一次答申』(https://www.digital.archives.go.jp/item/2271555）。
臨時教育審議会編［1986］『教育改革に関する第二次答申』(https://www.digital.archives.go.jp/item/2271553）。
臨時教育審議会編［1987］『教育改革に関する第四次答申』(https://www.digital.archives.go.jp/item/2271557）。
佐藤俊樹［2000］『不平等社会日本――さよなら総中流』中公新書。
志水宏吉［2014］『「つながり格差」が学力格差を生む』亜紀書房。
志水宏吉監修／伊佐夏美編［2019］『学力を支える家族と子育て戦略――就学前後における大都市圏での追跡調査』明石書房。
Social Mobility Commission［2017］*Time for Change: An Assessment of Government Policy on Social Mobility 1997-2017*.（https://assets.publishing.service.gov.uk/government/uploads/system/uploads/attachment_data/file/622214/Time_for_Change_report_-_An_assessement_of_government_policies_on_social_mobility_1997-2017.pdf).
数土直紀［2010］『日本人の階層意識』講談社。
橘木俊詔［1998］『日本の経済格差――所得と資産から考える』岩波新書。
竹内洋［2003］『教養主義の没落――変わりゆくエリート学生文化』中央公論新社。
竹内洋［2005］『立身出世主義――近代日本のロマンと欲望〔増補版〕』

世界思想社。
多喜弘文［2020］『学校教育と不平等の比較社会学』ミネルヴァ書房。
山田昌弘［2004］『希望格差社会——「負け組」の絶望感が日本を引き裂く』筑摩書房。
山口二郎［2005］『ブレア時代のイギリス』岩波書店。
山之内靖［2015］『総力戦体制』（伊豫谷登士翁・成田龍一・岩崎稔編）ちくま学芸文庫。
ヤング，M.［1982］『メリトクラシー』窪田鎮夫・山本卯一郎訳，至誠堂（原著 1958）。
Young, M. [2001] "I Down with meritocracy" (www.theguardian.com/politics/2001/jun/29/comment).

図書紹介　Book Review

➲ 天野郁夫『教育と選抜の社会史』ちくま学芸文庫，2006。

日本における学歴社会の成立過程をヨーロッパ諸国と比較しながら歴史社会学的に解明。近代日本における学歴主義のルーツを探るうえでの必読文献の1つである。

➲ P. ブルデュー，J.-C. パスロン『再生産――教育・社会・文化』宮島喬訳，藤原書店，1991（原著1970），『遺産相続者たち――学生と文化』石井洋二郎監訳，藤原書店，1997（原著1964）。

いずれも，ブルデューらの教育社会学研究の出発点ともなったといえる著書。文化資本や象徴権力といった概念を用いて，教育において階級の再生産がどのように行われているのかを理論的に解明するとともに，調査データを用いた検討も行っている。

➲ R. コリンズ『資格社会――教育と階層の歴史社会学』新堀通也監訳，大野雅敏・波平勇夫訳，有信堂高文社，1984（原著1979）。

アメリカにおける資格社会・学歴社会の成立過程を，身分集団間の対立・抗争のメカニズムから解明する，アメリカ版「学歴社会論」「専門職論」。

➲ 苅谷剛彦『追いついた近代 消えた近代――戦後日本の自己像と教育』岩波書店，2019。

後発的にスタートした日本の近代を日本の知識人や政策立案者が「追いつき型近代」として理解してきたことを明らかにするとともに，それが終焉したという認識が広まる中で教育政策がどのように迷走したかを分析した。

➲ 本田由紀『多元化する「能力」と日本社会――ハイパー・メリトクラシー化のなかで』NTT出版，2005。

メリトクラシーの変容をハイパー・メリトクラシーという概念で

捉える。同じ著者の『教育は何を評価してきたのか』（岩波新書，2020年），『「日本」ってどんな国？――国際比較データで社会が見えてくる』（ちくまプリマー新書，2021年）も，現在の日本社会と教育の関係を理解するうえで大きな助けとなる。

➲ 松岡亮二『教育格差――階層・地域・学歴』ちくま新書，2019。

このPart Ⅳの知識編でもたびたび取り上げた松岡のベストセラーである。教育格差について多面的かつ丹念な分析を行った著書として，教育格差の問題を理解するうえで情報量の点でも最初に手にするべき1冊といえる。なお，教職課程の学生向けに編集された中村高康との共編著『現場で使える教育社会学――教職のための「教育格差」入門』（ミネルヴァ書房，2021年）は，教育格差の問題を理解し考えるうえでの入門書としておすすめ。

➲ 中村高康『大衆化とメリトクラシー――教育選抜をめぐる試験と推薦のパラドクス』東京大学出版会，2011，『暴走する能力主義――教育と現代社会の病理』ちくま新書，2018。

いずれも能力や能力主義（メリトクラシー）の概念を「近代」社会の変容に位置づけつつ捉え直す。後者では日本における入学者選抜制度の変化と関連づけ実証的に分析している。

➲ 橋本健二『〈格差〉と〈階級〉の戦後史』河出新書，2000，『「格差」の戦後史――階級社会 日本の履歴書〔増補新版〕』河出ブックス，2013，『新・日本の階級社会』講談社現代新書，2018。

階層や格差ではなく，階級の概念を用いることで日本社会の変化を実証的・構造的・多面的に捉えようとしてきた橋本の研究は，格差社会論を別の角度から理解するうえで必須の文献といえる。

➲ 平沢和司『格差の社会学入門――学歴と階層から考える〔第2版〕』北海道大学出版会，2021。

格差社会の実態を知る上で，実証的な研究の成果や各種統計を駆使して，格差のさまざまな側面を捉えようとした著書。統計手法に

ついての解説や，それぞれの現象について理論的な説明の紹介も行われている。「入門」とタイトルにあるように，格差を社会学的に理解したい読者にとっては最良のテキストである。

➲ 竹内洋『日本のメリトクラシー――構造と心性』東京大学出版会，1995。

教育や職業の世界におけるメリトクラシー（業績主義）の日本的特徴を，理論的，実証的に明らかにした，この分野の最先端をいく研究の1つ。同じ著者による『大衆の幻像』(中央公論新社，2014年）は，「大衆」という概念を理解するうえでの好著である。

➲ 勅使川原真衣『「能力」の生きづらさをほぐす』どく社，2022。

母親が子どもに能力や能力主義について優（易）しく，しかし本質を捉えつつ説くスタイルで展開する。みずから人材開発の仕事を通じて見出した，能力主義がなぜなくならないかについての説明は秀逸である。

Epilogue 大学でどう学ぶかを「教育の社会学」から考える

「教育の社会学」のアプローチ

今から20年以上前に出版された『教育の社会学』（初版は2000年刊行）は，「〈常識〉の問い方，見直し方」を副題に，教育という現象の中の，人々が当たり前のこととして見過ごしている現象やものの見方を社会学的に捉え直すという方針をとった。2010年刊行の「新版」でも，同じ方針を貫いた。そして今回の『新・教育の社会学』でも，この副題の趣旨を変えることはしなかった。4半世紀が経った今も，この課題の重要性は変わらない。それだけ「教育」や「学校」という世界には，いまだに多くの自明性（「あたりまえ」とするものの見方）が満ちあふれていると考えるからだ。

その一方で，この間，さまざまな教育改革，大学改革の試みのなかで，探究学習やアクティブラーニングといった学びの主体性を強調する政策や実践が提唱されてきた。大学でも，「自ら進んで考える」「主体的な学び」が強調されている。実際に，自分で問題を見つけ，その問題解決を探求するような学習を経験してきた読者も少なくないだろう。高校を卒業するまでに，自分で調べ，自分で考えることを重視した授業を受けた経験もきっとあるだろう。たしかに，探求学習とか主体的な学びとか，批判的思考力（クリティカルシンキング）とか，常識の問い直しを導くはずの学習の言葉は教育界にあふれている。

しかし，常識の問い直し方をまっとうに導く「批判的思考力」が身についていると実感できる人はどれほどいるだろうか。スローガンとして耳にすることは多くなっても，ありきたりのものの見方を疑い，「複眼的」に考える力を身につけることはそう容易なことではないからだ。本書のそれぞれのPartがテーマとした現象でも，ありきたりの常識的な見方の捉え直しがていねいに論じられているはずだ。つまり，本書でも，知識としては〈常識〉の問い方，見直し方がいくつもの例をともなって解説されているはずだ。

知識としての〈常識〉には，いわゆる「教科書的知識」も含まれる。その意味で，この本が教科書である以上，自家撞着を招くことを承知のうえでいえば，本書では，通常の「教育社会学」を名乗る教科書とは異なるアプローチをあえてとることにした。とくに今回の大改訂では，いわゆる「定説」を手際よく，わかりやすく解説する教科書という体裁を裏切るような試みが随所にある。定説の前提を問い直し，見直す。そのことを含めて〈常識〉の問い方，見直し方にチャレンジした。とりわけ，海外で使われる理論や概念を日本の社会や教育の理解につなげるときに陥りがちな，それぞれの社会の背景や理論が生まれた文脈の違いを軽視してしまう見方に注意を払ったのである。その意味で，定説は定説として学ぶ必要があることは否定できないが，同時に定説が陥りがちな〈常識〉にも目を向けられるよう，本書ではあえて挑戦的な試みを行った。それぞれのPartには図書紹介が含まれているので，そこで紹介される文献を読み比べながら，研究の世界でも〈常識〉がどのように取り込まれているか，それをどれだけ意識的に議論しているかを読み通してほしい。あえて，このようなチャレンジをしたのも，おそらくはこの4人による『教育の社会学』の最終版となる今回の改訂では，現在に至る過程で日本の教育と社会に生じたゆらぎが「定説」を含めた〈常識〉の捉え直しを求めていると考えたからである。

定説に定位した研究は確かに，着実な研究成果を生み出すことができる。しかし，そのような見方を続けていれば，ゆらぎが引き起こす大きな変化を見逃してしまう可能性もある。ゆらぎに敏感であるためには，「定説」を含めた〈常識〉の前提を問い直し，見直す態度を身につけることが重要である。その態度を身につけるためには，どのようにそうした前提を疑い，別の視点や別の文脈に照らして教育と社会の問題にアプローチすればよいのかを学ぶ必要がある。本書で試みたのは，そのようなアプローチの提示であった。

大学教育における「知識」の弱さ

しかし，この本を読んだだけでは，教育にまつわる〈常識〉の問い方，見直し方が簡単に身につくわけではない。いろいろな箇所で，「そうだったのか」という感想をもつことはあるだろう。それまでの常識的な見方に疑問を感じるような議論に出会うこともあるだろう。そのような場面があったとしても，いずれこの教科書で学んだことは忘れられていくだろう。もちろん，私たち筆者は，そうならないことを切に望んでいる。しかし，今の大学教育の仕組みを熟知する私たちは，多くの授業や教科書が提供する知識は，単位を取るために消費されていくこともよく知っている。〈常識〉の問い方，見直し方を伝えようとする知識の提供自体が，皮肉なことに，このような消費の対象となるという矛盾を抱えている。それくらい，日常の秩序や歴史の慣性や制度の枠組みというものが強烈だということである。

「前提」や秩序に潜むからくりを暴こうと，社会学者は多くの研究を生み出してきた。教育について疑われることのない前提や自明視された言説・現象を表に出し，論じることで，教育についてのより深い理解が得られることを望んで編んできた本書もその一端に属する。だが，残念ながら授業を受けただけ，あるいは本を読んだだけで得られた知識の力は，私たちを取り囲む日常の秩序や歴史の慣性や制度の枠組みを簡単に打ち破ることができるほど強くはない。ましてや「真実」よりも，「フェイクニュース」というレッテルの張り合い競争がこれほど激しい時代の中では，知識の力はますます弱まっているように見える。情報の洪水の中で，しかも AI によってあなた好みの情報が繰り返し届けられ，それに囲まれて暮らすあなたにとって，この教科書が届けようとする「知の力」はほとんど無力なのかもしれない。先生にあてがわれた教科書の一冊としてこの本を手に取った読者にとってはなおさら，試験に出そうな「重要な箇所」を覚え，それで試験を乗り切り，単位を取れればよい。たぶんそれが皆さんの日常なのだろう。このような日常が疑われることなく続いていく。そこには，あまりにあたりまえのこととして受け入れられてきた「知識」の力が働いている。読者が，それを知識の力として気がついていなくても，である。それにあらがい，その前提を疑おうとするもう1つの知識の力はあまりに弱い。そのように世界は知識間の見えざる争いでできている。気がついても，気がついていなくても。本書では大学教育について正面から取り上げることはできなかったが，日本の大学教育は変わりつつあるとはいえ，このような懸念を払拭できるようにはできていない。

日常の変化と未来の選択

たぶん，そんなことを気にせずとも日常を生きていくことはできるだろう。というより，そのように疑われることもなく秩序だって過ぎていく日々の暮らしのことを私たちは日常と呼び，それがつつがなく続くことを望んでさえいる。あえてそれに抗う必要などない。それが日常の声である——そうした日常がつつがなく続く限りでは。

だが，残念なことに，そのような日常が続く保証はどこにもない。いやこれまで人類が蓄積してきた知識に照らしても，それが保証されないことはほぼ確実と言ってよい。それは，地球温暖化を例に挙げるまでもないだろう。日本の人口構造がこれまで以上の高齢化や人口減少に見舞われることもほぼわかっている（移民政策を大きく変えない限り。しかもその政策選択の可能性は低い）。さらに大規模な地震や火山の噴火，大型の台風や集中豪雨などの自然災害が皆さんが生きている間に日本列島で生じることもほぼ確実である。日本の経済が突然ふたたび大きく成長するようなこともないだろう。アジアにおける安全保障が今のままの秩序を続ける保証もない。

これらはいつ，どのように生じるかについては予測の難しい「未来」ではある。しかし，これらは未知なる「変化の激しい」未来などではない。これらのうちの多くがほぼ確実に，いつどこでかまではわからないにしても，皆さんが生きている間に生じる。それは日本という社会に大きな変化を及ぼすだろう。その変化がどのようなものになるか，あなた方1人ひとりにとってどのような意味を持つか，それはたしかに未知ではある。それでもこうした変化のきっかけとなる出来事が生じることはかなりの確率で予想できる。

このような大きな変動を生み出す出来事に直面したときに，どのように日本や世界が変化していくか。それは自然災害や国際関係や地球規模の環境の変化などで決まるわけではない。そこには

──これも確実にと言ってよい──人々の選択が含まれる。危機に直面したときにどのようにふるまうか。どのような社会を目指すのか，といった選択である。それも突然現れる大きな選択とは限らない。日常の選択の積み重ねが社会や世界をある方向に導いていくことは地球規模の環境問題一つとっても既知のことだ。

本書の執筆中に生じた新型コロナウイルスによるパンデミックや，ウクライナやパレスチナでの戦争といった今目前にある出来事に対しても，私たちは日々選択を迫られた。その選択をいかに賢く行うか。それも1人ひとりの選択ではなく，多様な意見を交換し合い，多様な知識を学び合いながら，賢くなった市民が共同でどのような選択を行っていくか。筆者らはその時にこそ，これまで学んできた知識の出番がくると思っている。知識の学び方を含めての知識だ。そして，いろいろな制約や限界があっても，そのことをもっぱら行う場として大学があると信じている。社会人になってからも学び続けることはできるが，自由に，仲間と一緒に学ぶことに専心できる時間として，大学という場，大学生という時間を活用していく。そうあってほしいと願うし，そのことには皆さんの未来の選択をより賢いもの，より良いものにする機会が詰まっているはずだと望んでもいる。

日本型近代と常識を疑う「知」

率直に言おう。多くの大学で提供される知識の多くは断片化されている。日本の大学教育は，歴史的にそのようなものとして作られてきた。その根幹の部分は今でも大きく変わっていない。そこには，日本の近代化の経験そのものが刻印されているからだ。遅れて近代化した非西欧圏の日本は，海外からの先進的な知識を日本語化していかに安上がりの教育を通じて国民に普及するかという役割を日本の大学に委ねてきた。そこで作られた「広く浅い学び」の構造は，戦後の教育改革のもとでも大筋は大きく変わることはなかった。別の言葉で言えば，日本の大学は，西欧に追いつけ追い越せを主眼とする「キャッチアップ型近代化」というマインドセットで作られてきたのである。その結果が，講義中心に週に12，3コマの授業を履修し，学期末に試験やレポートでその知識の定着や理解を評価する仕組みとなって今日まで続いている。「アクティブラーニング」のような探求型の学習が取り入れられているが，学生が共同で調べ，学び，発表する学習スタイルは，残念ながら中途半端な段階に留まっている。多くを読み，多くを書く，他の先進国の大学教育が行っているほどの学習の負荷を学生にかけることなく，大学教育を終える仕組みが受け入れられてきたということである。大学というものをそのような機関としてみなし理解する知識が，後発的な近代化の経験を通じて日本に蓄積されてきたということでもある。それが大学教育に関する「常識」を構成している。

他方，そのような西欧へのキャッチアップがおわったという認識を持った1980年代以降は，さまざまな改革を通じて，一方的な知識の伝達を主とする教育のあり方を変えようとする試みが行われてきた。高等教育を含め，教育改革を主導する時代認識は「変化の激しい時代」であり，それに適応できる資質や能力の育成を目指すことが「自ら学び，自ら考える」教育の推進を正当化する言説資源（知識の在庫）となった。

だが，このような発想は，後発的な近代化の経験の下で長年培われたエセ演繹的な思考の習性から逃れていない。エセ演繹的な思考とは，外国の理想（たとえばアクティブラーニング）や法律で決められた目標（たとえば学力の三要素）などの抽象度の高い眼目や目標からの推論で，現実に下ろしていく思考パターンのことであり，しかもその「下ろす」際に，現実からの帰納的な思考を通じてその眼目や目標へのフィードバックがかからない（それゆえエセと呼ぶ）思考の習性である。こうしたエセ演繹的な思考による教育政策は，論理必然的に不可知論に陥ってしまう。たとえば教育言説でしばしば耳にする，未知なる将来の変化に対応できる資質や能力とは何か。過去の経験（過去にも変化の激しい時代はあったし，それに何らかの対応をしてきた）からの帰納によってしか知りえない教育の具体化とは真逆の発想で，教育政策が作られ続けた。その結果，形式主義的な模倣によるアクティブラーニングがはやっても，それを通じて実際にどのような能力や資質が育成されているかを検証する方法を持たなかった。

このような大学教育の特徴のもとで提供される断片化された知識を，どのように組み合わせ，総合し，自分たちの判断力を鍛え，役立つものにするかは，学習者の側に委ねられてきた。断片化されていてもそれぞれの知識は有益である。それでも，前述した日常を覆う圧倒的な情報環境の力に比べれば，断片化された知識の寄せ集めの力は弱く，対抗できない。歴史的に，日本の大学教育はそのような学習を主たるものにするようにできてしまった。それを変えようとする試みは始まっているし，例外的な大学や学部もあるだろう。それでも，今のところは残念ながら，それぞれの授業や本から得た知識を組み合わせ，自分たちの経験と照らし合わせながら，これから待ち受ける厳しい時代を生き抜くための有用な知識として使いこなす力を身につけるためには，1人ひとりの学び方に委ねるしかない。本書は，そのような現状を少しでも変えるための，〈常識〉の問い方，見直し方を学ぶための方法を提示しようとした。

『教育の社会学』から始めよう

教育という社会現象は，日常の秩序のもとで進行し，その秩序を社会的な規模にまで広げて維持する力（社会化）を持っている（期待されている）。それだけにその日常の秩序の再生産に疑問を向けることは難しくなる。そこに少しでも疑問を向けるための視座をどのようにつくることができるか。『教育の社会学』の目指すところはそこにある。この本も，小さな知識の寄せ集めにすぎないだろう。それでも，本書のどこかに自分の常識を疑い，捉え直す手がかりが１つでも見つかれば，その発見を，ほかの知識とつなげていってほしい。自分たちの経験と結びつけて考えてみてほしい。そこから雪だるま式にでも，厳しい時代を生き抜く知識の使い方を学んでくれたら，それは私たち筆者にとって望外の喜びである。

圧縮された近代

韓国の社会学者，Chang, Kyun-sup（チャン・キュンスプ）による概念。遅れて近代化を遂げた後発国は，たんにその出発点が遅れただけではなく，経済，政治，社会，文化などの領域における変化が，時間的にも空間的にも圧縮された形で生じることを捉えようとする概念。そうした変化の同時性と圧縮性により，さまざまな（ときに共通性のない）近代の要素が共存し，複雑でダイナミックな社会を作り出す。

育児産業

汐見稔幸は育児産業を「出産または乳幼児の育児に関係のある財貨やサービスを提供する産業」と定義している。少子化が進行する中で，他のジャンルの産業とのボーダーレス化が進んでおり，「育児にかかわりのある産業」と広く定義しておくほうが適切といえる。

育児不安

牧野カツコは育児不安を「子どもや子育てに対する蓄積された漠然とした恐れを含む情緒の状態」と定義している。現在，育児不安に関する計量的研究が多く蓄積されてきているが，明確な概念定義が行われていないのが現状である。

インターセクショナリティ

フェミニズムが扱う「女性」とは誰のことなのかを問い直す文脈で生まれた概念で，ジェンダー，セクシュアリティ，人種，社会階層，障害の有無などの複数の関係性によって生まれる，差別・被差別の重層性や個人のアイデンディティの複合性をあらわす。交差性と訳されることもある。

A レベル試験

イギリスの大学入学で使われる試験の制度。16～18歳の生徒が受ける上級（Advanced）レベルの試験で，3教科ないし4教科を生徒は受験する。成績はA+（最上）からEまでの6段階で評価される。大学ごとに必要とされる成績レベルが異なり，それに応じて生徒は受験先を選ぶ。

階級・階層

階級が，主に生産手段の所有・非所有によって区別される経済的な地位に基づくカテゴリーであるのに対し，階層は，職業的な威信や学歴，所得などを指標に区別された社会・経済的地位に基づくカテゴリーを示す。ただしPart IVでは，より広義のsocial classの訳語として「」と表記する。日本語の文献で階層が用いられる場合，その英語訳のほとんどはstrataを使わずclassが用いられることに依拠した用法である。

外国につながる子ども・ニューカマーの子ども

グローバル化に伴う国際労働力移動の増加に伴い，外国人の子どもの教育問題が各国で生じている。日本では1990年以降日系人を含む外国人の滞日が増加し，各地でこの問題が顕在化した。日本語指導だけではなく，学校不適応や学力・進路問題，アイデンティティ問題などさまざまな問題を生じさせるが，一方で日本の学校文化の在り方に対して問題提起をなすことともなっている。なお，新たに日本に来た外国人のことをニューカマーと呼ぶことがあるが，国籍にかかわらず保護者のどちらかが外国出身者である子どもを総称する意味で「外国につながる子ども」「外国にルーツを持つ子ども」などといった呼称が用いられることが多い。

解釈的アプローチ

人間の行為や相互作用を，当該状況の中での主体相互による不断の解釈過程を媒介にしてたえず生成・構築されたものと捉える。また，社会的現実とは人々が世界に対して付与した意味によって構築されたものであるとみなし，その中で人々が自分の生きている社会をどう解釈しているのかを理解しようとする。

下位文化（サブカルチャー）

当該社会の中で，性や年齢，職業，民族，階層などに応じて形成された特定の集団が保持する文化。そこには社会全体の支配的文化が含まれてはいるが，その集団独自の価値や慣習も含まれている。また，その中でとくに支配的文化に敵対する文化を指すこともあり，その場合は対抗文化とも呼ばれる。

学　齢

日本では学校教育法により，保護者は子の満 6 歳に達した日の翌日以後における最初の学年の初めから，満 15 歳に達した日の属する学年の終わりまで，小学校や中学校等に就学させる義務を負っている。これらの就学義務が課されている期間にある子どもの年齢を学齢という。また，小学校等に就学させる期間にある子どもを学齢児童，中学校等に就学させる期間にある子どもを学齢生徒と呼ぶ。市町村教育委員会は，当該市町村に住所を有する学齢児童，学齢生徒について学齢簿を編製しなければならない。

隠れたカリキュラム

学校教育において，暗黙のうちに教授・学習されるカリキュラム。潜在的カリキュラム（latent curriculum）とも呼ばれ，フォーマルなレベルで明文化・言明された顕在的カリキュラム（overt curriculum）と区別される。

学校文化

学校という場において成員が共有し，伝達される文化。それは，社会のあり方を背景に学校教育全体を支配するものとして想定されると同時に，互いにせめぎあう複数の下位文化の複合体としても解釈されうる。

教育家族

新中間層が誕生した大正期に誕生したとされる，人並み以上によりよく生きていける子どもを育てることを親の務めとする教育意識を持つ家族をいう。そこでは親こそが子どもの教育の責任者であり，子どもは濃密な教育的視線の中で養育されることになる。

教育支援センター（適応指導教室）

不登校児童生徒等に対する指導を行うために教育委員会等が，教育センター等の学校以外の場所や学校の余裕教室等において，学校生活への復帰を支援するため，児童生徒の在籍校と連携をとりつつ，個別カウンセリング，集団での指導，教科指導等を組織的，計画的に行う組織として設置したものをいう。増加する不登校児童生徒に対する対策強化のために，校内教育支援センターの設置も提案されている。

業績主義（メリトクラシー・能力主義）

生まれ持ったさまざまな属性（出身階層，身分，ジェンダー，エスニシティなど）によって将来が決まる属性主義と対をなす概念。属性よりも，人々が何をなしたか，それを社会が認めた価値に応じて報酬や社会経済的地位が決まる仕組みを支えるイデオロギー。メリトクラシーの訳語としても使われる。日本ではメリトクラシーを能力主義と訳すこともあるが，能力が人々の潜在的な資質やスキルを指すことが多いのに対し，業績主義は人々が実際に上げてきた目に見える業績によって人を評価するという違いがある。

近代家族

明治中期以降登場してきた，家父長制家族とは異なる特徴を持った新しい家族で，家父長制家族よりも家族規模が小さく，父親－母親－子どもの組み合わせを基本的ユニットとする，家族成員が愛情を核として結びつく家族をいう。

クーリングアウト

どれだけ高い学歴を得たいか，どのような職業に就きたいかといった意欲（アスピレーション）をなだめすかしながら，冷却することをクーリングアウトという。それに対し，意欲を高めるように，焚きつけることをウォーミングアップという。ウォーミングアップが十分に働かないと，だれも競争に参加しなくなるし，クーリングアウトがうまく働かないと，競争が過熱状態になる。

子どもの貧困

日本における子どもの貧困率は2021年時点で11.5%とされているが，これは全世帯を所得（等価可処分所得）順に並べ，中央値の50%未満の世帯に属する17歳以下の子どもの割合を指す。日本は1人親世帯の貧困率がとくに高いことが指摘されている。

児童虐待

保護者がその監護する児童（18歳未満）について行うもので，身体的虐待，性的虐待，ネグレクト（家に閉じ込める，食事を与えない，ひどく不潔にする，自動車の中に放置する，重い病気になっても病院に連れて行かないなど），心理的虐待（言葉による脅し，無視，きょうだい間での差別的扱い，子どもの目の前で家族に対して暴力をふるう（DV）など）の4つを含む。1990年代以降，児童虐待の存在が社会問題化し，2000年に「児童虐待の防止等に関する法律」（児童虐待防止法）が成立した。

社会移動，社会階層と社会移動に関する全国調査（SSM調査）

社会移動とは，人々の社会・経済的な地位の変化や不変化を，社会全体として記述する際に用いられる概念。世代間（親や祖父母からその子孫への地位の変化）の移動と世代内（同一人物の中での地位の変化）の移動に分けられる。社会・経済的な地位の捉え方によって垂直的（地位による価値の多寡を前提にした上下の）移動と水平的な（地位による価値の変化の少ない）移動に分けられることもある。日本では，社会学者を中心に，10年ごとに日本社会における社会移動と，その結果とも言える社会階層の状態と変化を観察するためのデータが蓄積されてきた。その調査の名称が「社会階層と社会移動に関する全国調査（SSM調査）」である。

社会的排除

社会的排除とは，主要な社会関係から特定の人々が閉め出される構造を阻止して「社会的包摂」を実現しようとするための政策を語る際に用いられる言葉（岩田正美『社会的排除』有斐閣，2008年）であり，1990年代になってEU圏内で急速に普及した。経済的次元や社会的次元，政治的次元にわたる多次元的な側面が相互に絡み合い，長期間にわたって累積的な剝奪の諸過程をなすものとして用いられている。社会的排除に対応するためにEU各国がとった政策において，教育はきわめて重要なターゲットとなってきた。

職業配分

社会の側からみて，さまざまな職業的地位に人々をあてがう過程をいう。個人の側からみれば，どのような職業に就くのかということだが，その際，世襲や縁故，あるいは能力による選抜など，どのようなルールに基づいているのかが問題となる。

心性

長期的に歴史を捉えた場合に浮かびあがってくる，社会全体もしくは特定の集団によって共有された感覚や認識のありよう。アナール学派など社会史研究の中ではぐくまれた概念である。

人的資本

工場や機械などの物的資本に対し，人間が持つ能力（知識やスキル）を資本とみなす考え方から生まれた概念。経済学者が教育を研究する際の見方を代表する。学校教育は個人の人的資本の増大に結びつくと同時に，社会全体としての人的資本への投資としてみなすことができる。

生徒指導

文部科学省によれば，生徒指導とは1人ひとりの児童生徒の個性の伸長をはかりながら，同時に社会的な資質や能力・態度を育成し，さらに将来において社会的に自己実現ができるような資質・態度を形成していくための指導・援助であり，個々の生徒の自己指導能力の育成をめざすもの，と定義されている。生徒指導は教育課程の全領域で作用すべき機能として把握することが求められており，日本の学校全体を統制する秩序原理となっている。なお，類似の概念として生活指導があるが，1965年以降文部省（当時）は生徒指導を統一的に使用し，生活指導は一部の民間教育団体によって用いられている。

生理的早産

ほ乳類の誕生の仕方の比較検討から，人間の誕生の特徴としてポルトマンが提起した言葉。高等ほ乳類はふつう妊娠期間が長く，1 胎ごとの子どもの数は少なく，誕生時の子どもの状態は成熟した「離巣性」であるのに，人間は生後 1 年たたないと人間としての基本的な特徴（直立歩行や言語の使用など）を獲得できない（「就巣性」）ことから，人間の誕生時の状態を通常化した（生理的）早産と特徴づけた。

大衆社会

階級や身分ではなく，社会を構成する「大衆」の特徴が顕著に現れた社会の形態を大衆社会と呼ぶ（その点で階級社会や身分社会とは異なる概念）。しかし，本論でも論じたように「大衆」は曖昧な概念である，その曖昧さは大衆社会にも引き継がれる。

地位の非一貫性

社会的地位を表す威信，所得，学歴，権力といった各基準をあてはめた場合に，ある基準では上位に属するが，他の基準では上位ではないといった，一貫性がみられない場合をいう。

TIMSS

IEA（国際教育到達度評価学会）が 4 年ごとに実施している算数・数学，理科の国際到達度調査。対象は小学 4 年生と中学 2 年生。到達度調査と同時に，生徒と学校対象の質問紙調査も行われる。2019 年の調査には 58 の国と地域が参加した。

背後仮説

明示的には示されないが，さまざまな理論や仮説設定の差異に暗黙のうちに含まれる諸前提のこと。理論家や研究者が理論をつくったり，理論から検証すべき仮説を引き出すときに，意識せずに入り込んでしまい，それらの理論や仮説に強い影響を及ぼす暗黙の前提。

ハイパー・メリトクラシー

日本の教育社会学者，本田由紀がつくりだした概念。ヤングの言うメリトクラシーが，主に認知的能力の差異に応じて社会・経済的な地位が決まることを念頭に置いたのに対し，本田は，さまざまな非認知的な能力（対人的コミュニケーションのスキルや自分の感情や意欲をうまくコントロールする能力など）が重視されるようになった社会を指す。

PISA

OECD（経済協力開発機構）が3年ごとに行っている15歳（義務教育終了時点）の生徒を対象とした国際学習到達度調査。読解力，数的知識，科学的知識，問題解決能力を調査する。学校で学習した知識を直接問うより，学んだ知識を実生活に生かせる能力（OECDではリテラシーと呼んでいる）を測定すると言われる。到達度調査と同時に，生徒と学校対象の質問紙調査も行われる。

マルチレベル分析

個人はさまざまな集団やカテゴリーに属している。たとえば生徒は，ある学級に所属し，その学級はある学校に所属し，その学校はある市町村教育委員会に属し，その市町村はある都道府県に属する。個人を取り巻く集団やカテゴリーは，このように入れ子状に異なるレベルで個人（たとえば成績）に影響を及ぼすと考えられる。このように異なるレベルの集団やカテゴリーの影響を，個人の特性とは統計的に異なる影響として測定する時に用いられる手法。

ランダムサンプリング

社会調査ではどのように調査対象（標本・サンプル）を選ぶかが，そのデータを用いた分析に大きな影響を及ぼす。たとえば，たまたま知り合いの先生に頼んでその学校の生徒を調査するような作為的なサンプルの選び方とは異なり，クジや乱数表を用いるなどして無作為に対象者を選ぶことにより，統計的に母集団を代表すると考えられるサンプルが得られると考えられている。そのための方法。

立身出世主義

努力によって競争を勝ち抜き社会階層上の上昇を目指す考え方。日本では，身分制度が存在した封建社会から業績主義が基本原理となる近代社会への移行段階にあった明治時代に，福沢諭吉の『学問のすゝめ』やスマイルズの翻訳本『西国立志伝』などの流行によって人口に膾炙する言葉となり，その後も昭和にかけて影響力をもち，学業および職業に関するアスピレーションを高める役割を果たした。

良妻賢母主義

戦前の女子教育政策において支配的であった基本理念。家庭にあって夫を助ける良き妻，立派な子どもを育てる賢き母となることが，女性の本分であるという考え方を前提として，女子に対する教育の目的は，そうした良妻賢母を育成することにあるとされた。

ロマンティック・ラブ

2人の人間が1対1で恋愛と性愛によって親密に結びつく関係性を意味する。近代以降，婚姻や生殖の基礎となることがのぞましいとの考えとともに，ひろがったとされる。

索　引　INDEX

事項索引

●事項●　あ 行

●事項●　か 行

●事項●　さ　行

●事項●　た　行

●事項●　な　行

●事項●　は　行

●事項●　ま　行

●事項●　や　行

●事項▶　ら・わ 行

人名索引

●人名●　あ 行

●人名●　か 行

●人名●　さ 行

●人名● た 行

●人名● な 行

●人名● は 行

●人名● ま 行

●人名● や 行

●人名● ら・わ 行

著者紹介　苅谷 剛彦（かりや たけひこ）
オックスフォード大学教授

濱名 陽子（はまな ようこ）
関西国際大学教授

木村 涼子（きむら りょうこ）
大阪大学教授

酒井 朗（さかい あきら）
上智大学教授

【有斐閣アルマ】
新・教育の社会学――〈常識〉の問い方，見直し方
Sociology of Education, New edition

2023年12月15日 初版第1刷発行

著　者　苅谷剛彦・濱名陽子・木村涼子・酒井朗
発行者　江草貞治
発行所　株式会社有斐閣
〒101-0051 東京都千代田区神田神保町 2-17
https://www.yuhikaku.co.jp/
装　丁　デザイン集合ゼブラ＋坂井哲也
組　版　田中あゆみ
印　刷　株式会社理想社
製　本　大口製本印刷株式会社
装丁印刷　株式会社亨有堂印刷所

落丁・乱丁本はお取替えいたします。定価はカバーに表示してあります。

Printed in Japan ISBN 978-4-641-22226-7